陶尊柏铉闽擊放掷 毛歲本点终夕别
昧而闽北必多生芽古本山揚辛富矢战点
當舍銀气氣宋本百義會此战不为宋本義
三鈔本郛声作乘四字音老去岁山须抹之

中国劳动关系学院
学 术 论 丛

晚清金石文化研究

以潘祖荫为纽带的群体分析

A Study on Jinshi Culture of
the Late Qing Dynasty

——Based on a Social Group Analysis of
Pan Zuyin

程仲霖／著

社会科学文献出版社
SOCIAL SCIENCES ACADEMIC PRESS (CHINA)

序　言

　　金石之学兴起于宋。所谓"金"，主要指青铜器及其铭文，"石"指石刻而且主要是指石刻文字。金石负载着中国古代文史的大量信息，是无比珍贵的文化遗产，相关的学问具有重要文化价值与传承意义。

　　近现代考古学兴起之前，金石收藏研究主要用以证经补史，助于复原古礼。但入清以后，金石研究领域逐步拓展，对书法等相关艺术产生了重要影响。至乾嘉时期，考据之学大盛，碑学理论确立，碑派书风逐渐形成。道光以后，碑学逐渐从金石中分离出来，成为对古代金石资料进行专门研究和阐述书法发展历史及其风格特征的学科。现在，与金石相关的文化活动也成为美术学研究的重要内容。

　　晚清金石研究成为一时显学，涌现了一批重要的金石藏家及金石学家。仲霖对晚清时期的研究一直比较关注，硕士阶段的研究对象是赵之谦，所以对同时期的金石学家的资料掌握比较多，经过多次商讨，发现这一时期金石研究已经成为一种文化现象，突出的特点就是群体化，便确定以群体为视角，从收藏、鉴别、考证及传拓、出版等方面来探究此一时期金石学的整体面貌。仲霖没有辜负我的期望，爬梳了大量资料，尤其是藏在各大图书馆的晚清名人手札，通过研究，发现同光时期金石活动以广收藏、精鉴别、群体考证为特点，在收藏种类、数量、质量等方面都大大超过了前人，产生了大量金石著述，丰富了金石研究的内容。这一时期的金石学家比较多，其中官职最高的潘祖荫收藏青铜器最多，影响了这个群体的金石文化活动。这样就以潘氏为纽带，深入到群体内部，梳理他们的思想与实践，从一个侧面描绘晚清金石文化面貌，揭示晚清金石文化的独到之处，同时研究金石文化对书法篆刻艺术的影响，分析创作观念、创作方法等一系列的变化，对今天的相关艺术研究与创作具有启发作用。在国家提倡文化复兴的当下，这个研究也具有深远意义，颇有以古鉴今的价值。

在仲霖新书即将付梓之际，我表示祝贺，同时也是对我们那段时光的回忆。

中国艺术研究院　任平

2017 年 10 月

目　录
CONTENTS

图目录

引 言

第一节 研究意义

　　清代初期，金石研究作为朴学的基石，主要用以考证典籍的异同，纠正史实的谬误，增补典籍中的缺失。受金石材料的影响，此时擅长隶书的书家渐多，金石已经对书法产生影响。经过乾隆时期文化的发展与金石收藏的推动，至乾嘉时期考据之学大盛，学术界的关注点以及研究方法进一步转变，书法风气和观念也随之而变，碑学理论确立，碑派书风形成。道光以后，碑学逐渐从金石中分离出来，成为对古代金石资料进行专门研究和阐述书法发展历史及其风格特征的学科，"对金石碑刻的搜访、鉴藏和研究、宣传已成为书法艺术重要的社会基础和学术支持"①。至同光时期，重要的金石收藏家辈出，金石活动以广收藏、精鉴别、群体考证为特点，在收藏种类、数量、质量等方面都大大超过了前人。由于材料丰富，金石学家们结合经典进行分析研究，或纠谬匡误，或证成前说，或另创新解，古文字研究水平达到

---

① 刘恒：《中国书法史》（清代卷），江苏教育出版社，1999，第 222 页。

了新的高峰①。同时，金石学家们的书法篆刻观念及实践也产生了与以往不同的变化。其时对金石进行研究的文人学者数量众多，上至朝廷高官，下及普通文人，异常活跃，因北京的特殊地位以及乡情关系、艺术影响力等方面的原因，形成了以北京为中心的上下互联的金石研究群体。这个群体把金石研究的风尚和成果以网状形式传播出去，影响了各地文人对金石的收藏与研究，产生了大量金石著述，丰富了晚清金石文化的内容。主要成员包括潘祖荫、王懿荣、吴大澂、陈介祺、吴云、鲍康、赵之谦、胡澍、李文田、叶昌炽、缪荃孙等，有"潘神眼"之称的潘祖荫是该群体联系的纽带。潘氏入仕较早，官居高位，数掌文衡，发现培养了大批人才，尤其富藏金石，眼光独到。这个群体不仅属于官僚体系，而且在很多方面颇有建树，他们中有校勘目录学家、藏书家、地理学家、书画家乃至中医学家等等。本书围绕以潘祖荫为纽带的金石文化群体，通过研究大量的相关史料，深入到群体内部，呈现各种金石文化活动，梳理群体诸人的思想与实践，从一个侧面描绘晚清金石文化面貌，揭示晚清金石文化在鉴藏、传承、考辨等方面的独到之处，同时研究金石文化对书法篆刻艺术的影响，分析创作观念、创作方法等一系列的变化，对今天的相关艺术研究与创作具有启发作用。因此，对晚清金石文化的研究意义深远，颇有价值。

第二节　相关研究

一般来讲，晚清始自道咸终于民国成立。对晚清金石文化的研究可以追溯至民初，研究内容包括金石学的学术背景、金石学的研究方法、金石学家以及金石器物和著述、金石文字、金石艺术等几个方面。

---

① 裘锡圭：《上古思想、民俗与古文字学史》，上海远东出版社，1996，第 145 ~ 146 页。

从学术背景角度，梁启超认为清代学术表现为厌倦主观的冥想而倾向于客观的考察，排斥理论，提倡实践，是很有特色而且有进步的①。在这种学术背景下，梁氏指出金石学在清代彪然成为一门科学，并有考证金石、研究文史义例、专讲鉴别、专讲书势等不同的派别，还认为道咸以后的考证多是师友一时互相赏析所得，不是著者一人私言②，他察觉到金石研究活动的群体性，惜未深入论述。

从研究方法角度，朱剑心认为宋代以后金石研究"大约不出于著录、摹写、考释、评述四端。有存其目者，有录其文者，有图其形者，有摹其字者，有分地纪载者，有分类编纂者，或考其时代，或述其制度，或释其文字，或评其书迹，至为详备。"③ 对金石的历史价值和审美价值做了充分肯定。马衡认为金石研究不能仅仅局限于物质层面，但其于金石与史学之关系、前人金石著述及考证之得失、今后研究方法、材料处置方法等仅存其目而未有详论④。

从金石学家角度，民初学者支伟成⑤的《清代朴学大师列传》对清代诸儒分派作传，列出金石学家十八人，其中部分同时又见于该书经学、地理学、提倡朴学等类，反映出金石文化的综合性。蔡冠洛⑥编著《清代七百名人传》，其中学术、艺术两编所涉人物众多，不乏名于金石者。这两部著作只是对有关人物的梳理，尚未从学术的角度认识金石文化。近些年，关于金石学家个案的研究成果逐步增多，陆明君《簠斋研究》对陈介祺的生平事略、鉴藏与传古、释古、文字与书学、印学、著述及藏品书目等分别做了研究，并附有年表，主要依

---

① 梁启超：《中国近三百年学术史》，商务印书馆，2011，第 1 页。
② 梁启超：《清代学术概论》，上海古籍出版社，1998，第 58～59 页。
③ 朱剑心：《金石学》，文物出版社，1981，第 20 页。
④ 马衡：《中国金石学概要》，中华书局，1977，第 1～79 页。
⑤ 支伟成（1899－1929），本名懋祺，江苏扬州人。辑有《清代朴学大师列传》。
⑥ 蔡冠洛（1890－1955），字丐因，号可园，浙江诸暨人。弘一法师弟子。编著有《清代七百名人传》。

凭史料为《簠斋尺牍》，该尺牍包含了陈介祺致潘祖荫、王懿荣、鲍康、吴云、吴大澂的信札，年月日具详，给研究晚清金石学家提供了非常难得的资料。杨洪升《缪荃孙研究》对缪荃孙进行了全面研究，缪氏座师乃潘祖荫，通过该书可以了解潘氏及这个群体的有关情况。张小庄《赵之谦研究》广搜赵之谦著述、信札、作品、事迹等，对赵氏的生平和书、画、印、诗进行了清晰的梳理，包括赵氏与潘祖荫交谊的史实。李军《吴大澂交游新证》以吴大澂为中心，分别勾勒了吴大澂和沈树镛、汪鸣銮、吴云、潘祖荫、王懿荣、陈介祺六人的交游情形，展示了晚清金石学家的群貌。崔迎春《赵之谦艺术之变与晚清金石风尚》通过研究赵之谦客居京师期间书画艺术作品金石趣味的形成及仕宦江西后艺术风格的传播等，表明金石趣味是清末中国南北方普遍流行的一种社会文化风尚。任晓炜《缘督庐中的金石世界》在对叶昌炽的研究中专门论述了苏州望族潘氏与叶昌炽的金石往来，认为没有潘祖荫，清末金石学研究或许就没有向荣气象，更不可能出现叶昌炽的名著《语石》。谢光辉等《学者交游对清代学术的影响——以吴大澂为例》提出学者间广泛而密切的交往是清代学术兴盛的一个重要因素。还有一些与本题研究相关的个案研究，总体上主要集中于吴大澂、陈介祺、王懿荣、赵之谦、缪荃孙、叶昌炽等人。

从金石器物和著述角度，具体的研究相对丰富，如容庚①《商周彝器通考》对彝器的"原起、发见、类别、时代、铭文、花纹、铸法、价值、去锈、拓墨、仿造、辨伪、销毁、收藏、著录，以及食器、酒器、水器、乐器、杂器"等57种青铜礼器分门别类，逐一论述用途、制作、形状、名称等。此著充分吸收宋清两代金石学的成果并益以近代考古学成就，故而集金石器物和著述之大成，是对中国青铜器

---

① 容庚（1894 - 1983），字希白，号颂斋，广东东莞人。著有《金文编》、《商周彝器通考》等。

作系统理论阐发和科学分类的划时代著作。书中所列彝器有大量出自晚清时期，对本题的阐述很有价值。容媛①《金石书录目》共整理出清代金石著述 606 种，远远超过宋代著作 29 种之数，晚清的金石著述除前代已有的存目、录文、跋尾、义例、分地、分人、释文等体例之外，还有专门研究拓片、金石学家、学术交流活动的，以及体系完备的集大成之作。分地类著作不但有专著，各地方志中金石一门更是数不胜数，从一个角度反映了清代金石文化的繁荣。前述朱剑心和马衡的著作均对金石器物分类等方面有过详述。

从金石文字角度，近代考古学的奠基人罗振玉、国学大师王国维以及郭沫若等对于古文字的研究，都丰富了晚清金石文化的研究。吴济仲《晚清金文学研究》从晚清金文学的角度，选取陈介祺、潘祖荫、方濬益、吴大澂、孙诒让、刘心源六家，分述各家生平事略、学术背景、著述解题、金文研究方法、成就与影响等。他认为潘祖荫的金石收藏带动了清末的金石学研究。赵诚《晚清的金文研究》从六个方面梳理晚清金文研究的现状、特色及其对后代的影响，勾勒出晚清金文研究的轮廓、发展以及所做出的贡献，认为晚清金文研究在整个金文研究的过程中，是个举足轻重的过渡时期，为现代金文研究建立了一个很好的基础。

从金石艺术角度，沙孟海《近三百年的书学》中对晚清重要书家进行评说，寥寥数语，发人深省。刘恒《中国书法史·清代卷》对清末碑学与金石学做了研究，就重要人物依次进行综述性的描述，认为发生于晚清的碑学运动从理论到实践都取得了突破性的进展，整个书坛的风气格局都发生了根本性变化。徐利明《中国书法风格史》对几个晚清重要书家分别做了书法风格方面的分析。相关的书法史著述以

---

①　容媛（？－1996），古文字学家、考古学家，容庚胞妹。

及篆刻史、美术史著述情况大致类似。总体上讲，对这个群体的研究还有很大空间。

从金石学发展的角度，王正华《罗振玉的收藏与出版："器物"、"器物学"在民国初年的成立》论及罗振玉如何将"金石学"转变成新兴的"器物学"，探讨近现代中国对于古物观念与实践的转变。查晓英《"金石学"在现代学科体制下的重塑》考察了清末民初学术转型时期，围绕金石古器的收藏、鉴赏、考订风气的变化，勾勒出金石之学如何因潮流变化、如何寻找其在现代学科中位置的经过，为考察金石学与考古学的关系问题提供了一个新的视角。陈振濂《"金石学"研究的当代意义与我们的作用》作为一份"重振金石学"的研究报告，对当代金石学复兴的必要性、可行性进行充分论证并寻找近期发展目标。这些研究成果对于我们探讨晚清金石文化的影响与发展有启示作用。

清代金石文化的兴盛，一般认为由于考据学的发达，有人则指出是文化自身发展到一定程度的结果，有人说是政府文化政策的影响所造成。总体而言，对文人在晚清内外交困、社会剧烈动荡的情况下依然持续发展的金石文化活动的研究还不够。从晚清金石研究情况看，社会风尚和学术群体起到了十分关键的作用。从艺术研究的角度看，以往的研究多从作品、学术著作分析，其实这些形式与观点的变化，反映出的是一种交流方式的变化。金石收藏与研究是当时的风尚，不同研究者分别来自不同阶层，他们之间的交流形成了不同的群体，最终成为清代金石研究的中坚力量。总之，基于金石这种载体的晚清金石文化有其独特性，不同角度的相关研究成果都比较丰富，不再一一罗列。晚清急剧变动的政治局势，西方近代文化的冲击，使中国传统文化面临挑战，晚清作为中国近代史研究的重要部分，从文化这个大的角度来研究的著作颇多，反映了晚清文化丰富而复杂的内容，但由于对文化概念的理解以及晚清各个阶段的不同把握，以致众说纷纭，本书将结合这些不同成果进行论述。

第三节　研究内容

本书针对以潘祖荫为纽带的金石文化群体进行分析研究，揭示独具特色的晚清金石文化，梳理书法艺术发展的社会基础和学术支持。从以下几个方面进行具体论述。

概述部分阐明金石文化的内涵与历史沿革，介绍晚清京师、山左、南中、岭南、西南等几个主要的金石文化群体以及潘祖荫、陈介祺、王懿荣、鲍康、吴云、吴大澂等代表人物，分析晚清金石文化的主要特征与成因。

论文的主体分为四部分：鉴藏部分主要围绕藏品最富的潘祖荫，分析其富藏彝器的原因与特点，分析其收藏碑石的理念，通过大盂鼎的收藏以及访碑拓碑的事例，分析金石群体的重要作用，并对晚清出现的异域石刻收藏进行梳理，从而彰显晚清金石学家开放的视野。陶器、埙、古泉属于晚清后期所特有或日益丰富的收藏种类，对它们的收藏展示出收藏领域不断扩大的趋势。

传承部分主要分析金石传拓的经验，包括方法的探讨、拓工及用材的影响，以及对照相术的尝试。分析金石著述的出版、刊刻以及不同的出版观念，以好大王碑、华山庙碑为例说明拓本流转的过程，反映金石文化传播的情况。

考辨部分主要从辨伪存真促进收藏、群体考证模式探索、辨文与稽史结合等方面，以沙南侯获刻石、邵钟、姜遐碑为例，分析晚清金石考辨方法。

影响部分主要论述晚清金石文化对于书法篆刻艺术的影响，对书法的影响主要是从书法观和书法实践角度分析，对篆刻的影响主要是对取法的变化进行论述。

晚清金石文化丰富了整个清代金石文化的内容，开拓了史学研究方法，启发了近代考古学、古器物鉴定学、古文献学、文字学以及书法学、篆刻学等相关学科。通过本书的研究，力求展示晚清金石研究群体是如何开展活动，群体中人的各项成果与这个群体有怎样的必然关系，金石研究群体如何反映晚清学术的持续发展与独特地位。

第四节　研究特色

本书从四个方面对晚清金石文化进行分析，根据这个框架，本书力争在研究资料、研究范围、研究方法以及研究成果等方面取得一点突破。主要体现如下。

一是研究资料。直接材料包括与所述金石文化群体相关的书信、日记、著述、序跋、诗文等，间接材料涉及方志、传记、年谱、丛刊等，这些资料有的已经出版，有的散落在各大图书馆，无人问津，如潘祖荫的手札尚未进行系统整理，本书还就涉及的人物及事件，尽可能发掘各方面材料，以资利用。

二是研究范围。过去的研究以个案居多，本书围绕以潘祖荫为纽带的金石文化群体进行分析，侧重展示主要成员间的交流活动，力求呈现群体的风貌。通过研究金石文化，反映官僚体制、个人爱好与行为方式、社会关系网的构建与作用、社会经济活动的影响、东西方文化交流等多个层面。

三是研究方法。本书研究涉及文献学、社会学、政治学、历史学、艺术学，还包括心理学、管理学、经济学等学科知识，主要运用实物例证、分析归纳、历史比较等方法，注重史论结合。

　　四是研究成果。本书力图通过潘祖荫及以其为中心的交游群体反映出文人士子的交流活动在晚清文化史上的重要性，他们不仅大量收藏、研究金石，同时非常重视修书、刻书等图书出版事业，因此他们的成就包括文献、校勘、目录、考古、出版等诸多方面。本书力争展示这些成果，以期给今天的文化活动提供一些借鉴价值。

第一章　概述

第一节　金石文化的主要内涵与历史沿革

一　金石文化的主要内涵

文化是一个非常广泛的概念。据统计，有关文化的各种不同定义约有二百种，可谓众说纷纭。英国人类学家提出一个定义："所谓文化或文明乃是包括知识、信仰、艺术、道德、法律、习惯及其他人类作为社会成员而获得的种种能力、习性在内的一种复合的整体。"[1] 可见，文化具有社会性，是一个群体的行为模式和生活方式，因此梁启超认为文化是共业[2]。钱穆则指出文化是由群体内部精神累积而产生[3]，还认为文化是一个国家民族的生命，必定有一段时间上的绵延精神，必有它的传统的历史意义[4]，他强调了文化的群体性、生命性、历史性。

---

[1]　桑咸之：《晚清政治与文化》，中国社会科学出版社，1996，第 1 页。
[2]　梁启超：《什么是文化》，见梁启超《饮冰室合集》（第 14 册），中华书局，1936，第 97 页。
[3]　钱穆：《中国文化史导论》，商务印书馆，1994，第 1 页。
[4]　钱穆：《中国文化史导论》，商务印书馆，1994，第 231 页。

金石之名源于墨子，金石之成学始于赵明诚《金石录》。"金"者为何？朱剑心《金石学》一书认为："以钟鼎彝器为大宗，旁及兵器、度量衡器、符玺、钱币、镜鉴等物，凡古铜器之有铭识或无铭识者皆属之。"而"石"者，则"以碑碣墓志为大宗，旁及摩崖、造像、经幢、柱础、石阙等物，凡古石刻之有文字图象者，皆属之。"[1] 由此可见，金以商周彝器为主体，石以汉以下碑志为大宗，二者没有必然的联系。宋代金石著述便分而论之，刘敞《先秦古器记》、吕大临《考古图》、王黼《宣和博古图》等专论金器。而王象之《舆地碑目记》、陈思《宝刻丛编》、洪适《隶释》等则全言石刻。随着地下文物的不断出土，金石所包含的内容也在不断扩大，马衡甚至认为："金石者，往古人类之遗文，或一切有意识之作品，赖金石或其他物质以直接流传至于今日者，皆是也。"[2] 这是一个极为宽泛的概念。

晚清多数从事金石活动的都是书法家，或者说书法家兼事金石文化活动，本书认为金石文化主要指与彝器、石刻、陶器、砖瓦、封泥等金石载体相关的文化活动，包括金石鉴藏、拓本传承、考辨文史、书法篆刻实践等。本研究基于晚清同光时期以潘祖荫为纽带的金石文化群体及其交游活动，力图通过一个侧面展示这一时期金石文化的特点。

二　金石文化的历史沿革

金石文化的发端是从金石研究开始的，早自西汉，便有人研究古代文字，考释古铜器，整理竹简，记述古迹。东汉许慎撰《说文解字》，特别提到了收录郡国山川所出鼎彝等"前代之古文"。至北魏郦

① 朱剑心：《金石学》，文物出版社，1981，第3页。
② 马衡：《中国金石学概要》，中华书局，1977，第1页。

道元《水经注》、北齐魏收《魏书·地形志》对各地古代城址、陵墓、寺庙、碑碣及其他史迹也有记述。唐代初期，凤翔出土石鼓，当时学者和书家对石鼓文进行研究，多有称述。但从秦汉至唐的一千多年中，金石研究属于沉寂阶段，无专著问世。到了宋代，金石研究真正兴起，但从事于此者并不多，其时出土之物尚少，未能远致，但私人金石收藏以及金石著述已经发端。赵明诚说："盖收藏古物，实始于原父，而集录前代遗文，亦自文忠公发之，后来学者稍稍知搜抉奇古，皆二公之力也。"①原父即宋仁宗时的刘敞，他开启私人收藏著录之风，把家藏彝器摹绘并刻于石，成《先秦古器记》，系我国最早一部著录青铜器的著作。文忠公即欧阳修，其《集古录》为首部研究金石的专著。后来，彝器收藏之风影响到官方，宋政和年间，官府所储至六千余数百器。宣和之后，累数至万余，可见徽宗一朝收集古器之盛。随着南宋的灭亡，金石文化陷入低迷，由于理学居统治地位，在元明时期，金石研究被讥为玩物丧志而一时衰微，藏家极罕，明代虽金石录目渐广，但大多依据方志，并未见原碑，尤多舛误。

清朝前期，统一的多民族国家得到巩固，顾炎武、黄宗羲、王夫之等倡导汉代经学，金石文化蔚然复兴，金石研究也成为考证典籍异同、纠正史实谬误、增补典籍缺失的重要基石。并且此时访碑拓碑的风气渐盛，好的拓本不断涌现，进而影响到书法艺术，书写隶书一体的书家渐多。至乾隆帝敕撰《西清古鉴》，藏家遂辈出，收藏同时又带动了研究。到乾嘉时期，文字狱甚严，文人学士遂更加潜心于金石，专为证经订史，所以这个时期的考据之学尤为兴盛，被称为"乾嘉学派"。其时，钱大昕、王昶、阮元、翁方纲等成为金石研究的中坚力量。《金石萃编》、《寰宇访碑录》、《古泉汇》、《金石索》、《积古斋钟

---

①　赵明诚：《金石录》，金光明校正，上海书画出版社，1985，第231页。

鼎彝器款识》、《捃古录金文》等大批金石著作面世。此时，碑学思想已从萌芽至成熟，秦汉及六朝石刻得到极高评价，篆、隶、楷书得到全面发展。晚清的金石文化继续发展，社会持续动荡的条件下，很多金石器物逐渐集中到部分达官贵人手中，但他们把金石拓片分寄友朋同好，使金石研究相对分散化。收藏热潮使陶器、封泥等新品种不断被发现，金石收藏范围不断扩大，对其研究的体例也相对更加细致化，方法上也多样化，鉴别和考释水平显著提高，出现了对后世影响深远的著作，如古文字学领域的一部划时代著作《说文古籀补》，第一部通论古代石刻文字的专著《语石》等。另外，此时的金石研究和书法联系更加密切，并对书法产生了直接影响，如《广艺舟双楫》作为碑学理论的总结性著作，在清末民初影响空前，在开掘碑学审美、研究碑派技法等方面发挥了重要作用。

　　清朝覆灭后，从"五四"新文化运动兴起直至新中国成立，金石文化研究在此领域中坚学者的努力下依然不衰，但随着西方新学科的引入与中国教育制度的变革，金石之学渐渐分解融入新的学科体系中。由于甲骨文、汉晋简牍残纸、敦煌写经等新材料不断被发现，金石研究的内容不断丰富，被称为甲骨学"四堂"的罗振玉、王国维、董作宾、郭沫若承袭乾嘉以来的优良治学传统，研究成果丰硕，使甲骨学这一崭新的学科迅速从金石学中脱胎出来。这个时期的书法篆刻等艺术门类，受金石文化的影响，也在发生着巨大变化，从崇尚金石拓片中表现出来的金石气，到对"二王"一系文人书法传统的反思，加上对出土新材料的借鉴，风格面貌越来越丰富。原来包含在金石学内的古文字研究、器物碑石研究、考经证史渐渐分化为文字学、考古学、古器物鉴定学、历史学、古文献学以及书法学、篆刻学等学科，独立的金石学不复存在。朱剑心《金石学》、马衡《中国金石学概要》对这个名存实亡的学科做了较为系统的研究。

新中国建立以后，文人士大夫阶层退出社会舞台，革命文艺崛起，金石学逐渐消寂。改革开放以来，随着经济不断发展，大量的金石文物进入拍卖市场，同时对各种文物的保护也日益受到重视，金石文化研究又逐渐进入人们的视野。学术面临断层、社会认可度不够的尴尬局面在新的政策、制度与社会经济杠杆作用下有所改观，今天重振金石文化又有了可能①。

第二节　晚清金石文化圈

乾嘉时期的金石研究已经专门化、系统化，但仍是少部分人的活动。然而到了晚清，尤其是同治末年以后，对金石进行专门研究的文人学者，数量越来越多。梁启超说：

> 同治朝十三年间，为恢复秩序耗尽精力，所以文化方面无什么特色可说。光绪初年，一口气喘过来了，各种学问，都渐有向荣气象。清朝正统学派——即考证学，当然也继续工作。但普通经学史学的考证，多已被前人做尽，因此他们要走偏锋，为局部的研究。其时最流行的有几种学问：一、金石学；二、元史及西北地理学；三、诸子学。这都是从汉学家门庭孳衍出来。②

梁启超特别注意到同光时期金石文化的发展与变化。由于中国文化深远，地域广阔，文人间交流有一定的范围，大致可以根据地域略事区分，因此便形成了一个个金石文化圈。但各文化圈的成员不是完

---

① 陈振濂：《金石学研究的当代意义与我们的作用》，《艺术百家》2008 年第 3 期。
② 梁启超：《中国近三百年学术史》，商务印书馆，2011，第 33～34 页。

全固定的，会有新的成员不断充实进来，成员也会因科举考试、职务调整、公私事务等原因流动到全国各地。因此，从地域来讲圈子是存在的，但从个人来讲，圈子又是不固定的，尤其是游宦各地的官吏，严格讲很难归为哪个圈子，但他们也有相对固定的交流对象，本书以此为划分依据。通过研究，本书认为在晚清的同光时期，这些不同圈子的交往对象中，官居清廷高位的潘祖荫是一个纽带式人物，他不仅是京师金石文化圈中金石收藏的翘楚，更是各地金石同好盼望联络的对象。所以，本书先就潘祖荫和同光时期基于地域特征的几个主要金石文化圈做一梳理。

一 潘祖荫与京师金石文化圈

（一） 京师金石文化圈的形成

清代的北京称顺天府，属直隶省，时人称为京师。京师金石文化圈具有独特性，首先因为京师乃清政府所在地，是全国的政治文化中心，大量官吏、文人墨客皆汇聚于此，这个群体中的文人士子除了来自京城和京畿之地外，更多是来自全国各地。从某种程度上讲，其涵盖范围大至全国。其次，北京琉璃厂为金石流通提供了条件。琉璃厂紧挨着紫禁城与翰林院，乾隆敕修《四库全书》时，除各地藏书家进贡书籍外，主要到琉璃厂采购，于是琉璃厂成为全国最大的书籍市场和文物集散中心，梁启超将之比作京朝大夫的公共图书馆[1]。李文藻《琉璃厂书肆记》载："桥以东，街狭，多参以卖眼镜、烟筒、日用杂物者。桥以西，街阔，书肆外，惟古董店及卖法帖、裱字画、雕印章、包写书禀、刻板镌碑耳。"[2] 各地书商、文物贩子汇集于此，各种古籍

---

[1] 梁启超：《清代学术概论》，上海古籍出版社，1998，第65页。
[2] 李文藻：《琉璃厂书肆记》，见孙殿起《琉璃厂小志》，上海世纪出版集团，2011，第76页。

椠本、文人手稿、金石拓片甚至青铜彝器在这儿自由交易流通，推动了书籍、文物交易，也促进了金石研究的发展。为了每次的会试和殿试，各地举人常年往来于京城和地方之间，这儿也是进京官员的暂住地，有的举人屡试不中，流落北京，索性变成商人，专事各地文物的交流，所以北京地区活跃着全国各地的金石学者，形成了一个以北京为中心的大金石文化圈。

（二）潘祖荫对北京金石文化圈的形成起到关键作用

潘祖荫出自苏州"彭宋潘韩"四大名门望族之一的"贵潘"，潘家以一状元、八进士享有"天下无第二家"之誉。潘祖荫系出簪缨世家，较早步入翰林，有搜罗古籍文献、金石文字之好。潘氏除与朝野上下多有往来应酬之外，并与当时学术界众学者互动频繁，与友朋建立了深厚的友谊与诚挚的情感。前人论清代晚期学术有数变，均提及潘祖荫在其中的积极影响和重要意义。兹参《大阜潘氏支谱》、潘祖荫祖父潘世恩①《先文恭公自订年谱》、父潘曾绶②《潘绂庭先生自订年谱》、弟潘祖年③《潘文勤公年谱》等潘氏三代资料，略述如下。

道光十年（1830）十月六日，潘祖荫生于京都米市胡同，祖父潘世恩时任工部尚书兼署左都御史，为其名曰祖荫，字东镛，号伯寅，小字凤笙，后赋诗以志④。潘祖荫又号郑盦，室名曰八囍斋、滂喜斋、

---

① 潘世恩（1769 - 1854），初名世辅，字槐堂，一作槐庭，号芝轩，晚号思补老人，谥文恭。室名有真意斋、思补堂、清颂堂。乾隆五十八年状元。曾任云南、江西学政，兵部、户部、刑部侍郎及尚书，工部、礼部尚书，军机大臣、太子太保，加封太傅衔。著有《思补斋诗集》、《读史镜古编》、《思补斋笔记》等。
② 潘曾绶（1810 - 1883），字绂庭。道光庚子中顺天乡试举人，次年考取内阁中书。著有《陔兰书屋文集》等。
③ 潘祖年（1870 - 1926），字西园，号仲午，潘曾绶次子，封光禄大夫。光绪庚寅潘祖荫薨于位，特旨赏郎中，补官五年即弃官归里。
④ 潘世恩：《思补斋诗集》（刻本），道光三十年（1850），卷三页十四，庚寅十月初六第三孙生名之曰祖荫因纪以诗：去年曾赋洗儿词，膝下今年又洗儿。梅岭春回刚六日，兰阶秀苗第三枝。

佞宋斋、莲叶西斋、八求精舍、功顺堂、澄怀堂、龙自然室、芬陀利室、汉学居、集古居、攀古楼、近光楼、小脉望馆、龙威洞天、二十钟山房、金石录十卷人家、古鄣于室、矗慕斋、百宋千元等等。

图 1　潘祖荫像

资料来源：（清）叶衍兰纂绘，叶恭绰辑，《清代学者像传》（第二集），国家图书馆藏。

潘祖荫自幼聪慧，及长侍读于族中长辈左右，颇得钟爱。十九岁，以祖父八十赐寿恩赏举人。据《潘祖荫年谱》载，道光二十九年（1849）潘祖荫二十岁时随叔母汪太夫人南归吴县，此时潘祖荫刚刚恩赏举人，正春风得意，抵里后便与杨芸士、戈顺卿、尤榕畴、江弢叔诸先辈订交。当时，伯父潘曾沂①闭关谢客，虽至亲不得见，惟祖荫常在侧，后潘祖荫北归京城，伯父致信其父潘曾绶，云：凤侄虽少年而读书作事眼明心细，加以精研阅历，吾乌能测其所至耶。去北五十余日，"桂际"眼边觉得少一人，未免黯然②。"桂际"乃潘曾沂所

① 潘曾沂（1792－1852），字功甫，自号小浮山人，嘉庆丙子举人，内阁中书议叙光禄寺署。五试礼部被斥，遂假归。家居二十余年，谢绝宾客。
② 潘祖年：《潘祖荫年谱》，文海出版社，1966，第12页。

憩书斋，可见伯父亦对其十分赏识。

　　道光三十年（1850），潘祖荫二十一岁时受业于吴增儒、陈庆镛，始治许氏《说文》，耽嗜汉学，之前还先后受业于胡清绥、沈庆蕃、沈祖望、王嘉福、陆增祥、钱世铭、朱撝筼等。咸丰元年（1851）二十二岁时，请业于曾国藩，教以治《说文》，看《段注》及《小徐通论》，复治《毛诗故训传》，得到了较好的汉学教育。

　　咸丰二年（1852），二十三岁的潘祖荫考中进士，授职编修。至咸丰末年，先后充国史馆协修、充实录馆纂修、充功臣馆纂修、充会试同考官、充咸安营总裁、充南书房行走、充文渊阁校理、署日讲起居注官、授侍讲学士、充陕甘乡试正考官。咸丰八年（1858）二十九岁时署国子监祭酒，后又充殿试收掌官、教习庶吉士、大理寺少卿、各直省复试阅卷大臣、先农坛从耕大臣、宗人府府丞。同治始，潘祖荫逐渐成为朝中重臣，先后任光禄寺卿、都察院御史、工部侍郎、礼部侍郎、吏部侍郎、户部侍郎、大理寺卿、刑部侍郎、玉牒馆总裁、录馆副总裁、左都御史、工部尚书、刑部尚书、军机大臣、兵部尚书、户部尚书、顺天府府尹等。光绪十六年（1890）六月，顺天二十四州县水灾，潘祖荫赈灾积劳成疾，十月三十日薨逝，终年六十有一。噩耗传出，京城上自王公百执事，下至舆隶小民，咸叹息出涕，声震郊野。德宗谕晋赠太子太傅衔，予谥文勤。李慈铭在墓志铭中写道："盖近百年来，公卿薨逝未有能得人心如此者也。"①

　　潘祖荫无子女，终身未纳妾。但潘祖荫重贤好士，对识人用人有准确的判断力。自任侍郎后，参与乡试覆试阅卷、会试覆试朝考散馆阅卷、殿试读卷、优贡朝考阅卷、拔贡朝考阅卷、御史阅卷、学正阅卷、学录阅卷等等几十次。所以，《清史稿》载：祖荫嗜学，通经史，

---

　　① 闵尔昌：《碑传集补》（卷四），明文书局，1985，第120～293页。

好收藏，储金石甚富。先后数掌文衡，典会试二、乡试三，所得多真士①。

　　官场仕途充满变数，潘祖荫秉承"守口如瓶，防意如城"之训，处事非常谨慎，于公家之事慎而不言，但于金石尤为用力。自咸丰甲寅辑朝鲜碑刻后搜奇益勤，闻有彝器出土者，倾囊购之，至罄衣物，不恤所得，有邾钟、齐镈、盂鼎、克鼎等，皆世之殊绝。其中盂鼎、克鼎乃国之重器，现分藏国家博物馆和上海博物馆。著有《海东金石录》（已佚）、《两汉碑表》（已佚），他还把自藏的彝器古物，择其精者，摹拓考释，成《攀古楼彝器款识》、《汉沙南侯获刻石》、《古埧考释》等金石著作。

　　潘祖荫与金石友朋多有酬唱之作，见于《壬申消夏诗》、《癸酉消夏诗》、《南苑唱和诗》、《秦辀日记》、《西陵日记》、《沈阳纪程》、《芬陀利室词》等诗文著作以及大量序跋。平生所刻书目甚多，几近百种②。

---

① 赵尔巽：《清史稿》，中华书局，1977，第12415页。

② 刻书主要有：《求古录》、《礼说补遗》、《公羊逸礼考征》、《释湛然辅行记》、《虞氏易消息图说》、《桥西杂记》、《方伯炳烛编》、《张文节公集》、《噉橄榄馆稿》、《越三子诗》、《尚书序录》、《卦本图考》、《说文管见》、《盐法议略》、《艺芸书舍》、《宋元本书目》、《素问校议》、《宋四家词选》、《春秋左氏古义》六卷、《玉井山馆笔记》一卷、《苍怀旧集》、《炳烛室杂文》、《别雅订》五卷、《钮匪石日记》、《许印林遗著》、《吴郡金石目》、《稽瑞楼书目》、《爱吾庐文钞》、《元和沈诗华诗集》、《吕氏百专考》、《韩氏宝铁斋金石跋尾》、《陈簠斋传古别录》、《鲍臆园丈手札》、《闭门集》、《洗冤录》、《详义秋审情实条款》、《贯垣纪事诗》、《提牢琐记》、《救荒活民书》、《农桑实际及伐蛟治蝗》、《担粥诸说》、《松壶集》、《万卷书屋集》、《花盦诗》、《听雨楼诗》、《葵青居诗》、《遗诗》、《百宋一廛赋注》、《藏书纪要》、《经说》、《日本金石年表》、《滂喜斋丛书》、《功顺堂丛书》、《周人经说》四卷、《王氏经说》六卷、《左传补注》十二卷、《左传地理补注》十二卷、《论语孔注辨伪》一卷、《平定罗刹方略》四卷、《西清笔记》二卷、《国史考异》六卷、《泾林续记》一卷、《广阳杂记》五卷、《半氈斋题跋》一卷、《无事为福斋随笔》二卷、《南涧文集》二卷、《冬青馆宫词》三卷、《士礼居藏书题跋记》六卷、《四元唱和诗》、《古籀疏证》六卷、《范石湖诗补注》三卷，大约七十余种。序跋主要有：张德容《二铭草堂金石聚》序、《攀古楼彝器款识》自序、赵绍祖《金石文钞》序、方朔《枕经堂金石跋》书后、吴大澂《说文古籀补》序、吴云《两罍轩尺牍》序、程祖庆《吴郡金石目》跋、刘喜海《海东金石苑》跋、戴熙《古泉丛话》序、鲍康《观古阁泉说》序、高庆龄《齐鲁古印攈》序、《幽梦续影》序、《海东金石录》自序、《释湛然辅行记》序、《悲盦诗剩》序，等等。

民国二十五年，《清代七百名人传》把潘祖荫与陈介祺、俞樾等一并列入朴学家类①。《清代朴学大师列传》把潘祖荫列入金石学家及提倡朴学诸显达列传②，认为潘氏治事精勤，公诚廉直，朝野咸目之为清流领袖，确立了潘祖荫在晚清学术界的地位。

（三）京师金石文化圈的其他成员

同光时期京师金石文化群体主要包括如下几类成员：一是相对固定活动在北京地区的，主要成员除潘祖荫外，还有王懿荣等；二是在各地任职，致仕后寓居北京的，如鲍康等；三是多次来京参加科举考试，后到地方任职或归里的，如赵之谦等；四是科举成名后在各地流动任职的，如吴大澂、张之洞等。这些金石同好围绕潘祖荫，在自身收藏研究金石的同时，帮助潘氏传递信札、收集金石、整理拓片、刊刻出版、考释文字。其中，潘氏接触最多最久的是王懿荣，刊刻器图最倚重吴大澂，考释文字最欣赏张之洞，访书靠赵之谦、胡澍等。兹略述如下。

王懿荣（1845－1900）③博学多识，于书无所不窥，而于篆籀奇字尤善悟，视当时通儒所获独多④。为学不分汉宋，尤笃好旧椠本书籍、彝器碑版之属，并以此稽考经史，每多创见。并擅氈蜡法，每得

---

① 蔡洛冠：《清代七百名人传》，中国书店，1984，第 1698 ~ 1707 页。
② 支伟成：《清代朴学大师列传》，上海泰东图书局，1925，第 638 页。
③ 王懿荣（1845－1900），字廉生，山东福山人。祖父王兆琛，山西巡抚。父王祖源，四川龙安府知府。王氏自幼性情笃挚，读书辄过目不忘。未弱冠，随父官京师。光绪五年（1879）中顺天举人，第二年中进士。《诰封宜人元配蓬莱黄宜人行状》载王懿荣："居京师久，交游既广，每以春秋佳日，与长沙周阁学、吴县潘侍郎、遵义景阁学、洪洞董研樵检讨、太谷温味秋、仪征陈六舟、巴陵谢麐伯、余姚朱肯夫、南皮张香涛、吴县吴清卿六编修、会稽李莼客、甘泉秦谊庭、绩溪胡荄甫、光山胡石查、遂溪陈逸山五户部、大兴刘子重、仪征陈研香、邹县董凤樵三刑部、元和顾缉廷工部、歙县鲍子年、长洲许鹤巢两舍人，递为诗酒之会，壶觞几无虚日。"（见《王文敏公遗集》卷四，民国刘氏嘉业堂刻本）著有《王文敏奏疏稿》、《天壤阁藏器目》、《天壤阁杂记》等。
④ 支伟成：《清代朴学大师列传》，上海泰东图书局，1925，第 520 页。

一彝器，皆亲自捶拓。《王懿荣年谱》载："公性嗜古，凡书籍字画，三代以来之铜器、印章、泉货、残石、片瓦，无不珍藏而秘玩之。钩稽年代，补证经史，搜先达所未闻，通前贤所未解，爬罗剔抉，每多创见。至于购求古物，固未尝一日有钜资，处极困之时，则典衣以求之，或质他种以备新收。至是以居丧奇窘抵押市肆至百余种，然不愿脱手鬻去也。"[①] 王氏考中进士相对较晚，但其久居京师，较早得到名流认同，交游既广，每以佳日聚会，与陈介祺、潘祖荫、吴大澂、吴云等书疏往来不绝，潘祖荫致多人函札等亦多托王氏代办，出力最多，反而受潘氏责问也最多，参见后文。

吴大澂（1835－1902）[②] 与潘祖荫有同乡之谊，其断续居京，时间都不太长。吴大澂擅摹图，潘祖荫藏器拓图，多请其为之，潘祖荫《攀古楼彝器款识》一著有吴氏大半功劳。由于吴大澂于金石一门独具眼光，学识经验丰富，潘氏多请其代为搜访，往来颇繁。潘承弼曰：其"与先从祖文勤公过从最密，文勤公官农曹时，搜罗吉金至夥，偶得一器，必邀先生为之考订。一瓻往还，晨夕无间。文勤公尝谓先生解字，语许君所未尽语，通经典所不易通。其于金石文字之好，又在吕、翟、赵、薛之上，其推许先生有如此者。今读先生所致文勤公简牍，多精整篆籀，惜无一存矣。今读先生所为金文跋语，为文勤公考

① 王崇焕：《清王文敏公懿荣年谱》，台湾商务印书馆，1986，第43页。
② 吴大澂（1835－1902），字清卿，号恒轩，晚年又号愙斋，江苏吴县人。同治元年（1862）春入京应试，至同治七年（1868）中进士，同治十二年（1873）出任陕甘学政。光绪二年（1876）十月任满，第二年四月入都。光绪五年（1879）二月奉命出都任河南河北道，其间寓京三年。光绪七年（1881）五月，于吉林创设机器制造局。光绪十二年（1886）擢广东巡抚。光绪十八年（1892）授湖南巡抚。吴大澂早年馆于外祖父韩崇宝铁斋，得金石熏陶，同治初客沪，入萍花社书画会。善画山水、花卉，书法精于篆书。皆得力于金石鉴赏修养。罢官后，贫甚，售书画、古铜器自给。著述颇多，有《说文古籀补》、《愙斋藏器目》、《愙斋集古录》、《恒轩吉金录》、《度量权衡实验说》、《古玉图考》等。

释者居多，则君此编于吾家故实且有裨助焉。"① 吴大澂书法各体兼
擅，尤长于篆籀，潘祖荫以为吴氏大篆在胡澍、赵之谦之上，"迥然
非时人所能梦见"，应为国朝第一。

张之洞（1837－1909）② 与潘祖荫、王懿荣、吴大澂等于同治九
年（1870）订交。《张文襄公（之洞）年谱》载，当时潘祖荫居米市
胡同，经常出其所藏吉金拓片嘱张之洞、王懿荣、吴大澂审定，张氏
所论金石文字大率皆此数年所作③。张之洞考释金文，潘祖荫最为信
服，曾致函汪鸣銮曰："兄于金石之学，不以翁、阮为然，而其椎轮
大辂之功不可没也，只如此而已。如谓不信，京师只好问之香涛，其
它廉生、石查尚可之耳，吴清卿亦尚可语。"④ 潘氏《攀古楼彝器款
识》二卷，刻五十器，张之洞释文有二十篇，潘氏曾致书吴大澂，认
为有张氏考释者正定可传⑤，可见张氏在其心目中位置之高。张之洞
《广雅堂四种》有《论金石札》五卷，大部分乃考释潘祖荫藏品之作，
文字洋洋洒洒，兼备词章与义理，读之方觉潘氏所言非虚。张之洞于
书法有深研，光绪五年（1879）十一月间，致函张幼樵讨论书法，甚
为详细，后文将述及。张之洞于光绪二年（1876）续娶王懿荣胞妹，
张、王皆好金石文字之学，潘氏为之称好。

① 潘承弼：《吴愙斋先生年谱序》，见顾廷龙《吴愙斋先生年谱》，哈佛燕京学社，1935，第1页。
② 张之洞（1837－1909），字孝达，号香涛，河北南皮人。洋务派代表人物之一，与曾国藩、李鸿章、左宗棠并称晚清"四大名臣"。《清史稿》称其："少有大略，务博览为词章，记诵绝人。"同治二年（1863）进士。同治六年（1867）督湖北学政。同治十二年（1873）授四川学政。光绪七年（1881）授山西巡抚。光绪十二年（1886）兼两广巡抚。光绪二十八年（1902）充督办商务大臣，再署两江总督。三十二年（1906）晋协办大学士，擢体仁阁大学士，授军机大臣。光绪三十五年（1909）卒，赠太保，谥文襄。著有《张宫保政书》、《书目答问》、《张文襄公全集》。
③ 胡钧：《张文襄公（之洞）年谱》，《近代中国史料丛刊》（第五辑），文海出版社，1966，第16页。
④ 《潘祖荫致汪鸣銮书札》，见阮元《积古斋钟鼎彝器款识》，附札《上海图书馆藏》（道光刻本），转自李军《吴大澂交游新证》，复旦大学，2011，第257页。
⑤ 顾廷龙：《吴愙斋先生年谱》，哈佛燕京学社，1935，第37页。

鲍康（1810－1881）[①] 晚年解职入都归隐，仅与都中数人交往，惟潘祖荫最密。鲍氏为人平易，所藏从未秘不示人。同治末，回乡二十年的陈介祺与潘祖荫复通函，陈介祺、吴云等寄京城同好函札、拓片、书籍，也多通过鲍老转交。依年龄，鲍不仅长于陈介祺、吴云，于潘祖荫、吴大澂、王懿荣等皆长二十岁以上，但其每每奖掖后学，赞潘祖荫："伯寅之才，不可一世。"称吴大澂："清卿太史与余订交独迟，顾一见如平生欢，学识渊雅，赏鉴尤精，兼工绘事。"论王懿荣："廉生农部好古多闻，素所心折，收藏亦富。"[②] 鲍康晚年因病不能语，仍与潘祖荫等同好笔谈。鲍氏生平癖嗜泉币，并以此出版多部专著，从潘祖荫等所作序跋可知其乃古泉研究巨擘。

在京协助潘祖荫的还有赵之谦、胡澍等，根据本书论题将二人列入此圈。

赵之谦（1829－1884）[③] 于经学、史学、词章、金石学、绘画、书法、篆刻各方面都有卓越的成就[④]，因会试三次入都，在京师期间，颇有声望："大学士寿阳祁文端公（寯藻）、吏部尚书武陟毛文达公（昶熙）、今大司空吴县潘公（祖荫）尤为引重，恒置诸宾席之首。四

---

① 鲍康（1810－1881），字子年，署所居曰观古阁，安徽歙县人。鲍康长潘氏二十岁，道光十九年（1839）中举人，以内阁中书，官至四川夔州知府，一直在地方任职。同治十一年（1872）六月，解职夔州知府，旋入都，归隐臆园，自号臆园野人。著有《泉说》、《续泉说》、《观古阁丛稿》等。滂喜斋丛书有《鲍臆园丈手札》。

② 唐石父：《鲍康学风简述》，《中国钱币》1985年第3期，第66~68页。

③ 赵之谦（1829－1884），初字益甫，号冷君，后改字㧑叔，号铁三、悲盦、又号悲庵、无闷、梅庵等。浙江会稽人。咸丰九年（1859）举人。同治元年（1862）十二月，赵之谦入都，胡澍亦同船至京，同年沈均初早一年入都，在京相遇，皆同好金石，成为知己。同治二年（1862）赵之谦首次参加会试，其后又三次会试，终不就，于同治十一年（1872）三月底出都，当年十一月抵达江西，任《江西通志》主编，后官江西鄱阳、奉新知县，逝于官舍。赵之谦手笔敏捷，著述颇丰，有《六朝别字记》、《悲盦居士诗剩》、《悲盦居士文存》、《国朝汉学师承续记》、《补寰宇访碑录》等。

④ 沙孟海：《悲盦居士文存跋》，见邹涛《赵之谦年谱》，荣宝斋出版社，2003，第231页。

方贤俊，会集辇下，争来识府君。"① 赵之谦为潘祖荫搜访了大量古籍椠本，成为潘氏藏书的重要组成部分，并为潘祖荫刻制大量印章。潘父曾绶去世，赵之谦为撰文篆写《潘公墓志铭》。赵之谦殁后，潘祖荫为其行略添讳，可见二人关系非同一般，尤见潘氏对赵氏之肯定。

胡澍（1825－1872）② 工篆书，得秦、汉人遗意。潘氏经常请胡澍题写书签，所见《越三子集》、《志雅堂杂抄》、《吉金所见录》、《壬申消夏诗》等皆胡澍手笔，潘祖荫公务繁忙，时吴大澂、王懿荣等亦多事，每有金石、善本古籍之消息或需求，多托胡澍、赵之谦等代为搜寻，滂喜斋所刻《辅行记》等亦由胡澍校核。可见，胡澍等对潘祖荫之金石收藏、古籍传刻实有重要作用。

二 其他主要金石文化圈及代表人物

（一）山左金石文化圈及陈介祺

山左为山东旧时别称。山东有悠久的历史和灿烂的文化，在金石研究领域出现了一批杰出人物和传世著作，影响深远。在乾隆五十八年（1793）至乾隆六十年（1795），阮元③任山东学政，广交山东及寓鲁金石学家，遍访山东金石文物，在毕沅主持下，撰成《山左金石志》二十四卷，还特意重修祠庙纪念东汉学者郑玄。孙星衍④乾隆六十年（1795）授山东兖沂曹济道，次年补山东督粮道，嘉庆十二年

---

① 《皇清诰授奉政大夫晋封朝议大夫同知衔江西议叙知县先考撝叔府君行略》，见张小庄《赵之谦研究》，荣宝斋出版社，2008，第727页。
② 胡澍（1825－1872），字荄甫，又字甘伯，号石生。安徽绩溪人。咸丰九年（1859）举人，后捐郎中，分发户部山西司。中年多病，弃仕从医。著有《黄帝内经素问校义》。
③ 阮元（1764－1849），字伯元，号云台，晚号怡性老人，谥文达。扬州仪征人。嘉庆、道光间名臣。在经史、数学、天算、舆地、编纂、金石、校勘等方面皆有较高造诣，被尊为一代文宗。
④ 孙星衍（1753－1818），清代藏书家、目录学家。字渊和，号伯渊。江苏阳湖人。于经史、文字、音训、诸子百家，皆通其义。

（1807）任山东布政使，他编写了《寰宇访碑录》，这两人对山东金石学的兴盛产生了重要影响。因此，山左金石家以生于乾隆末年至嘉庆年间为多。至同光时期，吴式芬、刘喜海已经离世，本书不做介绍，尽管他们游宦各地并一直与山左同好密切联系，对山左金石文化影响较大，甚至在整个清代金石研究领域地位也很高。游于山左、京师、浙江等地的许瀚，与各地金石同好交游，获得丰硕成果，然咸丰末年已经身居故里，同治五年（1866）卒，本书亦不作介绍。主要人物有中年归居故里的陈介祺，往来京鲁间的泉学家李佐贤，还有吴重憙等。

陈介祺（1813 – 1884）① 曾供职翰林院，与潘祖荫因父辈同官中枢而为世交。不惑之年返归山东潍县，专心金石研究。很长一段时间内，仅与鲁籍旧好李佐贤、许瀚、郭麐等偶有往来。直至同治十一年（1872）从何绍基《东洲集》得知吴云消息后，与各金石大家鲍康、潘祖荫、吴大澂、王懿荣等交游之门逐渐打开，直至光绪十年（1884）去世，成为其金石生涯中最为鼎盛的时期。同治十一年（1872），潘祖荫即托鲍康、雪帆致函陈介祺，第二年闰六月得到陈介祺复函，此后二人函札频繁往来，互赠拓片，共同考释，传授经验。潘祖荫对于陈介祺的书札极为珍视，汇成《陈簠斋丈笔记附手札》、《簠斋传古别录》刻入滂喜斋丛书，并一再主张合陈介祺、鲍康、王懿荣、吴云等书札为《秦前文字之语》，且已写版，后因陈介祺对此过于严谨之故，始终没有删定，最终搁置。陆明君评价陈氏："在金

---

① 陈介祺（1813 – 1884），字寿卿，号簠斋，晚号海滨病史、齐东陶父。山东潍县人。父陈官俊（1782 – 1849），嘉庆十三年（1808）进士，曾任工部、兵部、礼部、吏部尚书，官至协办大学士。道光二十五年（1845）陈介祺中进士。此后供职翰林院，官至翰林院编修。咸丰三年（1853），太平军攻占南京，朝廷财政告急，遂命前朝老臣各家捐助，陈家被强令认捐四万两，其时陈父已卒四年，陈介祺代父奔走筹措，全家得以保全。事后，陈氏无意官场，于咸丰四年（1854）返归潍县故里，专心金石研究，直至光绪十年（1884）去世。著有《十钟山房印举》、《传古别录》、《簠斋吉金录》、《簠斋金石文字释》、《封泥考略》等三十余种。

石学方面集藏古、鉴古、释古、传古于一身，悉所不凡，可谓收藏最富、鉴别最精、传拓最佳，而于古器物及铭文考释又多有创见的晚清金石学领域的杰出代表。"①

陈氏以外，鲁籍的金石学家还有多位，但他们往来京鲁各地，严格来讲已不能仅属山左金石文化圈，兹略述之。

李佐贤（1807 – 1876）② 弱冠即有金石之好，尤以古泉为专好，曾言"以家贫不能致钟鼎，此轻微者或易致也"③。与鲍康同为咸同年间著名泉学家，亦为潘祖荫平生商榷者之一。所著《古泉汇》得力于鲍康，二人相识于都门，每得古泉，随时分类整理，注释文字，每遇新异必反复验证，互相砥砺，共出著述。

吴重憙（1838 –1918）④ 乃著名金石学家吴式芬次子，陈介祺长婿，许瀚弟子。陈介祺经常致书吴氏，从做学问到为人处事，无不谆谆教导。吴重憙在工部任职时，和潘祖荫来往密切。

（二）南中金石文化圈及吴云

吴云《两罍轩尺牍》经常使用"南中"一词，依其所言人事，主要指今苏南、浙江、安徽地区。苏浙一代传统文化发达、历史底蕴深厚，水陆交通发达，经济持续活跃，人文气息浓厚，历来人才辈出，

---

① 陆明君：《簠斋研究》，荣宝斋出版社，2004，第5页。

② 李佐贤（1807 –1876），字仲敏，号竹朋，山东利津人。道光八年（1828）中解元后，始出里门，往来齐鲁、邹滕间，随地求访。道光十五年（1838）中进士。供职都门时，尤留心泉币，曾于国史馆，借钞《永乐大典》中关于古泉一门，颇为详备。常赴厂肆，每遇珍品，不惜重金。咸丰三年（1853），辞官归里，咸丰七年（1857）复入都，整理古泉，咸丰九年（1859）始编著《古泉汇》，至同治三年（1864）刊成《古泉汇》，精选泉币五千余。后又辑成《续泉汇》，还编著《书画鉴影》、《石泉书屋类稿》等。

③ 李佐贤：《古泉汇序》，见桑椹《历代金石考古要籍序跋集录》，浙江古籍出版社，2010，第903页。

④ 吴重憙（1838 – 1918），字仲饴。同治元年（1862）举人，授工部郎中。历官福建按察使、江宁布政使、驻沪电政大臣、仓场侍郎、江西巡抚、邮传部侍郎、河南巡抚等职。著有《石莲闇诗文集》、《石莲闇词》等。

科举盛行之时，此地重视教育，习文风气浓厚，以科举跃入龙门者众，仅统计顺治丙戌至光绪甲辰一百一十二科，考中一甲者江浙占六成①。尤其是苏州，显宦名流或客游或退居，往来不绝。限于本书所述，仅以吴云、叶昌炽作代表。

吴云（1811－1883）②好碑帖书画，鉴赏极精。既与嘉兴张廷济交，受其影响，笃好古器物，所藏侈富。兵燹后，南中诸家弆藏者，悉数散佚，居沪苏间，悬重金以求，于是阮元、张廷济以及苏州曹载奎旧藏重器亦皆归之。最著者有阮氏、曹氏两家之大小齐侯罍，因名其斋曰两罍轩。《两罍轩尺牍》载有吴云与潘祖荫、陈介祺等友朋的大量函札，读之如沐春风，直觉其如神仙中人。吴女嫁与潘祖荫叔弟潘祖颐，原来亦师亦友变为亲戚，两人更为密切。光绪九年（1883）正月十一日，潘祖荫金石至交吴云下世，当月二十二日，潘父曾绶亦道归西山。潘祖荫扶榇抵里，居于吴云生前居室隔壁，多年来两地通书，今却阴阳两隔，不禁怅然："十余年来，月必三四通问，即少亦一二往返也，金石外无一语他。及荫长秋曹，案牍事冗，日不暇给，始少疏，然一年间亦音问四五。癸未春，荫奉先君讳南归，而丈于正月十一日下世矣。荫僦居之屋与丈邻，翰墨如新，人已不可见矣。悲夫！"③

---

① 商衍鎏：《清代科举考试述录及有关著作》，百花文艺出版社，2003，第191页。顺治丙戌至光绪甲辰，一百一十二科统计，状元为江苏49名，浙江20名，榜眼为浙江29名，江苏26名，探花江苏42名，浙江27名，占总数的六成。
② 吴云（1811－1883），字少甫，号平斋，晚号退楼，又号愉庭。安徽归安人。屡踬场屋，六试始补博士弟子，秋闱不受，遂转求经世之学，旁及金石书画，无一不精。道光二十四年（1844），援例以通判分发江苏，咸丰八年（1858）权镇江府，后调苏州，以失地夺职，遂不复出，侨居吴下，以金石书画为乐。著有《二百兰亭斋金石记》、《两罍轩彝器图释》、《古铜印存》、《古官印考》、《考印漫存》、《焦山志》、《虢季子白盘考》、《汉建安弩机考》、《温虞恭公碑考》、《华山碑考》等。
③ 《潘祖荫跋》，见吴云《两罍轩尺牍》，《近代中国史料丛刊》（第二十七集），文海出版社，1966，第1页。

叶昌炽（1849－1931）^①与潘祖荫的交往始于光绪九年（1883），时潘氏丧父丁忧在苏，请叶昌炽延课其弟，并协助校刻《功顺堂丛书》、《滂喜斋丛书》，终日讨论版本目录与金石碑版之学，得观潘氏所藏古籍椠本和金石拓本。潘祖荫一手将叶昌炽培养起来，还以《孔伷残碑》、《刘平国石刻》、《克鼎》、《三老碑》等拓本见赠。后叶氏著《语石》，此书标志石刻学建立，历来为人所重。

（三）岭南、西南金石文化圈及李文田、莫友芝

汉学为清代学术的主流，京师、江苏、浙江、安徽为清代学术文化的中心。道光以后，汉学传向广东、贵州等边远地区^②。前文说过，各地的金石研究者大都会有一个圈子，唯其影响大小不同，岭南的李文田和西南地区的莫友芝便是这两个地区的代表。

李文田（1834－1895）^③学问渊博，生平嗜学不倦，其学自经史、诸子、小学、金石、舆地、历算及诸艺术，旁逮西人政学诸籍，博涉潜研，咸洞指要，翕然称一代通儒。公务之余，勤于治学，对元史研究尤精，金石碑帖书籍版本之源流皆得其要，是清代著名的蒙古史研究专家和碑学名家。在同值南书房的文人学士中，李文田与潘祖荫被公认为硕学，以考订文字相切磋，称莫逆交。李氏收藏有秦《泰山石刻》宋拓本及汉《华山庙碑》宋拓本，故将其在广州所筑之楼名曰"泰华楼"。光绪十五年（1889）潘祖荫得克鼎，专门属李文田及门下之同好者为之释文。

---

① 叶昌炽（1849－1931），字兰裳，又字鞠裳、鞠常，自署歇后翁，晚号缘督庐主人，江浙人。光绪进士。参撰《清史》，修《武备图说》，擢甘肃学政，引疾归，有五百经幢馆，藏书3万卷。著有《语石》、《邠州石室录》、《藏书纪事诗》、《缘督庐日记》等。
② 尚小明：《学人游幕与清代学术》，社会科学文献出版社，1999，第200页。
③ 李文田（1834－1895），字畲光、仲约，号若农、芍农，谥文诚，广东顺德人。咸丰九年（1859）进士，官至礼部侍郎。同治十三年（1874）乞归故里，主讲广州凤山、应元书院。著有《元秘史注》、《元史地名考》、《西游录注》、《塞北路程考》、《和林金石录》、《双溪醉隐集笺》等。

莫友芝（1811－1871）① 于故训、六经、名物、制度等，无不探讨。旁及金石目录，尤究极其奥颐，疏导源流，辨析正伪，无铢寸差失。又工真行隶篆书，求者肩相于门。莫氏与潘祖荫多有金石搜访、考辨、交流方面之记载。潘祖荫公务甚繁，其金石之事的确离不开像莫友芝这样的博识之人。

第三节　晚清金石文化的主要特征与成因分析

晚清的时间划分一般从道光时期开始，本书所述以潘祖荫为纽带的金石文化群体，主要学术活动时期在同治、光绪年间，此时所反映出的特点与道光、咸丰时期相比又有所不同，下面的分析侧重于同光时期。

一　主要特征

（一）金石收藏范围不断扩大化

晚清金石收藏受乾嘉时期的影响，自道咸始，收藏古物之风愈加浓郁，收藏范围不断扩大。表现在三个方面：

一是时间范围上。如前所述，碑石收藏自清初就突破了宋人的限制而延伸到元明，至晚清，收藏之风尤其好古，对新出土的三代彝器、古刻愈加重视，上溯至远。

二是地域范围上。由于晚清对于边疆学研究的开拓，原来研究者所不及的边远地区的碑石被发现。如，光绪初发现于吉林集安的《好太王碑》。还有域外石刻的寻访，在同光时期有了很大的开拓。

---

① 莫友芝（1811－1871），字子偲，自号郘亭，又号紫泉、眲叟，贵州独山人。道光十一年（1831）举人，后屡试不第。道光二十一年与郑珍撰成《遵义府志》48 卷，梁启超评为天下第一府志，莫、郑被人并称为西南巨儒。

三是收藏种类上。除了食器、酒器、水器等彝器外，更扩大到乐器、兵器、铁权、瓦当、玺印、泉布、玉器，以及日用杂器如镜、灯具等，凡是有文字图案者莫不收之，而且盛于二十世纪的甲骨、简牍在同光之际可能就有发现①，实在是古物收藏之大观。收藏材料的全面拓宽，为金石研究增添了新的内容，也促进了金石研究的深入。

（二） 金石收藏集中化与研究群体化

乾隆晚期至嘉庆初期，金石收藏已经不是具有双重身份的编纂官和宫廷丛书文人的专利，开始向外扩展。道咸时期收藏相对分散，而研究却相对集中。到同光时期，金石藏品又逐渐集中到部分达官或有力者手中，而研究者却比较分散，因为这些研究者大多与收藏者有密切的联系。梁启超说：

> 道咸以后日益盛，名家者有刘喜海、吴式芬、陈介祺、王懿荣、潘祖荫、吴大澂、罗振玉。式芬有《捃古录金文》，祖荫有《攀古楼彝器款识》，大澂有《愙斋集古录》，皆称精博。其所以考证，多一时师友互相赏析所得，非必著者一人私言也。②

可见，梁氏对于群体研究金石的文化现象已经察觉。收藏者将拓本分寄友朋同好，大家一边欣赏，一边研究，学术气氛浓厚，晚清金石研究在继承乾嘉学风的基础上，有了新的突破与发展，群体化研究发挥了重要作用。本书以潘祖荫为纽带的金石文化群体的研究，也是基于其群体性的考察与分析。

---

① 　罗振常：《洹洛访古游记》，宣统三年二月二十三日条：此地埋藏龟骨，前三十余年已发现，不自今日始也。见《石刻史料新编》（第三辑，第二十九册），新文丰出版公司，1986，第535页。又见《文化苏州与甲骨文渊源蛮深》，《城市商报》2010年第4期，第9页。

② 　梁启超：《清代学术概论》，上海古籍出版社，1998，第59页。

（三）金石研究方式呈现多元化

随着收藏范围的扩大，对金石的研究向专门化领域延伸，方法渐渐趋以缜密，分科也更加细致，且较为完善，形成考辨、辑佚、录目、鉴赏等相互结合、相互渗透的局面。大量金石出土和著述兴起是当时的突出特征，康有为认为："乾嘉之后，小学最盛，谈者莫不藉金石以为考经证史之资，专门搜辑，著述之人既多，出土之碑亦盛。"① 可见当时金石研究之盛。从体例上说，除了前代已有的存目、录文、跋尾、义例、分地、分人、释文等体例之外，同光时期还有很多著作开辟了新领域，达到了新的高度，如：陆增祥《八琼室金石文字补正》集录众说，兼诸派之长；方朔《枕经堂金石跋》多从书法艺术角度赏鉴金石；吴云《两罍轩尺牍》以及其他学者的尺牍，则反映了考证辨伪等学术交流活动情况；吴大澂《说文古籀补》摹写精确，于考释多有发明，是继许氏《说文》后颇有影响力的一部篆书字典；缪荃孙《艺风堂金石文字目》专门研究自藏拓片；叶昌炽集诸派之长而成《语石》，是具有标志性意义的专著。还有关于泉币、泥封、印玺等新出土古物的专门研究著述。分地类著作不但有专著，各地方志中金石一门更是数不胜数。研究带动了收藏，对三代彝器以及珍稀拓本，金石收藏家不遗余力，争相高价购买，这又带动了金石鉴定，最终促进了金石研究。

（四）金石研究与书法篆刻艺术密切化

对碑刻的研究，从阮元、包世臣开始就注意到了书法的变化，同光时期的何绍基、赵之谦等融合碑帖进行了丰富的实践。康有为说："及久居京师，多游厂肆，日购碑版，于是尽见秦、汉以来及南北朝

---

① 康有为：《广艺舟双楫》，见《历代书法论文选》，上海书画出版社，1979，第755页。

诸碑，泛滥唐、宋，乃知隶、楷变化之由，派别分合之故，世代迁流之异。"① 他们不仅仅关注字形的变化，更注意笔法的变化，有的用柔毫追求金石效果，书学研究逐渐科学化、系统化。绘画则讲究以书入画，追求金石趣味。如，赵之谦一向主张并积极实践以篆隶楷行等各体入画，并特别强调用笔的拙趣。篆刻也多从当时收藏的玺印、泥封等印章材料中取法，并讲求刀与笔的结合。一直追随陈介祺的篆刻家王石经，获观陈氏万印楼所藏秦权、秦诏版以及瓦量、玺印文字，朝夕临摹，潜心研究，深得秦汉印之精髓。与潘祖荫过从甚密的赵之谦则兼学各派，广泛取材，大胆创新，在篆刻艺术发展史上享有一代巨匠之誉。可见，晚清是金石研究与全面实践的集大成时期。

二　成因分析

（一）独特思想政治文化背景的影响

晚清的形势比较复杂。梁启超说："咸丰、同治二十多年间，算是清代最大的厄运。洪杨之乱，痛毒全国。跟着捻匪、回匪、苗匪，还有北方英法联军之难，到处风声鹤唳，惨目伤心。政治上生计上所生的变动不用说了，学术上也受非常坏的影响。因为文化中心在江、皖、浙，而江、皖、浙糜烂最甚。公私藏书，荡然无存。未刻的著述稿本，散亡的更不少。许多耆宿学者，遭难凋落。后辈在教育年龄，也多半失学，所谓'乾嘉诸老的风流文采'，到这会只成为'望古遥集'的资料。考证学本已在落潮的时代，到这会更不绝如缕了。"② 在这种形势下，以考据经史为任的汉学与现实越来越远，于是宋学又被提起，形成汉、宋合流的局面，而西方的入侵造成西学东渐，社会上

---

① 康有为：《广艺舟双楫》，见《历代书法论文选》，上海书画出版社，1979，第 852 页。
② 梁启超：《中国近三百年学术史》，商务印书馆，2011，第 31 页。

又夹杂着强烈的排满思想。此种情况下，统治者的主要任务是恢复秩序，所以同治时期开始扩大对外交流，兴起洋务运动，但在文化方面没有什么特色，只是延续着道咸的风气，直到光绪年间才有了新的变化。

士人选拔制度有所变化。到晚清，选拔官吏的科举制度在复杂的社会政治背景下丧失了它的大部分功能，从咸丰开始，兴起高级官吏荐举的形式，作为科举制度的补充，因为理想中的二者不存在冲突，科举制的最热烈支持者竭力提倡荐举制。但在实施过程中，由于举荐任命的资格太低，结果造成中进士的人几乎没有升迁的机会①，而学术研究常常可以弥补因这种趋势扩大而带来的危及生计的职业匮乏②。因此，嘉道以来日渐兴盛的金石研究一直是文人们最热衷的文化活动，部分文人以此得以在复杂的社会立足，尤其大量图书文献遭破坏亟须整理恢复的情况下，文人又有了用武之地。

金石文化得到普遍重视。乾隆时期编纂《四库全书》，各地的汉学名家汇集京师，分别担任重要的纂修工作，强化了京城作为全国政治文化中心的地位。这些汉学家都有十分深厚的经史学术功底，擅长考据，四库从乾隆三十八年开馆至四十七年纂成，一大批学者在此期间得以广泛交流，直接促进了汉学的兴盛。所以，到嘉庆至道光时期，涌现出阮元、翁方纲等大儒，形成了金石文化的繁荣局面。乾隆本人也热衷于收藏，仿效宋徽宗时敕撰的《宣和博古图》，敕撰《西清古鉴》、《西清续鉴甲编》、《西清续鉴乙编》、《宁寿鉴古》，被称为"西

---

① 〔美〕芮玛丽：《同治中兴——中国保守主义的最后抵抗》，中国社会科学出版社，2002，第 98～100 页。
② 〔美〕艾尔曼：《从理学到朴学——中华帝国晚期思想与社会变化面面观》，江苏人民出版社，2012，第 74 页。

清四鉴"，收录青铜器四千多件，比较完整地记录了皇家的收藏，为中国古代青铜器研究提供了极为丰富的资料，对后来金石文化的繁荣有很大影响。甲戌同治驾崩，光绪帝即位，慈禧继续垂帘听政，政治上并没有出现大的波动，文化上却开始有了好转，而朝中精于汉学考据的文臣，如潘祖荫等，得到慈禧的恩宠，他们一方面辅佐朝政，一方面继续从事汉学研究，并且带动了周围的张之洞、吴大澂、王懿荣等。当然，充斥各地的官吏也有大量以汉学为己任的。晚清较长一段时间内，汉学营垒仍然保持着较为庞大的学术队伍，不仅昔日的吴派、皖派各有自己的学术传人称著学坛，而且在全国不少省区都保持着实力不等的汉学群体。尤其值得注意的是，在南部一些地区如岭南、福建、贵州等地，汉学甚至呈现出向上发展的势头，出现了新的回升，显示出晚清汉学尚且具有一定的学术活力①。所以，梁启超说光绪初年的各种学问都有了新气象，金石学、元史及西北地理学、诸子学等特别流行。其实，金石学和地理学有某些方面的联系，地理学涉及的是边陲之地，必然要靠一些碑碣等古物来考证其历史，于是长于汉学考据的学者又兴奋起来，一些不为人知的金石资料被发现，继而收藏、流转、研究。当然，此时的金石资料已经不仅仅局限于彝器碑石，而是扩大到所有带有文字符号甚至没有文字符号的古器物。

方志编纂产生积极影响。梁启超说："最古之史，实为方志。"②康熙时就曾诏令地方编辑志书，直到雍正七年修《大清一统志》，需要各地提供志书作资料，严谕促修，有了《畿辅通志》、《广东通志》、《贵州通志》等十六种，乾隆六年又颁布了省府州县志六十年一修之令，"文化稍高之区，或长吏及士绅有贤而好事者，未尝不以修志为

---

① 史革新：《晚清学术文化新论》，北京师范大学出版社，2010，第95页。
② 梁启超：《中国近三百年学术史》，商务印书馆，2011，第356页。

务，旧志未湮，新志踵起。计今所存，恐不下二三千种也。"① 直到同光时期，地方编志工作仍在进行，如：同治十一年（1872）赵之谦分发江西，投谒巡抚刘坤一檄修《江西通志》，当时该志已断续百数十年，赵氏覃心钩考，晨纂夕披，历时五年修成这一地方志著作。这种持续的修志，也使汉学的研究成为一种常态的文化事业，百年不衰，这也许是金石文化能一直延续不断的原因之一。

晚清图书出版业的促进。前面说过，晚清的科举制度发生变化，文人的出路变得越来越不确定。在当时的社会背景下，部分文人受聘于书院，从事学术研究，按地方和国家的图书纂修计划整理文献，致使民间藏书刻书蔚然成风，"力大者举一省，力小者举一郡一邑。然必其乡先辈富于著述，而后可增文献之光"。② 而这些图书大部分在内外纷乱中毁于一旦，因此同光时期对刊刻图书的重视程度被大大提高。如，潘祖荫的早期藏书在庚申之变中荡然无存，之后他孜孜不倦大肆收藏，他的藏书处名为滂喜斋，藏有百部以上宋元秘本、明清旧椠、域外孤本，及彝器、碑版、泥封等，并编辑出版了《滂喜斋丛书》、《功顺堂丛书》，以及大量的单刻本，还帮助友朋出版书籍，使之传世。此举搜访保存了大量文献，对学术传承以及金石文化的发展可谓功莫大焉。

（二）金石文化活动的独特社会作用

我们注意到在晚清数量庞大的金石文化群体中，各群体社会地位差距非常大，仅本书研究的代表人物中，就能分出好多层面。他们因金石文化活动而走到一起，取得了暂时的相对平等，所以无论高低贵贱，于金石收藏研究方面皆乐此不疲，金石文化活动发挥出独特的

---

① 梁启超：《中国近三百年学术史》，商务印书馆，2011，第357页。
② 叶德辉：《书林清话 书林馀话》，岳麓书社，1999，第210页。

作用。

在政治社会顶层的，如潘祖荫出身名门贵族，从青年时期就在朝中身居高位，深受宠爱；而王懿荣虽年近不惑才中进士，但父辈为高官，衣食无忧；吴大澂、翁同龢在位风光，晚年遭阋开缺，但从未为经济犯难。这些达官显宦最后的结局各有不同，但他们的共同特点是有很强的社会影响力，有非常好的经济条件，同处在十分复杂的晚清社会环境中，政治上难有作为，金石文化活动则成为很好的心灵栖息地，在这里可以找到乐趣，所以在他们的带动下，金石文化活动才有了活跃的基础，这个非常关键。

退出政治舞台的，有仕途不顺中年就隐退的，如陈介祺刚入中年即退居故里，李佐贤也是中年辞官归里，吴云中年遭潜退居吴下。晚年退休的，如鲍康。他们的共同特点是曾经辉煌过，退出政治圈后，他们同样需要找一个落脚点，作为最大爱好的金石文化活动便成了最好的选择。并且在这种活动中，他们作为文人，一直保持了较高的地位，受到在朝高官的厚待，因此乐得其所。

处于相对底层的，如赵之谦、胡澍等。赵之谦自从同治元年（1862）入都，在京活动十年，通过金石文化活动认识了潘祖荫等朝中高官，并且通过为潘氏搜访金石古籍，得到生活和活动方面的资助，并于中年后谋得低层官职，实现了一生孜孜以求的目标。同样的还有山西洪洞人董文灿，他与潘祖荫之间的关系是通过古玩买卖建立起来。这些底层文人虽然地位不高，但是具有较高的鉴赏力，并且往往与身份更高的官僚鉴藏家保持良好的关系。对于他们来讲，金石文化活动是其得以立足社会谋求发展的手段之一。

由不同层面金石学家的情况可以看到，在当时社会复杂的社会条件下，文人们的职业标准也会随之发生变化，在位者可能朝不保夕，在野者也不会甘于平庸，他们不约而同地走到金石收藏研究领域，蔚然成为一种风气。有学者甚至认为，"对一些清代士大夫而言，作为一金石藏家，实可累积文化资本以发展社交网络，并巩固官僚圈里的政治结盟"。[①] 他们精鉴别，擅考订，研究领域很宽，著述数量惊人，带动了考据学、文字学、书学研究的不断进步，还影响到书法及篆刻艺术的发展，这样一批文人士子形成了晚清同光时期金石文化活动的中坚力量。

（三）金石文化群体普遍存在的崇古观念

晚清金石文化的繁荣，与一批具有很高经学、史学、小学、书学等素养的学者有很大关系。梁启超以为"好古"为中国人特性之一，什么事都觉得今人不及古人，因此出口动笔，都喜欢借古人以自重[②]。他提出这个观点原本是针对伪书而言的，却也恰恰可以说明文人对金石情有独钟的原因。金石研究依托的是彝器碑石，特别是上面的铭刻，意趣在古，这也是金石的重要审美趣味之一，表现为坚实厚重，古拙苍浑，一旦拓制下来，那种自然风化的斑驳，使得文字线条变得粗拙古朴，形成了独特的美学特征，用之于书画，有很强的表现力。在本书所述晚清金石文化群体中，最典型的崇古代表是陈介祺，他认为楷书取法于隶书，隶书取法于篆书，大篆胜于小篆，越古越好。他还从辨伪的角度说："汉刻能如汉碑，而篆则不如秦，秦不如周末，周末不如周初，再古即商即夏。真者今人必不能伪，伪者必有不如古处。"[③] 陈氏根据自己丰富的收藏鉴定经验，认为"古人之法，真是力大于身而不丝毫乱用，眼高于顶明于日而不丝毫乱下，乃作得此等字，

---

① 王正华：《罗振玉的收藏与出版："器物"、"器物学"在民国初年的成立》，《台湾大学美术史研究集刊》，2012，第283页。

② 梁启超：《中国近三百年学术史》，商务印书馆，2011，第299页。

③ 陈介祺：《秦前文字之语》（致吴大澂），齐鲁书社，1991，第286页。

所以遒敛之至而出精神，疏散之极而更浑沦。"① 反映在对于彝器真伪的判定上，认为笔力遒劲者多非伪刻，字体圆熟而少力者，极可能即伪。当然，不仅陈氏，在晚清金石文化圈中，崇古成为一种共识，以古为尚的观念促进了晚清金石文化的发展。

①　陈介祺：《致潘祖荫手札》（稿本），国家图书馆藏，同治十三年十月十三日函。

第二章　鉴藏

对晚清金石文化的研究，必须从实物着手。随着出土古物的增多，金石收藏范围亦不断扩大，同光之前的收藏以钟鼎彝器以及碑碣墓志为大宗，而同光时期，只要是古铜器，无论有没有铭文，都会被珍视并收藏，古石刻只要有文字图案，便会被纳入收藏视野，此时出土的陶瓦、古埴等过去下层人民用的器物，都被大量收藏，反映了晚清金石收藏的繁荣。本章将从彝器、石刻、金石小品三个大类进行实物分析，梳理收藏的理念与方法，呈现晚清同光时期的金石鉴藏面貌。

第一节　彝器鉴藏

《说文解字》曰：

> 彝，宗庙常器也。从糸；糸，綦也。廾持米，器中宝也。互声。此与爵相似。《周礼》："六彝：鸡彝、鸟彝、黄彝、虎彝、蜼彝、斝彝。以待祼将之礼。"①

---

① 许慎：《说文解字》，中华书局，1963，第277页。

　　许慎所言彝为常器，似器之通名，而所引《周礼》中又为一器之专名。后来，"彝"之名在使用时多有混淆，常有以此来命名某一类铜器者，如《考古图》至《西清古鉴》、《积古斋钟鼎彝器款识》、《筠清馆金石录》，皆于"尊"、"敦"之外别立"彝"一目。而潘祖荫认为不能将其单独列为一类①，陈介祺也有同样的观点②，所以，潘、陈二家藏器目皆有"敦"而无"彝"。后容庚《商周彝器通考》释曰："青铜器古称彝器。"③ 把彝器作为青铜器的总称，与鼎、盉、盘等器物的名称分开，本书依此。

　　潘祖荫富藏金石，有"潘神眼"之称。《清稗类钞》载：

　　　　光绪初，潘祖荫公与翁叔平相国同龢、盛伯羲，研索钟鼎篆隶……文勤尤注意吉金，所藏钟鼎彝器之属，逾五百件，实为收藏吉金家之第一。④

　　潘祖荫殁后，所藏彝器由其弟潘祖年载归吴县故里。新中国成立后，孙媳潘达于将潘家藏器陆续捐给国家。原上海博物馆馆长、中国青铜器研究泰斗马承源认为，潘家的青铜器收藏数量仅次于故宫。可见，潘祖荫富藏已为世所公认。同光时期社会动荡不安，朝廷内外纷争不断，藏家器物纷纷流出，而潘氏所藏独多，反映出同光时期金石收藏的特色。

---

① 杨树达：《潘文勤金石手札钞》（与方濬益书）曰："彝者，器之总名，但有尊敦而无彝，迳删之也。"见《燕京大学考古学社社刊》1937年第4期，第329页。
② 陈介祺：《秦前文字之语》（致吴云）："古无彝，尊彝器之重而常者之通名也。"齐鲁书社，1991，第247~249页。
③ 容庚：《商周彝器通考》，中华书局，2012，第1页。
④ 徐珂：《清稗类钞》（第九册），中华书局，1984，第4328页。

一　传古之志与经济实力为基础

自乾嘉始，金石学家普遍重汉学、识文字、通训诂、精校勘、善考证。潘祖荫自幼得到较好的教育，尤留心金石文字，曾得到一代文宗阮元点拨，并获赠金石拓片。阮氏是嘉道间名臣，造诣极高。潘祖荫曾与叶昌炽谈及：

> 自八岁戊戌即见阮文达。彼时文达住兵马司后街，与米市只隔数武。文达又先祖文恭同案也。其家无日不演剧及杂耍，荫亦无日不见文达，辄有文玩拓本笔墨之赐，今尚存齐侯罍拓本一纸。其书屋陈设之工雅，至今目中未见，华而不俗也。夏日则满屋皆水晶器，现在豪绅所无也。其面甚长，与贵官语，辄闭其目，与人语亦辄闭目。其好看戏及傀儡，则与贵官同也。①

阮元与潘祖荫祖父潘世恩都是朝中名臣，所以给他印象如此之深。后来，潘祖荫受教于陈庆镛②，始为钟鼎文字之学，通籍后所交海内名流多好金石者。学习过程中，潘祖荫得到很多启发，并逐渐产生了强烈的责任意识，开始搜集彝器。同治十一年（1872）四月，潘祖荫将其第一批五十件藏器出版，名曰《攀古楼彝器款识》。

潘氏在自序中提出"七厄"说：

> 顾古器自周秦至今，凡有七厄：章怀《后汉书注》引《史

---

① 潘祖荫：《致叶鞠裳同年书札》，见王同愈《栩缘随笔》，上海古籍出版社，1998，第451页。
② 陈庆镛（1785－1858），字乾翔，别字颂南，福建晋江人。曾官户部主事，后官至御史。陈氏平生精研汉学，著有《籀经堂集》、《齐侯罍铭通释》、《三家诗考》等。

记》曰："始皇铸天下兵器为十二金人"，此文较今本《史记》多一"器"字，于义为长。兵者，戈戟之属；器者，鼎彝之属。秦政意在尽天下之铜，（应劭曰："古者以铜为兵。"）必尽括诸器可知，此一厄也；《后汉书》："董卓更铸小钱，悉取洛阳及长安钟虡、飞廉、铜马之属，以充铸焉。"此二厄也；《隋书》："开皇九年四月，毁平陈，所得秦汉三大钟、越三大鼓。十一年正月丁酉，以平陈所得古器多为祸变，悉命毁之。"此三厄也。《五代会要》："周显德二年九月一日，敕除朝廷法物、军器、官物及镜，并寺观内钟磬、钹、相轮、火珠、铃铎外，应两京诸道州府铜象器物诸色，限五十日内并须毁废送官。"此四厄也；《大金国志》："海陵正隆三年，诏毁平辽宋所得古器。"此五厄也；《宋史》："绍兴六年敛民间铜器，二十八年出御府铜器千五百事付泉司，大索民间铜器，得铜二百余万斤。"此六厄也；冯子振序杨鈞《增广钟鼎篆韵》曰："靖康北徙，器亦并迁金汴。季年，钟鼎为崇，宫殿之玩，毁弃无余。"此七厄也。其列朝铜禁，随时搜括、沉薶、毁弃、盗、铸改，为不与焉。①

潘氏发现，从秦始皇尽天下之铜以为兵器，至北宋靖康迁移，历代朝廷随时搜括、沉薶、毁弃、盗、铸改，实为彝器之灾难，致使所剩无几，必须加以保护。第二年七月，陈介祺见到潘祖荫该著，深有同感，又提出"四厄"：

吉金出土，一毁于锄犁，再毁于争夺，三毁于销镕，四毁于

---

① 潘祖荫：《攀古楼彝器款识》（刻本），潘氏滂喜斋，同治十一年（1872）。

刻字，不仅传世古之七厄矣。①

陈、潘两家均为金石收藏大家，被称为天下三宝的毛公鼎、盂鼎、克鼎先后纳入箧中，他们所云器之"厄"，皆言古器留存不易，搜求之难。

大量彝器收于内府，而民间出土者，皆为有力者藏之，当然亦有追逐时尚，以为玩好者。乾隆命廷臣编《西清古鉴》，诏曰：邃古法物，历世恒远，穆乎可见三代以上规模气象。我朝家法不尚玩好，而内府储藏未尝不富，以游艺之余功，寄鉴古之远思。特别强调不能以此为玩好之举。阮元从学者的角度认为彝器收藏要能证经补史，用以辨识疑文，稽考古籍，"国邑大夫之名，有可补经传所未备者；偏旁篆籀之字，有可补《说文》所未及者"。② 因此，潘祖荫说：

　　观一时圣主贤臣之风尚言论，百余年来，魁儒雅材大率津津于是，其旨可知，故为此学者，不得以玩物丧志论。③

此言极是，晚清的金石学家收藏多而杂，几乎无所不收，藏器后便要传拓，有条件的刊刻出版，同时进行考释，以裨益经史。潘氏又提到：

　　若夫赏其采色，玩其刻镂，溢案充帏，裒佩等玩，其蔽也陋；轻财慕古，以为名高，沿袭人云，不论文字，其蔽也懵，执楷说篆，释甲忘乙，某商某周，自欺欺世，其蔽也妄。余虽不敏，于

① 陈介祺：《致潘祖荫手札》（稿本），国家图书馆藏，同治十二年七月初十日函。
② 阮元：《积古斋钟鼎彝器款识》，商务印书馆，1937，第3页。
③ 潘祖荫：《攀古楼彝器款识》（刻本），潘氏滂喜斋，同治十一年（1872）。

三蔽不敢蹈也。①

　　这段话体现了潘氏强烈的责任意识与志在传古的精神。

　　但同光时期各地收藏市场价格昂贵，收藏彝器必须有一定的经济实力。否则，识见再高也爱莫能得。例如，同治十二年（1873）四月，吴云复函陈介祺，反映南中古物不独金器为有力者收括殆尽，即碑帖书画磁玉等类稍可入目者价便奇贵②。同治四年（1865）八月在京师四年的赵之谦出都，走陆路返浙，途经山东，在济南小住数日，入古董肆，发现单片拓本价昂十倍于京师③。王懿荣也曾致陈介祺书，说河阳师以六百廿金得师命日庚敦，京师古物无物不昂④。可见当时彝器旧物收藏成为风气，南北市场价格都很高。潘氏收藏所费从何而来呢？

　　咸丰八年（1858）潘祖荫二十九岁时任国子监祭酒，为从四品，后陆续升迁至二品，根据《历代职官表》卷五、《光绪会典事例》卷十九，四品以上年俸一百零五至一百八十两，加数量不等的大米。据张仲礼的研究⑤，官员获得的俸禄，实际上是他们收入中最小的一部分，他们还获得用以养廉的额外津贴，是俸禄的好几倍，之外还有公费津贴，这些都是合法收入，由中央政府支付。虽然目前尚不清楚潘祖荫任职期间一年的总收入，但随着官职的不断升迁，其收入一直较高是可以肯定的⑥。

　　据吴大澂所言，潘祖荫大量收藏彝器始于同治十一年（1872）。

---

①　潘祖荫：《攀古楼彝器款识》（刻本），潘氏滂喜斋，同治十一年（1872）。
②　吴云：《两罍轩尺牍》，《近代中国史料丛刊》（第二十七集），文海出版社，1966，第645页。
③　邹涛：《赵之谦年谱》，荣宝斋出版社，2003，第151页。
④　王懿荣：《王廉生致陈簠斋书札》（稿本），国家图书馆藏。
⑤　张仲礼：《中国绅士的收入》，上海社会科学院出版社，2001，第4～42页。
⑥　参照翁同龢光绪五年（1879）担任工部尚书时的记载，每年的家庭开销超过四千两银子，而他的固定收入只有一百八十两银子和九十担大米，也见额外收入所占的比重。

该年十一月十七日，吴大澂致沈树镛书云："弟自夏至今，搜罗吉金拓本，积有百数十种。寅师宋板之兴，遂移好于彝器，所得三十余种，精品居多。"① 在吴大澂搜罗拓本之际，潘祖荫开始收藏器物，并请吴氏为之摹图付梓，可见其收藏之始并不为居奇，而是要传古，并且收藏力度非常之大。参王季烈《滂喜斋藏书记》序：

> 文勤在朝数十年，持躬清介，屏绝馈遗，所藏商周珍器、宋元精椠，皆罄廉俸购之四方，非若后之贵显，其藏储由苞苴或攘夺而来也。②

可知，潘祖荫把所有的薪水全部投入到金石收藏。商承祚说过：

> 古物这东西，越买越上瘾，越没钱越买得凶，等到后来，虽不致破产，经济也窘迫万分，还要给外行的人讥笑，这也是恃了眼光受了眼光的累。"好古破家"，我同几个朋友都落到这个地步。③

当时，潘祖荫的金石同好中，王懿荣、吴大澂等无不因嗜古而家境窘困。而陈介祺因其父陈官俊曾为朝廷一品高官，家财殷富，所以在京时能将毛公鼎收至囊中，后因被逼认捐而迁回山东老家，家境渐困，收藏彝器也渐少。潘氏为收藏彝器耗尽资财，甚至不惜负债典质，同治十三年（1874），潘祖荫所藏彝器中几件为家童捶拓时所毁，年后最重要的帮手王懿荣又移居，造成诸多不便，加上债务逼迫，其间

---

① 顾廷龙：《吴愙斋先生年谱》，哈佛燕京学社，1935，第 37~40 页。
② 王季烈：《滂喜斋藏书记序》，见潘祖荫《滂喜斋藏书记》，上海古籍出版社，2007，第 1 页。
③ 商承祚：《古代彝器伪字研究》，见《商承祚全集》，中山大学出版社，2004，第 67 页。

曾致陈介祺书云："侄近来无一钱，只好俟后命，至金文各册，须廉生为觅妥便，否则，遗去可惜也。"① 非常窘迫的潘祖荫虽然入不敷出，但对于所好之器，从不惜金钱，这也是其富藏的原因。

当然，特殊情况下也有例外，如同治十三年（1874）左宗棠将所购盂鼎赠送潘祖荫，这也是间接经济实力的体现。

图 2　盂鼎

注：清道光年间出土于陕西省岐山县礼村，现藏国家博物馆。

资料来源：程仲霖：《潘祖荫金石鉴藏浅析》，《中国国家博物馆馆刊》2013 年第 9 期。

盂鼎，为西周早期（康王世）祭器，原共大小两件，小盂鼎已佚，大盂鼎为左宗棠赠潘祖荫者，现存国家博物馆。大盂鼎，鼓腹敛口，颈部装饰有兽面纹带，三柱足，上端亦有兽面纹，两耳立于口沿上。通高101.9厘米，口径77.8厘米，腹径83厘米，腹深49.4厘米，

① 潘祖荫：《潘伯寅致陈簠斋书札》（稿本），国家图书馆藏，第 43 通。

图 3　盂鼎拓本

资料来源：程仲霖：《潘祖荫金石鉴藏浅析》，《中国国家博物馆馆刊》2013 年第 9 期。

重 153.5 千克。内铸铭文，记述康王命盂管理兵戎，并赐给盂香酒、命服、车马、奴隶之事，是研究西周奴隶制度的重要史料。据《岐山县志》①，嘉道间盂鼎出土后，被当地董姓地主所得，后归岐山第一号乡绅凤鸣镇宋兑成，最初秘不示人，因器形大，终为人所瞩，旋被县令周雨蕉②掠去。又据《潘祖荫年谱》，鲍康跋盂鼎拓册：

　　鼎乃嘉道间岐山出土，初为宋氏所得，置密室不以示人，周雨蕉明府侦知之，遽豪夺去。余曾乞其打本请观，则不可。诡云："已送归南中。"文凡二百九十有五字，陈寿卿叹为史佚之作，其心醉如此。刘丈燕庭辑《长安获古编》，亦以未得是鼎及虢季子

---

① 岐山县志编纂委员会：《岐山县志》，陕西人民出版社，1992。
② 周赓盛，字雨蕉，江苏镇洋人，生卒年不详。嘉庆己卯（1819）举人，著有《题蕉馆集》。

白盘为憾也。雨蕉逝，鼎复出，左季高相国购以重资，拟异送关中书院，尚未辇致。①

左季高相国即左宗棠②，当时出面购鼎的是他的幕僚袁小午③。《鲍臆园丈手札》中鲍康致潘祖荫书云：

> 前晤方元仲，谈及盂鼎，知李山农曾遣人挟重资往购，而袁小午已谈价在先，遂以六百余金得之，因过重不能辇致都下。左宫保闻之，始有送入关中书院中天阁之议。书院乃康昔年肄业地，阁上祀有至圣画像，但人尽可登，日久恐椎搨致伤，非若焦山古鼎有寺僧宝守也。曾告小午，宜妥筹位置，此事在足下，失之意外，令人怅怅。簠斋书来，每乞精拓，云："尚有数字非得精拓不能定，惜乎未归秘藏，亦足见物各有主耳。"④

当时，左宗棠购鼎的目的是送与潘祖荫。鲍康跋中提及安置文庙之说，后被吴云证为讹传⑤。为什么左氏有如此举动？咸丰十年（1860）三月，湖南举人左宗棠做巡抚骆秉章幕僚时，得罪永州镇总兵樊燮，被诬为"劣幕"，咸丰帝责令查实就地正法。此时的左宗棠仅是一个地位卑微的小小幕僚，并未考取功名，因其有超人之才，先后得到两江总督陶澍和林则徐的赏识，林氏甚至向朝廷荐其有"绝世

---

① 潘祖年：《潘祖荫年谱》，《近代中国史料丛刊》，文海出版社，1966，第74页。
② 左宗棠（1812－1885），字季高，一字朴存，号湘上农人，湖南湘阴人。晚清重臣，军事家、政治家、著名湘军将领，洋务派首领。
③ 袁保恒（1826－1878），字小午，号筱坞，河南项城人。道光三十年（1850）进士。官至刑部侍郎。曾先后佐李鸿章、左宗棠军幕二十余年。为袁世凯叔父。
④ 潘祖年：《潘祖荫年谱》，《近代中国史料丛刊》，文海出版社，1966，第73页。
⑤ 吴云：《两罍轩尺牍》（致潘祖荫），见《近代中国史料丛刊》（第二十七集），文海出版社，1966，第561页；盂鼎为海内著名之器，其大者初闻已界置文庙，今始知出于讹传也。

奇才"，这使得左宗棠在京城有一定的声名。潘祖荫与之素不相识，却连续三次上疏力保，认为："国家不可一日无湖南，即湖南不可一日无宗棠也。"① 力断左宗棠关系湖南事势甚大。咸丰帝最终赦免了左宗棠，左氏旋以四品京堂，随同曾国藩襄理军务。幸免于难的左宗棠一直想找机会报答，于是便有购鼎送鼎之举。同治十三年（1874）盂鼎辇致京师，入藏攀古楼，陈介祺嘱王西泉专门为其治印"伯寅宝藏第一"。盂鼎在同光时期被潘祖荫收藏，是彝器收藏史上的一件大事。

二 群体合力与时代风尚的契合

《攀古楼彝器款识》是潘氏收藏彝器的最初成果，计有：钟五件，鼎七件，彝四件，卣十二件，爵六件，壶三件，甗两件，敦六件，簋、盂、鬲、盘、斧各一件。从初期藏器看，潘祖荫的收藏涵盖了食器、酒器、水器、乐器、兵器等各种类型。当时作伪早已盛行，吴大澂曾说："三代彝器，只取其器真、字真，皆可宝贵。"② 潘祖荫果断收到如数之器，非一日之功。该书摹图者为吴大澂，潘氏自序：

> 道咸以来诸城刘布政燕庭、海丰吴阁学子苾、潍县陈编修寿祺，皆称藏家。近今好此者益多，价益踊，故古器益不可得见。余性嗜金石，然汉石在世有数，无从搜牟请益。比年来，专力吉金，每有所得，摩挲研思，略辨瘢肘，必加推按至没字而后已。相与商榷者，莱阳周孟伯、南皮张孝达、福山王正孺、吴县吴清卿，图状释文，先成此集，后有所得，随时附焉。计今日所有止数十器，诚不可谓多，然无智取，无豪夺，又皆慎择详审，必不

---

① 潘祖荫：《奏保举人左宗棠人材可用疏》，见《潘文勤公奏疏》（刻本），光绪间。

② 吴大澂：《吴愙斋尺牍》，《国立北平图书馆金石丛编》，商务印书馆，1938 页。

使一作伪者羼厕其中，以是为无悖于考古证经之意而已。①

　　据此，当时与潘祖荫密切往来商讨金石者，有周孟伯②、张之洞、王懿荣、吴大澂、胡石查③等，潘氏收藏彝器与这些金石友朋间的相互影响与帮助有极大关系。周孟伯为王懿荣业师，曾为潘祖荫释金文数十器，被收入《攀古楼彝器款识》，潘氏对其非常敬重④。潘祖荫在京的很多事务多由吴大澂和王懿荣代办，顾廷龙编纂《吴愙斋先生年谱》中有大量吴氏为潘祖荫搜访金石的记录，后顾氏编《吴县潘氏攀古楼吴氏愙斋两家藏器目》时，认为"潘氏搜罗称雄当时，其识别力亦甚强，然必乞吴为之审定焉"。⑤ 并提到部分潘祖荫致吴大澂的手札，当日搜购之情景清晰可见。同治十二年（1873），吴大澂、张之洞、胡石查先后离京赴任，潘祖荫手头诸如函札传递、彝器购买、拓片递藏等皆由王懿荣代劳。王氏不但有金石之好，亦有相当鉴古水平，吴大澂甚至认为"为吾辈中第一法眼"。⑥ 潘氏富藏实有王懿荣很大功劳。

　　当时收藏金石为一时之风气，除了潘祖荫及他的几个金石友朋外，京师延煦堂、李山农等人对彝器收藏亦非常有力。而作为京师古董金石集散地的琉璃厂，是金石收藏者必到之处。潘祖荫是这儿的常

----

① 潘祖荫：《攀古楼彝器款识》（刻本），潘氏滂喜斋，同治十一年（1872）。

② 周悦让，字孟伯。山东莱阳人。生卒年不详。道光二十七年（1847）进士。著有《倦游庵椠记》。

③ 胡义赞（1831－？），字叔襄，号石樵，一作石查。河南光山人。同治十二年（1873）举人，官海宁知州。擅长金石考证之学，收藏书画金石甚富。

④ 潘祖荫：《潘文勤公书札》（致王懿荣）（稿本），国家图书馆藏，第90通："孟伯先生老辈也，可不催之，便中祈一询之。"

⑤ 顾廷龙：《吴县潘氏攀古楼吴氏愙斋两家藏器目叙》，见《国立北平图书馆馆刊》，大北印书局，1933，第69页。

⑥ 吴大澂：《吴清卿手札》（致沈树镛），见顾廷龙《吴愙斋先生年谱》，哈佛燕京学社，1935，第37～40页。

图 4 《攀古楼彝器款识》书影之一

资料来源：国家图书馆藏。

客，不但自己经常光顾，为其搜访金石、古籍的王懿荣、赵之谦等也经常代其来此搜寻。清秘阁曾有一卣，潘氏派王懿荣前去查询①。有一句鑃被李宗岱②收去，潘祖荫感到意外，嘱咐王懿荣以后千万不可放松③。后来仍念念于此，请王懿荣寻找该器拓本，再次强调一定便中留意④。王懿荣曾致潘祖荫书曰："昨见清卿所携山农拓本全分，不如吾师有重器，然其鼎敦件件精，多有簠斋所不及如此者。"⑤ 可见李

---

① 潘祖荫：《潘文勤公书札》（致王懿荣）（稿本），国家图书馆藏，第 4 通。
② 李宗岱（？ -1896），字山农，广东南海人，道光二十九年（1849）副榜贡生。山东候补道员署山东盐运使、布政使。光绪年间在山东开办矿务公司。
③ 潘祖荫：《潘文勤公书札》（致王懿荣）（稿本），国家图书馆藏，第 51 通。
④ 潘祖荫：《潘文勤公书札》（致王懿荣）（稿本），国家图书馆藏，第 102 通。
⑤ 王懿荣：《诸家致潘伯寅潘绂庭书札》（稿本），国家图书馆藏。

图 5 《攀古楼彝器款识》书影之二

资料来源：国家图书馆藏。

山农的确亦收藏彝器很多。

吴大澂在替潘祖荫做事的同时，自己也大肆收藏古物，然而却秘不示人。如同治十三年（1874）正月五日，吴大澂致陈介祺："前年购得中多壶，时适伯寅先生属廉生至厂肆访之，力索不得，大澂遂秘藏之不敢示人。"① 可见收藏者之间存在一定的竞争，友朋之间也不例外。

潘祖荫性子急，凡事要求速办速决，对最为得力的王懿荣、吴大

---

① 吴大澂：《吴愙斋尺牍》，《国立北平图书馆金石丛编》，商务印书馆，1938。

澂因熟稔便显得过于强势。陈介祺曾直言劝说①，而王懿荣等敢怒不敢言，只能跟知心诉苦，曾致书陈介祺："潘事求速而不求细，故效力者亦畏之，而卒无当于事，此等事真不能如此办法也。"② 以至于后来王懿荣避之唯恐不及。同治十三年（1874）九月，正在病中的王懿荣致陈介祺书云："奈人事牵扰，苦不得暇……簠斋先生如寄书伯寅师，希勿道及，……终日忙碌，恐师以事见委，不能应命也。"③ 潘祖荫也曾致吴大澂评说王懿荣终日奔驰，殆无所益，望吴氏予以劝说。可见，二人之间的不满在合作过程中越来越明显。

吴大澂与王懿荣情况类似，他稍小于潘祖荫，但吴氏同治七年（1868）三十四岁中进士时，潘氏已入士林十余年，官居吏部左侍郎，派会试复试阅卷大臣、殿试读卷大臣、朝考阅卷大臣，潘、吴二人同好金石一门，因此潘氏委以吴大澂金石事宜颇多，替他搜寻金石，为其刻图，所以吴氏也常有怨言。吴大澂赴陕甘后，辎车所历，亦时策骑荒郊，流连古道，或亲访，或属工代拓，得到拓本十分不易。我们注意到这些拓片却没有寄与潘祖荫，吴氏致王懿荣书云：

汉中城内宣纸甚少，遍购得五十余纸，三汉刻，一魏刻，可拓三分，以一分奉赠，一分寄簠斋丈，自留一分而已。……此事颇不易，幸为秘之，恐纷纷索拓，无以应命。④

可见，当时得到精拓甚难，一般不会轻易示人。光绪三年（1877）四月，吴大澂回都，九月又奉命督办山西赈务，短短的几个

① 陈介祺：《致潘祖荫手札》（稿本），国家图书馆藏。"吾兄笔墨虽多，不可焦急，读来书似不及去年之暇豫，何耶。"
② 王懿荣：《王廉生致陈簠斋书札》（稿本），国家图书馆藏，第一册。
③ 王懿荣：《王廉生致陈簠斋书札》（稿本），国家图书馆藏，第二册。
④ 吴大澂：《吴大澂书札》（致王懿荣）（稿本），国家图书馆藏。

月间，仍为潘祖荫绘图，一日数差，应接不暇①。此次赈务，吴氏直至第二年九月复命，其间往来考察，非常繁忙。潘祖荫曾前后寄与吴大澂五函，吴氏或没有收到，或有意拖延，没有回复，使潘祖荫大为不满，致书汪鸣銮："恒轩信乞示，兄有所得，不欲不令恒轩知也。而恒轩则秘不令知，人之度量相越岂不远哉。"② 对于为潘祖荫出力最多的吴大澂、王懿荣，潘氏曾这样评价：

> 清卿、廉生皆兄最赏识者也，然皆狡狯。所谓爱而知其恶耳。以为何如？醉笔一笑。③

虽为一时笑语，也能看出潘氏对二人还是颇有意见。可能以其座师之利，随口说来无有拘束，爱恨兼之。

从以上所列资料可见，王、吴二人在潘祖荫的金石收藏中发挥了重要的作用，假如没有他们，潘氏恐怕不会有如此可观的收藏。

对彝器古物的鉴赏能力并不是由个人的身份地位所决定的，而往往一些地位不高的文人，却有非凡的鉴赏力。同治年间，潘祖荫曾一度向洪洞人董文灿④打探消息。董氏的两个兄长都在京城为官，其本人虽只中得举人，却于金石慧眼独具。据董氏《芸盦日记》⑤ 载，潘、董识于同治七年（1868），初识即"论金石久之"，然而二人之后并未

---

① 吴大澂：《吴大澂书札》（致王懿荣）（稿本），国家图书馆藏。"今日为司农绘图，昨晚送去数叶，今早又来索图，此岂顷刻可成，如再迫促，只得告假矣。"
② 潘祖荫：《潘文勤公书札》（致汪鸣銮）（稿本），国家图书馆藏，第53通。
③ 潘祖荫：《潘文勤公书札》（致汪鸣銮）（稿本），国家图书馆藏，第59通。
④ 董文灿（1839－1876），字芸盦，又字藜辉，山西洪洞人。董麟之三弟。咸丰十一年（1861）举人。历任国史馆校对，平豫方略馆校对。嗜好金石古币收藏，著《古泉币考》，《山西金石碑目》。另有《钟鼎文字》、《货币所藏录》、《山西碑录》、《云盦诗集》、《芸香室书屋诗草》、《芸盦日记》等。
⑤ 董文灿：《芸盦日记》，董寿平编《清季洪洞董氏日记六种》（影印本），北京图书馆出版社，1997。

过多来往，后至同治十二年（1873）正月二日，潘氏函询"寻氏齐钟消息"。因为鲍康曾致书潘祖荫，提供了一个好消息："山西汾河岸崩却，出铜器不少，大率无字，只一钟，重百余斤，字颇多，青绿厚重不可剔视。寻琯香之弟以贱直得之，曾向索拓本，则以不善拓墨为词，已劝其运至都中，必获善价。足下如得此，亦足以豪也。"① 四月，经董氏牵线，潘祖荫费千二百两，如意将齐钟从寻氏手中购入。光绪元年（1875）正月，董氏在日记中说接到潘祖荫来书自称"眼力不甚高"，董氏以为"信如所云"，可见董文灿比较自负。但从潘祖荫频频致书，把所藏所收拓本寄与董文灿来看，潘氏意在要他帮助鉴定，这样也丰富了潘祖荫的收藏。

同光期间，吴重憙曾是陈介祺归里后的重要帮手之一，不仅帮助其整理金石编目，还与李竹朋等结成至交。后吴氏至京师与潘祖荫谋事，二人相处甚谐，潘氏每行辄偕之，认为甚为得力②。吴重憙公私兼顾，也帮助潘祖荫不少。吴氏之父吴式芬的《捃古录》直至去世当年方由许瀚协助撰成初稿，此书对金石文著录之多和诠释之精均超过前人，为人推崇。潘祖荫曾向吴重憙索观而不得，遂致函吴重憙："《捃古录》既不肯出门，即亦无须相强也。"③ 可见潘氏并非一味索求。

当然，潘祖荫得到彝器拓片都会及时与朋友交流，从不秘藏。曾致吴重憙书："近得十余器甚精，若欲得之便当送去。"④ 潘祖荫还将所得器物拓片大量寄与陈介祺、吴云等友朋："昨又寄寿老拓本，五

---

① 鲍康：《鲍臆园丈手札》（致潘祖荫），《滂喜斋丛书》，吴县潘氏京师刊本（同治光绪间）。
② 潘祖荫：《潘伯寅致陈簠斋书札》（稿本），国家图书馆藏，第22通。
③ 潘祖荫：《潘文勤公书札》（致吴重憙）（稿本），国家图书馆藏，第2通。
④ 潘祖荫：《潘文勤公书札》（致吴重憙）（稿本），国家图书馆藏，第8通。

日十三纸，计共今年已寄拓本一千一百十三纸，彝器绝少，皆刀币也。"① 而陈介祺对其所藏毛公鼎即从不示人，惟潘祖荫、王懿荣等几位同好知情，且潘氏求拓亦要付资。潘氏函中曾托王懿荣购买陈介祺的拓片："各函及拓片本等想陆续可到，内有潘尚书所寄五十金，属求毛公鼎拓本者。"②

前述左宗棠购得盂鼎送潘氏，但同治十二年（1873）初左氏即把盂鼎拓片寄与潘祖荫，由于拓片质量问题，潘氏并没有看好。左宗棠得到反馈后十分失望，遂致书袁小午云：

> 《盂鼎》拓片细玩定非赝作。伯寅侍郎疑为不类，亦因其后互有出入，而神锋微露隽异，与古画别耳。至《周师遽尊铭》，毫无可疑。弟意宝物出土，显晦各有其时，盂鼎既不为伯寅所赏，未宜强之，盍留之关中书院，以俟后人鉴别。其价则弟任之可也。至《师遽尊》，则寄奉伯寅，足偿其嗜古之愿。器虽缺，而文字非三代后人所能造作。殊器不可令其勿传，致之八喜斋当称得所。③

盂鼎在归潘祖荫前的拓片的确不精。陈介祺对盂鼎关注较早，同治十年（1871）七月、十二月，先后作南公盂鼎释文、周盂鼎考释，此后一直十分关注此鼎，苦于没有精拓。今查当时各家往来函札可知，此间流出拓本皆粗糙不精致，并十分难得，这自然使人生疑。张之洞认为其字体方板，更说其文理不通，"至吴氏别本盂鼎文，可以想见，

---

① 潘祖荫：《潘文勤公书札》（致吴重憙）（稿本），国家图书馆藏，第10通。
② 王懿荣：《王廉生致陈簠斋书札》（稿本），国家图书馆藏，第八册。
③ 左宗棠：《致袁筱坞宫詹》，见《左宗棠全集》（书信二），岳麓书社，1999，第354页。

其模糊者，其作伪也"①。此吴氏别本，或是吴大澂所供，可见因为模糊，出现版本上的差异。张氏还认为："出土时只一鼎，不近事理，诚如尊论也。"因为此札写与潘氏考释盂鼎，所以由张氏"诚如尊论"一语可见这也是潘祖荫的观点。

　　潘氏犹豫之际，金石同好对此频繁交流。七月，陈介祺接鲍康复书三缄并所赠盂鼎拓二纸，经过慎重判断，确认盂鼎无疑。遂函致潘祖荫："盂鼎自无可疑，君子一言以为不智，清卿亲见其器，自当可去成见，而笃爱更有甚吾辈矣。尤望早成全图，并精拓其文，多惠数十纸为企耳。"②不久又函告："盂鼎如可得，即以字少二十器易之，亦不为过，不可失也。"陈氏对盂鼎的重视与非得不可的决心可见一斑，这无疑坚定了潘祖荫的信心，随即函告左宗棠，请即将盂鼎輂致京都。

　　同治十三年（1874）左宗棠答袁小午书："伯寅侍郎书来，亟盼盂鼎之至。前函敬托代为照料，輂至都中，计已承筹措及之。"③此事已定，潘祖荫遍告诸友。陈介祺艳羡不已，致函潘祖荫："盂鼎不知何日至，闻大如今方案，容可八石，自非专车不可。想大车以载，山河之遥，正未易易耳。"④

　　盂鼎先后出土两尊，即将要輂至都中的大盂鼎为小者，而后出的小盂鼎却大，至今没有下落，这是陈介祺所更加惦念的。陈介祺致函吴云："伯寅竟蒙左相以盂鼎相赠，可谓踌躇满志，此容八石，其容十二石为人载归皖，未知兵燹后尚存否。其文纪献俘而字小，昔仅于尧仙得一拓本，未知南中尚可得精拓否。盂乃南宫括之孙，服除以士

① 张之洞：《盂鼎》，见张之洞《广雅堂论金石札》（卷三，页二，刻本），民国间，国家图书馆藏。
② 陈介祺：《致潘祖荫手札》（稿本），国家图书馆藏，同治十二年十月十一日函。
③ 左宗棠：《致袁筱坞阁学》，见《左宗棠全集》（书信二），岳麓书社，1999，第402页。
④ 陈介祺：《致潘祖荫手札》（稿本），国家图书馆藏，同治十三年二月十三日函。

礼见成王，成王命之，疑史佚之文，文胜于大者。玫玟皆以为从玉，愚独以为从王，言文之文乃王者之文，武之武乃王者之武，非他文武比，以义起之字，从玉则其义小欤矣，大雅以为何如。季玉丈所藏尚乞再为致每种数纸，近日收藏家所知者，均希示及。"① 对此，容庚《商周彝器通考》注："前鼎容八石，此鼎容十二石，较前鼎为大，或称前鼎为大盂鼎，此鼎为小盂鼎者，误也。此鼎道光见归于宣城李文翰，毁于太平天国之乱。拓本流传，仅《捃古录金文》著录之一纸，泐蚀太甚，不若前鼎经吴大澂手剔，有精拓也。"②

　　盂鼎非一般器物，辇至京城需确保万无一失，因此非这些金石学家所能想象，他们欣喜、猜测、担心，各种情态不一而足。同治十三年（1874）七月九日，陈介祺得潘祖荫五六月书，并鼎图全拓，复书认为能得到盂鼎，似不必再过求于其他，又特别嘱咐：

　　　　左相书归盂鼎，自取方无痕迹，且可速。愚见似尚非谬，或寄运费二百金与小午，诧其制椟，厚木，铁钉页，内用纸厚糊，塞满不少动，或诧子年切致苏亿年为之尤妥。觅车、择京差员弁之至可诧者委之，而进城事自任之，当必妥速。尽弃所藏而藏此，尚且未过，何计留资他谋耶。强之亦可至，似不如如此，乞恕愚者之直而妄也。③

　　友朋对盂鼎非常重视，频频通函。八月八日，陈介祺又致书潘祖荫询问："盂鼎已至否，念念。"④ 十七日吴云致书陈介祺："盂鼎闻左

　　① 陈介祺：《秦前文字之语》（致吴云），齐鲁书社，1991，第262页。
　　② 容庚：《商周彝器通考》，中华书局，2012，第48页。
　　③ 陈介祺：《致潘祖荫手札》（稿本），国家图书馆藏，同治十三年七月十一日函。
　　④ 陈介祺：《致潘祖荫手札》（稿本），国家图书馆藏，同治十三年八月八日函。

相特制一车，从关中送来，此可为伯寅庆也。"① 二十七日，陈介祺复书吴氏："盂鼎未至日下，左相已诺伯寅，专弁北来。今先以敝藏盂爵拓请鉴考，确是一手书一人物无疑。"②

与此同时，陈介祺已经开始为潘祖荫考虑盂鼎刊印之事，致潘祖荫曰："盂鼎图，清卿学使当已作，未作则量明尺寸，拓全花文耳足，使之不须再问再拓，即可在陕作图。先成一大图，再审其合否似否，于都中刻之，以大纸（金钱榜纸之类）拓之，然后缩入著录，专作一册可已。"③ 并将旧释一稿，一同寄与潘氏求教。十月十三日，陈介祺又敦促潘祖荫："盂鼎至否，得此重器，何不力汰成书，卓然一大家耶。"④

然而，盂鼎迟迟未启运。九月十八日左宗棠致书潘祖荫："前奉惠书，敬承奖饰有加，益增愧赧。盂鼎筱坞阁学拟以小车运致，适秋霖大作，野潦纵横，虑或损坏，故尔迟迟。旬内稍霁，当可启运。"⑤ 十月，吴云曾致书潘祖荫："盂鼎中变之疑，闻之怅然。嗣晤季玉亲家，云得近报，此鼎已从关中起行，将可到京，不胜抃舞。"⑥

前后推算，盂鼎辇至京师当在十一月二十八日之后两日。鼎已至都，鲍康亦十分兴奋，说是三十年方得一见，跋盂鼎拓册曰："他日诣攀古楼，沦茗焚香，借二三同癖，摩挲叹赏，一偿夙愿，不图垂老，犹有此眼福，其愉快讵减于伯寅耶？"⑦ 陈介祺盛赞，书嘱潘氏如何精

① 吴云：《两罍轩尺牍》（致陈介祺），见《近代中国史料丛刊》（第二十七集），文海出版社，1966，第674页。
② 陈介祺：《秦前文字之语》（致吴云），齐鲁书社，1991，第257页。
③ 陈介祺：《致潘祖荫手札》（稿本），国家图书馆藏，同治十三年八月二十一日函。
④ 陈介祺：《致潘祖荫手札》（稿本），国家图书馆藏，同治十三年十月十三日函。
⑤ 左宗棠：《与潘祖荫》，见《左宗棠全集》（书信二），岳麓书社，1999，第451页。
⑥ 吴云：《两罍轩尺牍》（致潘祖荫），见《近代中国史料丛刊》（第二十七集），文海出版社，1966，第561页。
⑦ 潘祖年：《潘祖荫年谱》，见《近代中国史料丛刊》，文海出版社，1966，第74页。

拓以传。然而，因拓工不凑手，鼎虽至，拓本却依旧不缀。盂鼎从被怀疑到确认并辇至京城，可谓一波三折，但最终归入攀古楼，这个金石收藏研究的群体起到了重要作用。否则，盂鼎或许不会入藏到潘家，也许今天就不会落户国家博物馆了。

随着潘祖荫等各家收藏条件逐步成熟，藏器越来越多，友朋间相互传递，拓片纷至，有时各家所寄易混，有时会出现重寄或漏寄的现象，因此编目成为必要。姚名达说过："古物多种，概以金石，记其目录，体制有四：器物之名称，一也；拓印之文字，二也；研究之题跋，三也；集考录著录前三者之书目为一目录，四也。"① 依此划分，潘祖荫所著如《攀古楼彝器款识》为集录类，当时这种做法大概需要有相当的协调能力方可，潘氏更喜欢这种做法。而陈介祺则更多作存名类的编目，或在名下稍做说明，有关考释文字多单独成篇。同治十二年（1873）七月九日，陈介祺收到潘祖荫所著《攀古楼彝器款识》及金文拓各种，该书中多为各家考释，陈介祺对此没有直接评价，但于八月二十九日致函潘祖荫，就金文编目提出具体的看法：

> 金文之法，宜编体例。铭文必定所在，必记行数字数。器或文或素必记。器所出之地，所藏之家，流传之自，知者必记。②

随后，同治十三年（1874）四、五月，陈介祺将《簠斋藏金文册目释》分致潘祖荫、吴云等，以便和所寄拓片核对，检校寄全。他希望潘祖荫也把自己所藏编目，与友朋交流分享，这样往还之中，可以显得和平虚下，海内之士皆乐助喜成，以扩大收藏③。潘祖荫对自己

---

① 姚名达：《中国目录学史》，上海古籍出版社，2002，第 293 页。
② 陈介祺：《致潘祖荫手札》（稿本），国家图书馆藏，同治十二年八月二十九日函。
③ 陈介祺：《致潘祖荫手札》（稿本），国家图书馆藏，同治十三年五月二十八日函。

的藏器却无暇编目，无奈陈介祺只有亲自动手，帮潘氏录目。七月二十七日致函潘祖荫："尊藏金文册目已录副，谨缴，惜未录释文，又未注陈已释，又不得见所未见之拓，为闷闷耳。"① 第二天，陈介祺不放心此事，又致一函，可见其心之切。潘氏的确有心无力，"在寓及闲时极少"②，此事便也遥遥无期。在潘祖荫大力收购之时，吴大澂也正全力于此，他不同于潘氏，不仅编目，还分别刻与未刻，内容更加细致。光绪二年（1876）五月，吴云致书潘祖荫：

八囍斋中半年以来所得古器甚富，难得皆是精品，物必聚于所好，然亦惟有缘者能遇之耳。清卿昨有信到，并寄来先后所收彝器目录，分别已刻、未刻，有八十余种之多，此外古镜、造象、隋唐碑碣搜罗亦复不少，不意其用力如此之猛，而金石之缘又如此之深入，竭毕生心力所未能至者，渠于数年间得之，吴中弃藏金石之富，八囍斋外断推恒轩矣。③

这些信息促使潘祖荫必须要完成编目一事。光绪九年（1883）潘祖荫父亡，奉讳居于故里，终于可以有一段时间，安心处理未竟之事。六月初七日致陈介祺：

俟欲以所藏金文目编出，长夏无闷，或可成之，少于丈示两目中者甚多，计此三年中，欲仿《啸堂集古录》模文并释刻之，以副尊恉，但拓本不缴者多，将来开出其不缴及无有者，恳丈属

① 陈介祺：《致潘祖荫手札》（稿本），国家图书馆藏，同治十三年七月二十七日函。
② 潘祖荫：《郑盦书札》（与陈介祺先生论商周彝器手札），见《中国历史文献研究集刊》（第三集），岳麓书社，1983，第9页。
③ 吴云：《两罍轩尺牍》（致潘祖荫），见《近代中国史料丛刊》（第二十七集），文海出版社，1966，第581页。

人摹寄伏刊，实在模黏者，宜从盖阙，此愿茫茫未知能副否？此时尚有官闲，若不了此一事，恐将来又复无期。①

王俅《啸堂集古录》著录商、周、秦、汉以来的青铜器及印、镜铭文，上为铭文摹本，下附释文，摹刻较精，有研究价值。函中所言陈介祺所示两目，应该包含陈氏同治十三年（1874）所编册目。但在苏州面临的问题是刻手难觅。所以，该目只存稿本，未付剞劂。

据查，现可见存潘祖荫藏器目录三种：

国家图书馆藏《攀古楼金文目》一册，稿本，不分卷，无编者，无印鉴，签题：攀古楼杂箸金文目。

重庆图书馆藏《攀古楼藏器目》一卷，吴大澂抄，稿本。该书封面有记：清卿因得郑堪拓本，不□□书此日记之，随时以校有无，□此目仅郑堪所藏十分之四耳。余亦不暇为□□□为重□西堂记之也。钤有"愙斋金石"、"史臣司艺"、"周銮诒印"等印，卷尾题有："甲申五月誉斋居士段观"。

这两本目录都是稿本。顾廷龙于民国二十二年（1933）编《吴县潘氏攀古楼吴氏愙斋两家藏器目》，为潘祖荫、吴大澂藏彝器编目，叙曰："潘氏器，未有人编其目，余亦就所见拓本而钤有其藏印者，录为一册，计四百数十器，秦汉物及其杂器则尚未在焉，洵足为藏家之冠。至所藏总数，未由访悉，惟褚礼堂尝谓藏六百余品，则余所辑

---

① 潘祖荫：《潘伯寅致陈簠斋书札》（稿本），国家图书馆藏，第34通。

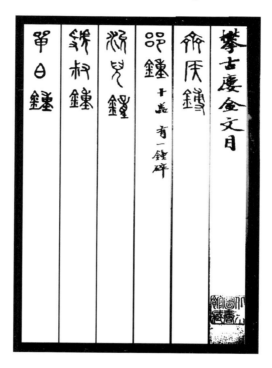

图 6 攀古楼金文目

资料来源：国家图书馆藏。

录者三之二耳，余者得非即秦汉物及其他杂器也耶？"[1] 可见，顾氏编目之时，尚未见过潘祖荫藏器的目录。

根据国家图书馆藏《吴大澂书札》稿本，又据顾廷龙《吴愙斋先生年谱》："同治十二年（1873）潘祖荫得齐镈，请吴大澂图全形，并为释文。"[2] 同治十三年（1874）九月二日陈介祺致潘祖荫书："示及

① 顾廷龙：《吴县潘氏攀古楼吴氏愙斋两家藏器目》，见《国立北平图书馆馆刊》，大北印书局，1933，第69页。

② 顾廷龙：《吴愙斋先生年谱》，哈佛燕京学社，1935，第44页。

于寻氏又得大钟编钟各一，文仍是遵中之子作子中姜镈。"① 比较三本目录，惟《攀古楼藏器目》中没有齐镈、邵钟，所以此本最早，至少应在同治十二年（1873）前。另外两种从条目上看，《攀古楼金文目》共三百六十八条，顾氏编目四百余条，比较接近。同治年间陈氏帮助整理藏目时潘氏藏器数量尚不足此数，所以应是潘氏后期藏器整理。根据潘氏与友朋往来手札判断，疑为潘祖荫光绪九年（1883）夏间在苏州丁忧期间所整理，但此本无名款印章，其封面所署题名与内文字迹不类，定为抄本。

综合来看，潘祖荫收藏有实力、有魄力，在金石友朋同好的共同帮助下，成为同光时期最富藏者②。友朋间有龃龉，在所难免，本书述此未免繁杂反复，唯以呈示潘氏和友朋在收藏中的真实情景。当然，收藏金石既为时风，各藏家对此都十分用力，前文亦有述及，潘氏较高的社会地位为其提供了方便，从某种程度上看，其收藏与金石同好群体的作用也是分不开的。

第二节　石刻访拓

彝器数量总归有限，且历代被官府收藏，流出越来越少，只有新出土者或可流落民间，而这个数量也不会太多，且每出土一件，众皆捧若星辰，价格甚昂，一般人无力于此。而石刻碑拓不同，因为清朝民族统一，疆域广大，各地石刻数量巨大，随着碑拓访求之风日盛，搜寻范围不断扩大，穷乡僻壤之处经常发现碑刻，可收集数量远远超过彝器，这从王昶《金石萃编》、孙星衍《寰宇访碑录》等著述再三

---

① 陈介祺：《致潘祖荫手札》（稿本），国家图书馆藏，同治十三年九月二日函。
② 顾廷龙：《吴愙斋先生年谱》，哈佛燕京学社，1935，第205页。盛昱题《愙斋集古图卷》云：同治、光绪以来，士大夫收蓄古器之富，以吴县潘文勤师为最多。

续补可知。同光时期，虽然国家内外动荡，但鸿学硕儒、达官显宦收藏碑拓甚至亲自访碑拓碑的风气依然盛行，甚至从本土扩展到海外。本节将围绕以潘祖荫为纽带的晚清金石研究群体的碑拓收藏活动，就收藏理念、访碑拓碑、碑拓交流等做法进行论述。

一 实地访拓与好古尚奇的理念

宋代收集碑版石刻文字是以唐五代为下限的，清代突破这个限制，时间跨度从秦汉到宋、辽、金、元乃至明代。同光时期，依然采取广搜博取的办法，尤其在搜访范围上，对边疆地区的石刻碑版搜罗更细，研究更深，甚至扩大到海外。叶昌炽《语石》"求碑宜因地一则"，说访碑要有三知：

> 若碑则原石祇此一刻，祇在一地，不到庐山，何从见其真面。此地之宜知，一也。若碑则高或寻丈，重亦千钧，非如大壑之舟可负而趋。此地之宜知，二也。若古碑，则往往出于穷乡僻壤，梵刹幽宫，甚至高岸深谷，屐齿不到，非有土人导引，莫施毡蜡。此地之宜知，三也。①

叶氏意在访碑必须实地考察，没有其他办法可以替代。实地访拓是当时的风气，文人墨客以搜访碑石为乐。潘祖荫虽处京师深宫，但还是利用一切机会访碑拓碑，而陈介祺、吴大澂等会把在各地访拓到的碑拓及时寄至京师。友朋之间，函札往来，拓片互赠，不但提高水平，而且扩大资料来源。从这些访碑拓碑的记载中可以看出他们对于古的、奇而少见的石刻碑版，表现出极大的兴趣。

---

① 叶昌炽、柯昌泗：《语石·语石异同评》，中华书局，1994，第 64 页。

潘祖荫访碑之举最早见于《潘祖荫年谱》，道光二十九年（1849）三月，潘氏随叔母汪太夫人南归，回京途中，过邹县谒亚圣庙，观《莱子侯》、《赡族封田石刻》、《汉食堂记》①，是年潘祖荫二十岁。

《莱子侯》即《莱子侯刻石》，又称《天凤刻石》等，刻于新莽天凤三年（16）。乾隆五十七年（1792）被发现，嘉庆二十二年（1817）移置孟庙。该刻石"以篆为隶，结构简劲，意味古雅。"② 郭沫若曾称此石世所罕见，为由篆到隶过渡时期的里程碑，金石研究要从解读此石开始。该石声名远扬，关键在"古"。杨守敬称其："苍劲简质，汉隶之存者为最古，亦为最高。"③ 该碑于乾嘉时期访得后一直存放于孟庙，潘祖荫此行专门实地考察。据《潘祖荫年谱》载，潘祖荫十六岁时受业于陆增祥④。陆氏《八琼室金石补正》著录金石颇丰，潘祖荫当受其影响较多，而关于此碑的认识，很可能来自陆增祥。师徒二人在京城亦师亦友，同治十年、十一年，潘祖荫、陆增祥曾先后为张德容《二铭草堂金石聚》作序，从序中可见二人皆深于金石，并皆有犀利的眼光与独到的见解，潘祖荫对其师也颇多肯定。访碑之时潘祖荫尚年幼，但这种对古碑的嗜好却影响其至深。当然，"汉石在世有数，无从搜牢请益"⑤，物以稀为贵，这也是他们喜欢此类碑石的原因之一。

咸丰八年（1858）六月，潘祖荫与翁同龢赴陕甘督考，利用这次

---

① 潘祖年：《潘祖荫年谱》，见《近代中国史料丛刊》，文海出版社，1966，第 11 页。
② 方朔：《枕经堂金石题跋》，见《石刻史料新编》（第二辑，第 19 册），新文丰出版公司，1977，第 14245 页。
③ 杨守敬：《激素飞清阁评碑记》，见《杨守敬集》（第八册），湖北人民出版社，1988，第 539 页。
④ 陆增祥（1816－1882），字魁仲，号星农、莘农，江苏太仓人。道光三十年（1850）状元。少通篆籀之学，性好金石文字，搜罗遍天下。著有《八琼室待访金石补正》、《元金石偶存》、《金石萃编原目》、《金石续编》等。
⑤ 潘祖荫：《攀古楼彝器款识》（刻本），潘氏滂喜斋，同治十一年（1872）。

图 7 《莱子侯刻石》拓本

注：此石现存邹县孟庙启圣殿前，国家图书馆藏拓本。

资料来源：选自《中国书法艺术·秦汉卷》，文物出版社，2000。

机会做了一次愉快的访碑之旅。潘祖荫以日记的形式记载了这次行程，途中所经之处，多闻当地人文，对沿途古碑古刻，尤其不吝笔墨。根据潘祖荫是役所成《秦輶日记》及翁同龢所作《翁同龢日记》，此行先后访得：

七月初八日，高碑店尖有《安童碑》，乾隆时为某大府磨刻己文。

七月十三日，次正定府，行馆有《唐李宝臣纪功颂丰碑》，高丈余。

七月十六日，发平定州过新兴镇山麓，巨石上造像甚多，惜未及摹拓。

七月二十二日，抵介休县，北五里拜郭有道祠墓，有《蔡中郎碑》，一郑谷口书，一傅青主书，至原碑则不可得见。

八月初一，早发潼关三十五里，憩华阴庙，观《唐宋题名》及《后周华岳颂》，韩择木《祭华岳文》至《袁逢碑》则不可得见。犹忆今年正月，在崇朴山斋中见阮文达所藏全拓本或亦今日之预兆耶。

典试结束，翁同龢留任学政。潘祖荫九月十九日离陕回京，一路又访得：

九月二十二日，至蒲州府，晤李小湘同年、章子和同年、高桂坡同年（大奎），子和谈及贵州有《姜伯约碑》，在仁怀厅，夜郎君济二大碑，在大定府，郑珍有考，为之神往久之，小湘以首阳各碑见赠。

九月二十三日，发坡底，次高安镇，抵樊桥驿，毛季海赠《昭陵碑考》，系近人孙桂珊所著，《装艺碑录》中凡再见。

九月二十九日，抵霍州，阅《霍州志》，录梁中靖《再访古碑记》。得见几碑，如《西福昌寺碑》（许敬宗撰）、《敕修应圣公祠堂碑》（郑翰撰，李执方书，开成二年正月十八日）、《新修女娲庙碑》（裴丽泽撰，张仁愿书，天宝六载十一月十六日）、《金重修女娲庙碑》（王纲撰）、《重修应圣公神祠碑》（仇守中撰，王纲书）、《宋重修应圣公庙碑》（阎光度撰，张仁艺书，乾德五年）等。

十月初二日，发介休，介休绵山岩沟有开元古碑，《隶书志》云剥落不可读。

十月初五日，发王胡镇，至腰镇地有《北齐白显墓碑》，已泐。

十月初九日，抵正定，至大佛寺即龙藏寺，该寺有《龙藏寺碑》。

潘祖荫二十九岁担此重任，一是检验其行政能力，二则无异于一次田野考察，是对多年所读、所思的检验，从中可见潘氏对金石文字研究的深入程度，后文还将就其中所及个别问题再作探讨。

图8　《潘祖荫日记》之《秦輶日记》书影

资料来源：《潘祖荫日记》，江苏广陵古籍刻印社，1998年影印。

潘祖荫在京师为官，没有在地方长期任职的经历，所以他利用一切可能的机会访求碑刻，有时会到京畿之地亲自捶拓。《语石》卷二"直隶四则"载潘祖荫亲赴定兴县拓碑之事：

《标义乡石柱颂》在定县，余得一通，共十一纸。未见原石，当是累级四面环刻，书法险劲方严，一字不损，扪之若新发于硎。土人相传，碑有神护，拓之不祥。光绪初元，潘文勤师檄下定兴县拓之，始显于世。①

《清稗类钞》又载：

> 某年以修墓回籍，闻某处有某碑原石，欣然往觅。至则石在某姓家子妇床后壁间，文勤持烛扪索之良久，飞尘满头不顾也。已而审为真本，立予五百金，舁之去。②

光绪三年（1877）三月，李鸿章主持纂修《顺天府志》，府志金石一门，由缪荃孙接办。缪氏修志期间，潘祖荫曾组织缪荃孙、叶昌炽、王颂蔚、梁于渭纠资往拓顺天、易州、宣州、定州、真定碑刻，大半前人所未见。

对于政务繁忙的金石学者来讲，能亲自访拓当然是难得的好机会。如没有机会，他们会安排亲友、弟子代劳，虽不能亲往，但书札往来，当如同游。同治十二年（1873）八月，陈介祺遣助手及拓工王石经、丁少山、何昆玉、宫玉甫等至琅玡台秦刻石、秦时离宫及礼日亭故址等处寻访、捶拓。陈介祺致潘祖荫函曰："今日拓工自琅玡台还，已三月之久矣。驰上精拓四纸，乞与子年兄分存之。一其东面向海者字甚多，当是始皇诏，虽漫漶莫辨，然前此未经人道，殊可珍。其西面乃二世诏，兹于五夫二杨樛前，又多出五夫二字一行。今日之拓，盖莫善于此矣。其南虽为明人刻长天一色，然是石裂而仆，非磨刻。其北则无字。"③ 陈氏叙述较详，读此书札，可以减少不能亲自访拓的遗憾。

---

① 叶昌炽、柯昌泗：《语石·语石异同评》，中华书局，1994，第72页。
② 徐珂：《清稗类钞》，中华书局，1986，第4238页。
③ 陈介祺：《致潘祖荫》（稿本），国家图书馆藏，同治十二年十月十八日函。

同治十三年（1874）仲冬，吴大澂贻书王懿荣，述秦中访拓石刻之事。函曰：

> 石门访碑甚苦，亦甚乐。《鄐君开通褒余题字》所缺尾段，亲访得之。风雪满山，未及手自摩挲，属工拓寄数纸，至今未到，尚在疑似之间。永寿石刻，亦尚可保，先寄两分，亦野人献曝之意也。王远《石门铭》，石缝凹凸不平，此次精拓一本，较旧拓尤多清朗。汉中城内宣纸甚少，遍购得五十余纸，三汉刻，一魏刻，可拓三分，以一分奉赠，一分寄簠斋丈，自留一分而已。惟崖谷严寒，非天气稍和不能上纸。每种仅拓一份，纸墨尚精，较之陈拓琅琊精本墨色少逊，续拓二分，尚未寄来，年内能否椎拓，亦未可知。此事颇不易，幸为秘之，恐纷纷索拓，无以应命。《西狭颂》、《郙阁颂》、《耿勋碑》诸刻，亦属石门拓工张懋功于明春二三月间往拓。所费较钜，吾弟必有一分。惟《仓颉庙碑》、《唐公房碑》未能精拓，各检一分呈鉴。想尊藏必有旧本，无足取也。①

此情此景，非亲历不能体会。为所好之金石，虽再难不辞，精神尤为感人，由此得见古人的研究态度。

光绪九年至十一年（1883－1885），潘祖荫父亡丁忧在吴，延请叶昌炽教授其弟，并帮其编撰《滂喜斋书目》、校刻《功顺堂丛书》，叶氏得以遍观潘家所藏宋元精椠、珍贵碑帖。因此，叶氏《语石》中，多有潘祖荫访拓碑石等方面的信息。

潘祖荫对于"奇"刻有独特爱好。当时最奇的石刻便是《红崖古

---

① 吴大澂：《吴大澂书札》（稿本，四册），国家图书馆藏。

刻》，赵之谦《补环宇访碑录》载：

> 是刻俗称《诸葛誓苗碑》，新化邹汉勋释为殷高宗伐鬼方刻石，独山莫友芝复辨为三危禹迹，之谦借潘光禄祖荫所藏原拓本及黔中枣木本、阳湖吕氏缩刻本详校，次第既紊且点画文义莫能辨析，疑是苗民古书，代远失考，夏后殷周未容臆断，姑从阙焉，列之首简，犹原书录岣嵝、石鼓例也。①

咸丰十年（1860）四月，莫友芝作《红崖古刻歌并序》于潘祖荫所藏《红崖碑》拓本卷端，对该碑做了考证，提出"三危禹迹"说，且认为水书文字为史籀、李斯前最简古之文字，为学者研究水书之开端。此刻研究者少，而赵、莫皆依据潘氏藏拓进行深入研究，可见潘祖荫收藏之奇，对古刻研究具有重要作用。

二 广泛搜访与交流的群体基础

《语石》载：

> 蔡元度又有《充龙图阁待制新知洪州军州事熊公神道碑》，建于绍圣三年。孙、赵两家均未著录，惟滂喜斋有藏本。……计出土当不久，而世知之者绝少，虽以筱珊访求之勤，藏弆之富，而《艺风堂金石目》亦竟阙如，可知其难得矣。②

蔡元度为蔡京之弟蔡卞，王安石婿，在历史上，蔡氏兄弟二人因

---

① 赵之谦：《补寰宇访碑录》（卷一），国家图书馆藏，同治三年（1864）刻本。
② 叶昌炽、柯昌泗：《语石·语石异同评》，中华书局，1994，第458页。

品行不齿于人，其碑刻难得一见。潘祖荫未受此限制，不仅收藏其碑刻，而且还从中学习书法①，所以潘氏收藏碑石讲求与人不同。孙星衍用二十年编著《寰宇访碑录》十二卷，存目 7849 条，是乾嘉时期收录碑目最全的一部金石著作，赵之谦以十九年作《补寰宇访碑录》，计目 1823 条，二者所载碑目近万。光绪二十二年（1896）至光绪二十四年（1898）间，缪荃孙撰《艺风堂金石文字目》十八卷，著录所藏金石 10800 余通，其后因所得拓本仍多，遂又撰三卷。潘氏所藏蔡卞《熊公神道碑》出于这些著作之外，可知其收藏碑石之广。

当然，像潘祖荫这些达官显宦不可能经常亲自访拓碑石，同好友朋帮其搜访，并把各种搜访的信息传递给他，因此更多的拓片是通过购买、赠送、交换等方式所得。

其一，地方官吏及文人墨客赠送与交流。

上文提到潘祖荫收藏彝器全由俸禄所出，从不豪夺，这在他的《攀古楼彝器款识》自序中也特别强调过。拓本不比彝器贵重，对身居高位的显宦来讲，相对容易获得。

叶昌炽《语石》卷二道出一个事实：

> 四方珍奇之货，聚于辇毂。珠玑象贝，不胫自至，惟碑亦然。疆臣述职而来者，举子之与计吏偕者，选人之赴部者，骚人墨客，游食于兹者，莫不携其乡之名迹，以当羔雁。故有穷荒绝徼，著名难得之碑，厂肆时或见之。余在羊城，欲求东莞《资福院石塔》，及乳源云门寺南汉两碑，悬金以购，皆不可得，先后于厂肆遇之。张丹叔中丞抚粤西，其子幼丹司马拓《智城山碑》见

---

① "潘文勤师，人谓其学苏灵芝则怒，谓其学二蔡，则大喜。"见叶昌炽、柯昌泗《语石·语石异同评》，中华书局，1994，第 458 页。

贻，以为至宝。后于厂肆见一本，有陈恭甫手跋，即载于《左海集》者也。去岁避地归，又以百钱得一通。他如《南诏德化碑》、《西夏感通塔碑》，乡曲好古之士，远莫能致者，屡见不一见矣。故欲网罗古刻，非至都门，终为坐井观天。①

的确如此，北京以其独特的地位成为全国的政治文化中心，大量官吏、文人墨客皆汇聚于此。这些人员入都时，照例要向有关主管官员或友朋赠送礼品，对好之者来讲，碑帖、书画、古玩等是少不了的。尤其是地方的碑拓，在金石之风盛行的晚清，是比较打眼的礼品之一。因此，大量的碑拓，在地方或不能得见的稀有之拓或新出之品，在京城厂肆时或出现便不足为奇了。

潘家为苏州名门望族，潘祖荫从小在京城长大，深受父辈宠爱。祖父潘世恩为乾隆癸丑科状元，乃四朝元老，为官五十余年，先后任学政、尚书、左都御史、大学士和军机大臣，一生受皇帝恩宠。父亲潘曾绶官至内阁侍读，叔祖潘世璜是乾隆乙卯科探花。潘祖荫在南书房近四十年，从地方官吏及文士手中得到拓本应该不太困难。

同治九年（1870），宫本昂等于山东费县平邑镇（今平邑县）访得《麃孝禹刻石》。该石刻于西汉成帝河平三年（前26），又名《河平刻石》，现存山东省博物馆。该碑隶书，略含篆意。体势开张，线条劲挺古朴，为西汉隶书之代表作。曾国藩获得该碑拓片后，寄与潘祖荫②。潘氏又将此拓赠与莫友芝。同治九年（1870）十二月，莫友芝致书潘祖荫曰：

---

① 叶昌炽、柯昌泗：《语石·语石异同评》，中华书局，1994，第71页。
② 张剑：《莫友芝年谱长编》，中华书局，2008，第522页。

秋冬奉手教并《肥城麃孝禹石刻文》、《安张仁宪碑》、《京畿
金石考》，鉴泉出都，又获《东平刘曜》。晴冬展对，顿忘漂泊之
苦。一岁新出两汉石，而麃石更上在西京，真尤物矣。①

图 9 《麃孝禹刻石》拓片

注：此石现藏山东省博物馆。

资料来源：选自《中国书法艺术·秦汉卷》，文物出版社，2000。

---

① 莫友芝：《致潘祖荫》，见张剑：《莫友芝年谱长编》，中华书局，2008，第 525 页。

后莫氏于淮南书局谋职时，专门作跋考证①。叶昌炽《缘督庐日记》光绪十一年（1885）十月二十七日载："《山左金石志》未载此碑，碑今在李山农宗岱处。"② 知后来此碑曾被李宗岱收至囊中。

咸丰十年（1860）五六月间，莫友芝有数函致潘祖荫，其一云："承示《国山》《杨叔恭》《徐市题名》数事，十年梦寐求之，一旦快读，尤足破除旅愁，少留审玩，有行期乃归耳。红崖释文尚未就，骤无以报命，良用自惭。葛祚一纸幸检出时更见示也。"③ 当年夏秋间，章永康④有数信致友芝，提到："日前晤伯寅，属仍将《红岩碑》转呈尊处，并云渠实需悬挂，如无暇作诗，即随便题跋数语交去亦可，务望拨冗赐写。"⑤ 莫友芝曾替潘祖荫访得不少碑石，对于潘氏所藏珍品，也很关注，时有求索，以助金石之谊。同治八年（1869）三月八日，莫友芝致信潘祖荫：

去秋偶以暇晨搜讨萧梁石劓，获临川二柱未显之迹。始兴东碑，增识千字，安成西阴，溢出一横。宋墅敏侯之石，曲阿文帝之陵，已有所闻，定无虚访。自余怡悦人手、烽燹未伤者，无巨细完剥，并录存之，题曰《梁石记》。其石逸难□者尚有数种，审为邺架旧储，永阳昭王萧敷、永阳敬太妃两墓志，敢乞阁下饬钞各一通见惠，以备一代书流，待质渊雅君子。⑥

---

① 莫友芝：《宋元旧本书经眼录　郘亭书画经眼录》，中华书局，2008，第65页。
② 叶昌炽：《缘督庐日记钞》（第一册），王季烈编，北京图书馆出版社，2007，第404页。
③ 莫友芝：《致潘祖荫》，见张剑《莫友芝年谱长编》，中华书局，2008，第197页。
④ 章永康（1831–1864），字子和，别号瑟庐，贵州大定人。咸丰元年（1851）举人，二年（1852）进士。著有《瑟庐文集》、《瘦梅书屋诗存》、《海粟楼诗稿》、《絮红吟馆词》、《影雪词》、《瑟庐尺牍》等。
⑤ 章永康：《致莫友芝》，见张剑《莫友芝年谱长编》，中华书局，2008，第198页。
⑥ 莫友芝：《致潘祖荫》，见张剑《莫友芝年谱长编》，中华书局，2008，第494页。

从上可见，莫、潘二人比较默契，而陈介祺、吴大澂、王懿荣等则存在一种微妙的关系。

陈介祺对于石刻兴趣稍逊，潘氏每有佳拓函告，陈氏时有欲罢不能之感。光绪元年（1875）十二月，潘祖荫致函陈介祺："已闻张孝达于汉州得上庸长司马孟喜神道，此石自洪娄以后未箸录，闻仅存上庸长司四字，俟索得拓本再寄。"① 光绪二年（1876）三月七日，陈介祺致潘祖荫："上庸长司马孟石拓如有拓副，乞一纸。拓者北来本不易，人尤难妥，不敢冒昧。窃以精拓传世方是己物，不然何以信今传后，岂可虚此一藏，因循瞻顾，敬推愚妄而已，勿过劳清念。"②

陈氏以为有拓片必须传递与同好，否则藏之再丰亦为虚妄，无大益处。同治二年（1863）赵之谦客京师。癸亥除夜，沈均初来告云，已得汉《熹平石经》。赵氏将事由补款于癸亥秋为沈均初刻的"汉石经室"印侧，又刻"如愿"朱文印，款云："均初求《熹平石经》一年，风雨寒暑几忘寝食。除夜书来，知已得之。因依故事，刻石志贺。"③

缪荃孙《云自在龛随笔》卷四载有翁同龢跋语一段："余在厂肆见小蓬莱阁汉石经残字，以告伯寅、韵初。既而韵初购得之，又以鹿台画易王稚子双阙，持以傲伯寅。伯寅谈笑欲夺，酒翻淋漓，染帖眉。盖两君之好古如此。"④ 这是金石交流活动的真实写照。

其二，金石同好代为访拓。

潘祖荫政务繁忙，整纲饬纪，倍极苶劳，但他十分注重书籍中有关碑石的信息。同治十年（1871）七月，潘祖荫为张德容《二铭草堂

---

① 潘祖荫：《潘伯寅致陈簠斋书札》（稿本），国家图书馆藏，第 9 通。
② 陈介祺：《致潘祖荫手札》（稿本），国家图书馆藏，光绪二年三月七日。
③ 邹涛：《赵之谦年谱》，荣宝斋出版社，2003，第 123 页。
④ 缪荃孙：《云自在龛随笔》，北京大学图书馆藏（清抄本）。

金石聚》作序：

> 赵希鹄云："余溯潇湘，历衡、潭、永、全、道五郡，道州有汉绥蛮校尉熊君碑。"今志书以为已佚，其实乾隆时江昱《潇湘听雨录》云碑下截犹存也。希鹄又曰："南岳一僧云：衡山多秦汉以来碑，在林莽蔽翳间，寺僧惧为官司所扰，匿不敢言，亦不敢迁至屋下，愈为霜露剥蚀，良可叹也！"松坪其有意乎？①

又见致胡澍书札云：

> 昨偶翻阅王象之《舆地碑目眉州碑记》中有唐丹棱县龙鹤山成炼师植松碑，唐天宝元年建，果尔是若农误听，以蜀中唐碑作皖中汉石也。②

由上两段引文可知，潘祖荫对于金石资料十分留意。得到信息后，亲自搜罗访拓往往受限，便请在外任职的官吏或友朋帮其搜访碑刻。每有铭心之品，友朋必再远不遗，邮书传示，俾得扩其闻见，共此欣赏。同治十年（1871）十一月十一日，曾国藩致书潘祖荫云：

> 承索新出汉梁碑各种，其阳湖汉碑及金陵新渝宽侯碑尚须徐为访求，至萧秀神道及东碑两种，七年秋间曾经拓出在京奉赠，此间现无存者。容俟得便补拓再当寄上，以佐邺架之储。莫子偲于九月遽归道山，江表遂无好事者搜罗金石，寻究古书，供朋游

---

① 张德荣：《二铭草堂金石聚》，国家图书馆藏（同治间刻本）。
② 潘祖荫：《郑盦书札》（致胡澍）（稿本），国家图书馆藏，第81通。

之玩索。人琴之感，想阁下亦增怅悒。①

  光绪三年（1877）吴云得张从申书《延陵季子庙碑》，特寄与潘氏鉴赏②。因此碑地处偏僻，外界少有人知晓，住持道士与地方绅士护爱甚力，寻常不准人捶拓，字文完好尚如新发于铏。当年，吴云还将焦山瘗鹤铭拓寄潘氏③。

  张之洞与潘祖荫相处甚谐，任四川学政间，轺车所至，搜采穷岩，于是壇厂汉隶石刻及上庸长、严季男诸碑始登金石家著录，严季男刻石在綦江吹角壩，张氏嘱校官曾楷林移至成都置于学署④。张氏多次将访得碑石寄呈潘祖荫，如：光绪元年（1875）十二月二十九日致函言其到雅州，亲至高颐阙下，见上方雕造人物甚多，从未有拓者。后又致函："《卢丰碑》已设法遣人往顺角坝访获，将元石辇致，卷而置之省城学署，拓本寄呈鉴定。"⑤

  同治十二年（1873）八月至光绪二年（1876）十月间，吴大澂任陕甘学政，赴陕后访得大量石刻，把精拓寄至友朋同好。其实，象张之洞、吴大澂一样的文人士子还有很多，他们访拓罗致原石，达到弄藏之目的，同时传拓，以作传古之用，或有发现并记录既往文献阙如者，有的碑石年代稍后或并非上上之品，却能补前人之不载。这种实地访拓、收集金石、传递信息等活动，为金石研究提供了很大的空间，

---

① 张剑：《莫友芝年谱长编》，中华书局，2008，第 533 页。

② 吴云：《两罍轩尺牍》（致潘祖荫），见《近代中国史料丛刊》（第二十七集），文海出版社，1966，第 601 页。

③ 吴云：《两罍轩尺牍》（致潘祖荫），见《近代中国史料丛刊》（第二十七集），文海出版社，1966，第 603 页。

④ 胡钧：《张文襄公（之洞）年谱》，见《近代中国史料丛刊》（第五辑），文海出版社，1966，第 44 页。

⑤ 张之洞：《致潘祖荫》，见苑书义等编《张之洞全集》，河北人民出版社，1998，第 10107 ~ 10108 页。

促进了金石学的繁荣兴盛。

其三，利用各种机会购买。

金石之风盛行时，罕见的拓本也被部分人居奇秘藏，轻易难得一见。所以，对于孤本以及名贵碑拓，潘祖荫会不惜重金购买。

张德容《二铭草堂金石聚》后序记载：

> 又忆咸丰间，有以梁永阳昭王及王妃墓志求售者，因力不足，乃归于潘伯寅世丈。故知物之显晦有时，而墨缘亦各有主，欧阳公所谓好而有力始能聚者，岂虚语哉！①

这两通墓志是罕见的孤本，所以张氏念念不忘。光绪十年（1884），潘祖荫丁忧在苏州，请叶昌炽将其合装一册。奉讳间，潘氏以千金购得孤本《夏承碑》，此碑曾藏于义海楼顾氏，叶氏对此称赞不已②。

一般而言，收藏重点在于拓片，而非原石。拓片较利于文字研究，而原石则因重量与体积等原因不易搬运与保存。潘祖荫则不然，曾就隋石一事托吴重憙③，多次致书，其一曰：

> 前托购隋氏石，未知前次把头车来时，已为函商否，大者固难带，小者或尚可带否，酌之。一石大约卅金以内必可如命。如大者亦可带则大衍一石亦可，酌之。重属重属。④

---

① 张德荣：《二铭草堂金石聚》，国家图书馆藏（同治间刻本）。
② 叶昌炽、柯昌泗：《语石·语石异同评》，中华书局，1994，第 54 页。
③ 潘祖荫：《潘文勤公书札》（致吴重憙）（稿本），国家图书馆藏，第 1 通。
④ 潘祖荫：《潘文勤公书札》（致吴重憙）（稿本），国家图书馆藏，第 10 通。

书函多次未果，恰逢会试之际，潘氏又让吴重憙趁机协商，但也强调："若万无出售之理，则亦不敢唐突。"① 为一石如此痴情，后来此石终被潘氏如愿买到。同光时期，长安赵乾生藏有很多墓石，陈介祺多藏造像，缪荃孙也藏有很多经幢。从收藏文化的角度而言，收藏态度的转变赋予了碑石以新的意义。

二　收藏视角向异域石刻的延伸

叶昌炽尝曰："异域碑文，自日本朝鲜同洲之国，以至欧非两洲，皆自其国中来。"② 这些外国石刻，原石皆在本土，晚清金石学逐渐兴起之际，其摹本、拓本、原石复制品甚至原石，经过各种渠道陆续传入中国。潘祖荫很早便把视角转向域外，以其高居之便，不断延伸收藏视野，获得大量世界各地的石刻拓本。

（一）　朝鲜日本古刻

《尚书大传》曰："武王胜殷，继公子禄父，释箕子之囚。箕子不忍周之释，走之朝鲜。武王闻之，因以朝鲜封之。"③ 可见其最早对周武王封箕子于朝鲜之地做了记载，后来的《史记》、《汉书》、《后汉书》、《三国志》等均有记载，史称箕子朝鲜。四世纪，朝鲜半岛形成高句丽、新罗、百济三国鼎立的朝鲜三国时期。隋唐年间，半岛霸主高句丽不断与中国交战，后被唐朝与朝鲜半岛的新罗联军灭亡。1636年，朝鲜成为清朝的册封国。1894 年中日甲午战争后，朝鲜与中国的宗藩关系结束。可见，朝鲜与中国自古就有很深的渊源关系，两地交往一直十分频繁。虽然朝鲜与中国接壤，但金石学者在函札与著述中往往多称朝鲜为海东。

---

① 潘祖荫：《潘文勤公书札》（致吴重憙）（稿本），国家图书馆藏，第 16 通。
② 叶昌炽、柯昌泗：《语石·语石异同评》，中华书局，1994，第 493 页。
③ 伏胜：《尚书大传》，商务印书馆，1935，第 59 页。

　　乾嘉时期朴学盛行，金石学兴起，引起清代学术史的巨大变化，这也影响到朝鲜。嘉庆十四年（1809），朝鲜著名的金石学家、诗人金正喜①就与翁方纲、阮元建立翰墨之缘，成为朝鲜金石学主导。后来其弟子李尚迪继续与乾嘉汉学名流交往，大量海东金石拓片传入京师，极大丰富了两地金石文化的发展成果。

　　中朝金石交流之事，叶昌炽《语石》卷二作过总结：

　　　　朝鲜为箕子旧封，同文之域。彼都人士观光上国，载古刻而来，揽环结佩。中朝士大夫，皆乐与之交。嘉庆间，金秋史兄弟、李迪吉惠卿，博雅工文，芸台、覃溪两公，极推重之。赵义卿与其小阮景宝，与刘燕庭先生为金石交。燕翁所得海东墨本，皆其所投赠也。咸丰初，潘文勤师与鲍子年、杨幼云诸公，于丽人之至京者，犹喜晋接之。其后来者，皆原伯鲁之徒，以墨本为羔雁，望门投谒，藉通竿牍。文勤师至戒阍人毋通谒。然自是海东墨本稍难得矣。②

　　到潘祖荫处拜谒之人多至无暇得见，乃至毋通谒，可见一时风气之盛。然拓本毕竟为朝鲜国土而来，一般人也很难得到。据《潘祖荫年谱》，咸丰三年（1853）四月，留馆朝鲜李尚迪③来，以笔相问答。李尚迪是金正喜的弟子，潘祖荫询问朝鲜金石文字以及郑麟趾④、申叔舟⑤等人的著作，李氏赠以《陈真兴王北狩碑》、《唐平百济碑》及

----

① 金正喜（1786－1856），字元春，号秋史、阮堂、礼堂。朝鲜忠清南道礼山郡人。1809 年随父到中国，与翁方纲、阮元等许多学者交游，其书法创立"秋史派"风格。
② 叶昌炽、柯昌泗：《语石·语石异同评》，中华书局，1994，第 140 页。
③ 李尚迪（1803－1865），字惠吉、允进，号藕船，海邻居士，现韩国京畿道江阴人。
④ 郑麟趾（1396－1478），字伯唯，号学易斋。朝鲜李朝学者。与申叔舟等创"训民正音"，统一了朝鲜语言文字。著有《学易斋集》、《资治通鉴训义》等。
⑤ 申叔舟（1417－1475），字泛翁，号希贤堂，朝鲜李朝重臣。与郑麟趾等创制了朝鲜文字。

《桂苑笔耕》①。李尚迪凭借译科榜首的才能成为朝贡使译官，自道光九年（1829）始十二次代表朝廷赴清都，与百余名京师文人交游，为才华横溢的译官中人。朝鲜时期的中人是指社会中间阶层，从事医、译、算、律等技术活动的人，朝鲜国制规定他们进不得为士夫，退不得为常贱。当时，朝鲜国俗专尚门阀，名分截然，中人无以为用。李尚迪是中人，无法晋身士大夫阶层。因此，利用赴清机遇，走出了海外发展的路线。早年李氏初来京师便结交了吴崇梁、仪克中、刘喜海、汪喜孙、陈庆镛、阮常生等乾嘉汉学名流，他们长于李尚迪，为此，李氏与乾嘉领袖翁方纲、阮元亦有密切关系②。

李尚迪此次与仅二十四岁的潘祖荫见面，潘氏询问郑麟趾、申叔舟的著作，可见其较早对域外金石文字予以关注。郑、申二人在朝鲜王朝初期就与其他一批优秀学者共同创制了朝鲜民族文字。李氏此次赠潘祖荫《陈真兴王北狩碑》拓片，即《北汉山新罗真兴王巡狩碑》，发现于嘉庆二十一年（1816），记录新罗国真兴王扩展疆土之事，现存于韩国国家博物馆。《唐平百济碑》在韩国忠清南道扶余市定林寺的五层石塔底层，全名《大唐平百济国碑铭》，又称《苏定方平百济塔》、《苏定方伟绩勒铭》等，是流传至今有关唐联合新罗灭亡百济的最直接、最基本的珍贵史料③。咸丰四年（1854）正月，李尚迪弟子吴庆锡自朝鲜来京师，又赠与潘祖荫海东古刻《唐平百济碑》、《刘仁愿纪功碑》、《红流洞石刻六种》、《真鉴禅师碑》、《兴化寺碑》、《文殊院记》。

潘祖荫在其《滂喜斋丛书》第四函《日本金石年表》序中，曾

① 潘祖年：《潘祖荫年谱》，文海出版社，1966，第19页。
② 李春姬：《朝鲜诗人李尚迪与道咸文人的交游》，《外国问题研究》，东北师范大学，2010年第2期，第33页。
③ 拜根兴：《大唐平百济国碑铭关联问题考释》，《唐史论丛》（第八辑），中国唐史学会，2006，第133页。

提到：

> 余尝撰《海东贞石志》，计二百余种，凡新罗、百济、高丽石刻略备。其锦山摩厓，先秦以上物也。此《年表》乃日本金石，从来无人箸录，计五百余种，亦云多矣。黎莼斋以赠眉生，眉生以示余，爰取而刻之，以广异闻。①

据潘祖荫此序，可知其《海东贞石志》为搜罗新罗、百济、高丽即朝鲜古刻而成。前述年谱中所载《海东金石录》序中亦曰"百济、新罗、高骊"古刻，而日本则"附焉，亦赵德夫录日本国诰之例也"。由此可知，两本"贞石志"，与《海东金石录》实际内容相差无几，或一书异名，从中皆可看到潘祖荫对于邻国金石的关注与研究。

潘祖荫每得难识古刻，常请友朋释之。本序提及锦山摩崖，目前仍在朝鲜庆尚道，字迹极为难辩，无人能识。光绪元年（1875）潘祖荫五次致函陈介祺商讨释文②。最后陈氏亦无从下手，拓钩之后奉还了事。当时流传所谓释文，皆以传说或历史附会。有释"箕子"者，依据《史记·宋微子世家》、《尚书大传·洪范》所载商朝遗臣箕子到朝鲜半岛建立箕氏侯国。有释为"徐福"或"徐市"者，皆据《史记》以及《三国志》中提及的徐福东渡之事。据叶昌炽《缘督庐日记》载，光绪十年（1884）九月一日潘祖荫出示锦山摩崖拓本，是秦以前古文，何愿船释为"徐市起礼日出"六字，吴清卿释为"辰师伐敢（又作执说）溟水北"七字，如以钟鼎文证之，"辰师"二字当不

---

① 潘祖荫：《日本金石年表序》，见《滂喜斋丛书》（第四函）45，吴县潘氏京师刊本（同治光绪间）。

② 潘祖荫：《潘伯寅致陈簠斋书札》（稿本），国家图书馆藏，第1、12、61、66、73通。

谬，但叶氏也不敢确信①。此时潘祖荫丁忧在吴，对此摩崖释文依然念念不忘，始终没有解决。潘氏持怀疑态度，但认为一定是古刻。赵之谦在其《补寰宇访碑录》中考证不可信，怀疑是石裂纹。清叶昌炽否定了先秦石刻的说法，认为半由附会，于古无征②。

潘祖荫对于朝鲜的石刻识见很多，而与日本的直接交流较少，前述其《滂喜斋丛书》中收录西田直养《日本金石年表》，并说"黎莼斋以赠眉生，眉生以示余"。黎莼斋即黎庶昌③，光绪七年（1881）至十六年（1890）两度出任清政府驻日本大臣，其间留心中国失传而流失到日本的旧籍。凡在国内失传的，不惜以重金求购，或付梓影印。对藏之于日本宫廷秘阁的珍本，则以大使身份求之于官方影印。于光绪中由杨守敬协助，汇成《古逸丛书》二百卷，收书多唐、宋、元版古籍，为国内所无。眉生即李鸿裔④，此事发生在光绪九年（1883）潘祖荫在苏州丁忧期间，已经远远晚于同朝鲜的交流。此间，潘祖荫"奉讳在里，杜门不出，惟与李香严廉访鸿裔以学问相切劘，书简往来无虚日"⑤。当时，杨守敬随黎氏出使日本，搜得碑版拓本颇多。黎氏将此连同刻书一并寄往苏州李鸿裔，潘祖荫得以获见，不禁拍案称绝⑥。

总之，潘祖荫得力于在朝中的地位与超前的眼光，对于朝鲜石刻的关注较早而且研究也深，不唯一时风雅，这是一种开放的文化观。

（二）欧非等世界各地石刻的收集

随着清政府对外交流的不断扩大，派驻世界各地的使节不断增

---

① 叶昌炽：《缘督庐日记钞》（第一册），王季烈编，北京图书馆出版社，2007，第336页。
② 叶昌炽、柯昌泗：《语石·语石异同评》，中华书局，1994，第1页。
③ 黎庶昌（1837－1896），字莼斋，贵州遵义人，晚清时著名的外交家和散文家。
④ 李鸿裔（1831－1885），字眉生，号香严，又号苏邻，四川中江人。咸丰元年（1851）举人，官至江苏按察使。罢官后居苏州。工诗文，精书法。著《苏邻诗集》等。
⑤ 潘祖年：《潘祖荫年谱》，见《近代中国史料丛刊》，文海出版社，1966，第104页。
⑥ 叶昌炽：《藏书纪事诗》，北京燕山出版社，1999，第561页。

图10 《滂喜斋丛书》第四函《日本金石年表》内页及潘祖荫序

资料来源：选自《滂喜斋丛书》。

加，受当时金石学风气的影响，各使节对国外的金石大多比较关注。潘祖荫身居高位，又颇嗜金石，出使之士便不断为其提供相关信息，传递金石资料。因此，晚年的潘祖荫早已把目光投向文化积淀很深的地中海沿岸，甚至更远更广的地区，这是一般人所不能达到的。

晚清名臣张荫桓①曾于光绪十一年（1885）至光绪十五年（1889）任出使美国、西班牙（时称日斯巴尼亚）、秘鲁三国公使，《张荫桓日记》② 记述了大量海外见闻，其中亦有访求金石的记载。

国家图书馆藏有光绪十五年（1889）二月十九日张荫桓从美国使馆致潘祖荫书札，是年张氏即回国复命。从函中可知，张氏搜寻各国

① 张荫桓（1837－1900），字皓峦，号樵野，广东南海人。早年科举不第，但才具非凡，精通外务，累官至总理各国事务衙门大臣兼礼部右侍郎等，成为晚清肩负重任的朝廷大员。后因支持戊戌新政，在庚子事变中被处死。

② 张荫桓：《张荫桓日记》，任青、马忠文编，上海书店出版社，2004。

文字资料，包括埃及、希腊、波斯、墨西哥、土耳其、西班牙等国文字，当然皆国内所无而新奇者。美国博物院有埃及、希腊石碑，文皆不可识，张荫桓与之掌院建立关系，因不能摹拓，美方答应为其复制一块埃及石碑和两块希腊文石碑，负责装匣邮寄，并不要分文。张氏最初怀疑复制效果未必好，结果却与原石无丝毫差异。此种制法国内所无，而且石本似较拓本为良。张荫桓自是得意，亦赠与该院一无款铜卣。为确保万无一失，张氏还为托运购买保险，并一再嘱咐"嵌置尊斋中，慎勿摹拓，或用棉花轻按，以手拓之，不致损坏。此碑系石膏和灰制成，一摹则碎矣"。实在非拓不可，也要"先就小石拓起，倘稍损则不宜拓矣"。潘祖荫托张荫桓代觅埃及石幢拓本，因甚不易得，张氏遂就缩制石幢拓奉一纸与潘氏①。

关于埃及石幢，最先出现于郭嵩焘②出使英国的日记《使西纪程》。光绪二年（1876）冬，中国历史上第一位驻外使节郭嵩焘率副使刘锡鸿等随员三十余人启程赴英，在伦敦设立了使馆。赴英途中，郭嵩焘将沿途见闻记入日记《使西纪程》，其中十一月二十四日载：过波赛（今称赛得港），有人兜售埃及古迹图，中有克里阿卑得拿尼得尔（埃及方尖碑之一）图：

> 上有尖头（顶），每方上层刻为鸟形者三，其下为文三行，行十余字，字体大逾二尺，绝类钟鼎文及古篆籀，属黄玉屏摹出之，其中为筐围若石鼓文者颇多……此石柱距埃及加意罗都城不远。闻亚勒散得海口尚多有之，字体略同。③

---

① 张荫桓：《诸家致潘伯寅潘绂庭书札》（稿本），国家图书馆藏。
② 郭嵩焘（1818－1891），字伯琛，号筠仙、云仙、筠轩，别号玉池山农、玉池老人，湖南湘阴人。道光二十七年（1847）进士。先后任驻英、驻法使臣，后称病辞归。
③ 郭嵩焘：《使西纪程》，辽宁人民出版社，1994，第30页。

此方尖碑形同石幢，如此规模之石刻，国内所未见。此类消息不久便传回国内，潘祖荫当较早得知。后来，潘氏不断委托出使人士搜寻埃及石幢即由此而来。

为搜寻异域文字，张荫桓等可谓无孔不入，《张荫桓日记》中有许多访寻记载。有波斯使者所赠一纸，波斯文极其简单："自右而左，上四字译文一为哈支，该国称谓之词，二为贺仙，其名也，三为孤列，其姓也，四为干，该国有勋爵之称，下五字则驻美公使云。"但"此极小品，喜其文字新奇，聊备尊藏一种"。其搜寻竟至如此程度。更有甚者，张氏此函记载："又墨西哥文字，近于友人家见一铜器，略如镜铭，墨拓无碍，友人允假一拓，下次船期，便可奉寄。""在西班牙画院见一石像，背镌数十字，颇类石鼓，已函托驻日参赞与商拓，撮得当再奉希也。"[1]

在国内，捶拓之法可谓人人皆知，而国外不同，寻找石刻一类物品，有时须先找到懂得考古之人，问题更在于西人根本不懂捶拓之法，而很多根本不许触摸，甚至连照相都不允，因此并不很顺利。不过张氏也想出一些办法，比如托关系复制、与人商量捶拓等，总之想尽各种办法。因文化的差异，访寻到的拓片需要释读，有时由张荫桓在国外翻译作跋，有时会请通汉语的外国传教士，如丁韪良等考证。潘氏还委托驻法、德、意公使馆参赞陈季同[2]搜寻石刻，光绪十五年（1889）五月四日，陈季同曾致函潘祖荫专论埃及石幢[3]。

潘祖荫得到这些域外石刻资料，往往会与同好一起观赏。据叶昌炽《缘督庐日记》，光绪十四年（1888）十一月十五日，潘祖荫招饮，

---

① 张荫桓：《诸家致潘伯寅潘绂庭书札》（稿本），国家图书馆藏。
② 陈季同（1851 – 1907），字敬如，一作镜如，号三乘槎客，福建侯官人。历任中国驻法、德、意公使馆参赞。
③ 陈季同：《诸家致潘伯寅潘绂庭书札》（稿本），国家图书馆藏。

并观《埃及古碑》、《红崖古字》、《唐吐蕃会盟碑》及日本、高丽各刻，同坐者有王懿荣、李文田、黄再同等多位金石好友。光绪十五年（1889）二月二十日，叶昌炽等又见到埃及古文，其石在法国巴黎斯城，高至不可拓，以影照法缩于片纸，其文有如鸟，有如兽者，有如刀者，有如弓矢者，皆三代以前象形字。光绪十五年（1889）五月二十七日，叶氏又见潘祖荫新得埃及残石拓本，美国斐尔士所藏，乃古时石椁残石，文字奇古，尚在希腊以前四千余年物，斐尔士初拒不允拓，后了解中国碑版流传皆依毡蜡之功，始拓约十余通。这些交流活动，是晚清海外文人以传统文化眼光审视异域文字的生动记录，值得重视。

第三节　金石小品收藏

随着古代文物的大量出土，彝器不限于三代，石刻品种扩大，一些载有古文字资料的新材料也不断获得重视，如古兵、诏版、古镜、瓦当等，都是小件，数量不等，但皆有可观，施蛰存名之为"金石小品"。① 本书对于同光时期出土的陶瓦、古泉，包括埙与封泥的收藏进行分析，这也是金石文化研究的重要内容之一。

一　愈出愈奇的陶瓦

《礼记·月令》云："仲冬之月，陶器必良，火齐必得。"陶器的发明，是人类第一次利用天然物，按照自己的意志，创造出来的一种崭新的东西，是人类文明发展的重要标志。陶器的形制，约分八种：

---

① 施蛰存：《金石丛话》，中华书局，2005，第64页。

豆羀、区、釜、良、盆、缶、罍、埧①。陶文还不成体系，但早于甲骨
文而生，贯穿于秦汉，是重要的文字资料，王国维将陶文比作甲骨鼎
彝，可见其价值。高明一直致力于古陶文研究，编著《古陶文汇编》
一书，李学勤在序中认为，最早鉴定和收藏陶文的是陈介祺②。陈氏
《秦前文字之语》载，其发现陶文后欣喜若狂，曰：

　　　三代古陶文字不意于祺发之，三代有文字完瓦器不意至祺获
之。殆祺好古之诚，有以格今契古，而天实为之耶。③

后顾廷龙集各家墨拓，成《古陶文舀录》，自序曰：

　　　近六十年来，古匋时出，而有记号文字者，则始于殷商，盛
于七国。殷商之匋，近年方出诸殷墟，前此所见而多文字者，则
光绪初年所出七国时物也。古器物之流传，以七国者为最少，而
古文之异形亦以七国者为最繁。当今古文字学称盛之日，殷有卜
辞，周有铭刻，秦汉有小篆，皆可表其一代之制。寻其变迁之踪，
而七国匋文实为枢纽，尤可贵已。惟自出土以后，孳治犹少，记
录匆详。④

　　顾氏所谓"光绪初年所出七国时物"，主要是齐鲁故地出土，由
陈介祺等所收藏者。对陶器文字，陈介祺认为不外地名、官名、器名、

①　顾廷龙：《古陶文舀录序》，见桑椹《历代金石考古要籍序跋集录》，浙江古籍出版社，2010，第1987页。
②　李学勤：《古陶文汇编序》，见高明《古陶文汇编》，中华书局，1990。
③　陈介祺：《秦前文字之语》（致吴大澂），齐鲁书社，1991，第310页。
④　顾廷龙：《古陶文舀录自序》，见桑椹《历代金石考古要籍序跋集录》，浙江古籍出版社，2010，第1985页。

作者用者姓名，与其事其数，有足与钟鼎彝器款识互证者。王国维认为，秦用籀文、六国用古文、《说文解字》所出壁中古文，与陶器、兵器、货币、钵印为一家眷属。顾廷龙也曾做过比较，认为陶文与金文相似者最多，与钵文相似者次之，曰："匋文实出于流俗习行之体，以其同源，故与各体皆不能无相似，又以其出于流俗，故与正体亦不能无小殊。"① 当时，"陈氏簠斋以近水楼台，所收最富，次之为潘氏郑盦，又次则王氏天壤阁、吴氏愙斋。从事考订者，以愙斋为勤，郑盦则政事多劳，未见专著。"② 本书讨论陶器出土后，陈介祺、潘祖荫、吴大澂、王懿荣等人递藏研究之实。

据陆明君《簠斋研究》，同治十一年（1872）五月六日，六十岁的陈介祺于同邑于某得即墨所出瓦器残片，是为所藏陶文第一片。自此，陶文与吉金文字、古玺印并重，列入金石学③。当时，陈氏正在收集秦汉官私印，认为首先要传三代文字，考释次之，只有文字传下来，后人才能得以考订。因此，发现古陶后，陈介祺先后与金石友朋函牍往返，讨论甚勤。

陈介祺首先把瓦拓寄给吴大澂、鲍康等，潘祖荫获悉后，致书王懿荣："寿卿丈竟拓瓦拓，清卿先得也，我辈皆当及耳。"④ 但当时潘祖荫重案累累，终日披览，旧疾复患，实无空暇，遂请王懿荣代致陈氏，希望能得到瓦拓。

然而陶器总不如彝器之尊，所以潘祖荫等金石收藏大家并不甚用力。陈介祺致吴云书云："齐鲁古匋，土上者日少，土中者则犁翻雨击时一见之耳。廉生见真者即收，伯寅则不全收，是以求者亦不甚

---

① 顾廷龙：《古陶文𦈎录自序》，见桑椹《历代金石考古要籍序跋集录》，浙江古籍出版社，2010，第 1993 页。
② 顾廷龙：《顾廷龙文集》，上海科学技术文献出版社，2002，第 200 页。
③ 陆明君：《簠斋研究》，荣宝斋出版社，2004，第 203 页。
④ 潘祖荫：《潘伯寅致陈簠斋书札》（稿本），国家图书馆藏，第 37 通。

力。……古匋残字，齐出者字多，鲁出者字少，其在地上者，近年掘拾殆尽。弟所收将五千种，复者既不能多收，伯寅司寇又不收，土人几不复捡觅。若有人肯再收，亦可再觅。"① 并且陈氏发现当时已经有新仿器出现。

同治十三年（1874）二月后，陈介祺陆续将陶瓦拓片寄与潘祖荫、吴云等。吴云对此并不陌生，因为南中亲友中已有专门于此者，但不知乱世中的留存情况，而此时的关中尚未有人注意秦砖汉瓦。当年八月，吴大澂西安试毕回署，偕友人刘瑞斋同游阳甲城，访汉未央宫故址，手拾"长生未央"四字砖，发现未曾见过。而山左陈介祺此时已将所藏齐鲁三代两汉瓦当文字目编完，并且有意让吴大澂帮助刻瓦文。吴大澂面对陈氏寄来的瓦拓非常振奋，复书云："展读数过，琳琅满目，既精且美，徒来著录所未见，考古家所不及搜访。即无字十六种，亦极可爱可宝，真如古璧汉镜，一钩一画，都有朴茂之气，似较未央、长乐宫遗制，尤有古趣。所谓瓦制不始于秦，良不诬也。"② 陈、吴等力收两地之瓦并传刻之时，潘祖荫开始藏瓦。光绪元年（1875）端午潘祖荫致陈介祺："门人赠一瓦，色泽花纹俱佳，字则可疑，拓呈乞批示，侄有五瓦疑者三，然亦未能径断为伪耳。"③ 在京城忙于政务的潘祖荫，对于新发现器物的关注已经落后了。

此时，吴大澂刻瓦正酣。光绪元年（1875）九月十五日，陈介祺致吴大澂函："子年屡云，吾兄欲刻敝藏齐鲁秦汉瓦当文字，愧弗敢荷，今来书敦促，谨将自装未缀之册奉鉴，并检存拓百三十纸奉赠，连夜粗编一目请正，乞教之。"④ 九月至十一月初，吴大澂为陈介祺刻

---

① 顾廷龙：《古陶文睿录自序》，见桑椹《历代金石考古要籍序跋集录》，浙江古籍出版社，2010，第 1986 页。

② 吴大澂：《吴愙斋尺牍》，国立北平图书馆金石丛编，商务印书馆，1938。

③ 潘祖荫：《潘伯寅致陈簠斋书札》（稿本），国家图书馆藏，第 71 通。

④ 陈介祺：《秦前文字之语》（致吴大澂），齐鲁书社，1991，第 296 页。

瓦当，成五十余纸①。可见，秦瓦一时出土之多。

　　陶瓦愈出愈奇，藏陶最多的陈介祺每有新藏便拓寄好友，所以陶瓦拓片成了友朋新的交流内容，"奇"成了此时往来函札中最频繁的字眼。光绪四年（1878）二月，陈介祺已经收藏陶文二千六百余种。吴云收到陈氏寄来的拓片，惊呼："千古未有之奇文，扩千古未开之眼界……中有文字奇古妙至不可思议不可称量者，阳识各种尤有古趣，爱玩不能释手。"② 因为乱世，南中金石同好歇绝几近二十年，吴云虽有弄藏，但敛手已久，亦力不能争，读这些信札，能真切体会到吴云的激动之情。

　　直至光绪七年（1881）初，陈介祺藏陶达四千余纸，数量十分惊人。三月二十一日，潘祖荫致陈介祺书云："廉生来奉到赐书，及匋拓四千二百六十三种，希世之奇，重蒙厚惠，感何可言。"③ 该札又附三笺，皆言古陶。潘祖荫也收得古陶八九百纸，并藏有古埙三纸。此函正值王懿荣从山东回京后，王氏得到很多山左及陈介祺的消息，一一面告潘祖荫。

　　埙，小篆作壎，《说文解字》无埙字，壎下云："乐器也。以土为之，六孔。"④ 又，《说文解字》字下云："音律管埙之乐也。"⑤ 古埙作为乐器，也是陶器的一种，《尔雅·释乐》郭璞注："埙，烧土为之，大如鹅子，锐上平底，形如秤锤，六孔。小者如鸡子。"光绪五年（1879）春以前，山东青州老百姓发现古埙，知为旧物，遂售于市估，发现者不知为谁，出土时即破碎，完整者难以得到。光绪五年

　　① 顾廷龙：《吴愙斋先生年谱》，哈佛燕京学社，1935，第56页。
　　② 吴云：《两罍轩尺牍》（致陈介祺），见《近代中国史料丛刊》（第二十七集），文海出版社，1966，第710页。
　　③ 潘祖荫：《潘伯寅致陈簠斋书札》（稿本），国家图书馆藏，第32通。
　　④ 许慎：《说文解字》，中华书局，1963，第287页。
　　⑤ 许慎：《说文解字》，中华书局，1963，第48页。

（1879）春，诸城秀才尹慈经首先致书京师，告知王懿荣，潘祖荫等获悉，开始注意收藏古埙。埙为土质，最不易保存，数量少之又少，尤其不为人注意，而且埙质脆薄，不能多拓。所以，对潘氏藏埙，吴云以为陈介祺虽然藏古陶至五千种，也无法与之相比①。

潘祖荫以其特有的敏感，不懈努力，藏至十余枚。后小心拓寄各家考释，汇成《古埙考释》一书②，该书载古埙拓十二枚，其中一枚为王懿荣藏。

图 11   埙   图 12   古埙考释一

资料来源：选自《陟冈楼丛刊甲集》，国家图书馆。（图 12、图 13、图 14 同）

如下所示：

第一埙拓：阴文。无印。有方濬益识一，吴大澂识一。

第二埙拓：阳文。有"辛巳"朱文印。有方濬益识一，时光

① 吴云：《两罍轩尺牍》（致潘祖荫），见《近代中国史料丛刊》（第二十七集），文海出版社，1966，第629页。
② 潘祖荫：《古埙考释》，吴县潘承弼《陟冈楼丛刊甲集》，1943。

観此支知古埙字但作白亦象形字从者両承之孔也
則則象其通漣穴孔之形以其生寵別貝即頂本
也小篆作昌而畫畺朱説文訓為物数而本諳並美等

当即黠之文与申
墨同故埙与廃凿然
多許書云黠似采国
文状口以取国文矣
言後人陰从白則不
文亥大澂釋 ㊞

图13　古埙考释二

朝下滋菜字共釈定澂朝雅田曇樂定方之正器从其具斯
大探锦从大象菜之引音習欵帯之亊石処物像作釈象人
菁有而以四而字以北矣菜帯也朝七事即散物以此辭即著
釈盒此事顕従如此持用散盒字従今題栓盨方見之知似內
朝盒字従今題栓盨方見之知似內前朝盒字従今亥大澂釈

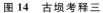

图14　古埙考释三

绪十二年（1886）七月。

　　第三埙拓：阴文。注有：廉生所藏。无印。无识。

　　第四埙拓：阴文。无印。无识。

　　第五埙拓：阳文。有"郑盦藏埙"朱文印。有方濬益识一。

　　第六埚拓：阴文。有"郑盦藏埚"朱文印。有潘祖荫识一。

　　第七埚拓：阴文。有"郑盦藏埚"朱文印。无识。

　　第八埚拓：阴文。有"辛巳"白文印。无识。

　　第九埚拓：阴文。有"辛巳"白文印。无识。

　　第十、十一、十二埚拓：三者一组，阴文。有"郑盦藏埚"朱文印。有张之洞识一。

　　其后，有赵烈文、李文田、缪荃孙、李鸿裔、李慈铭、沈景成、吴大澂、俞樾、王懿荣、吴俊卿、钟瑞、潘霨、叶昌炽等十三家跋文，皆当时潘祖荫同好，最后为民国时期潘景郑[①]跋：

　　　　先文勤公藏古埚十二品，余尝见之，大者如铃薯，小者当雁
　　卵，制作朴茂，文字与古匋豆登相类一，皆完好难得，经乱散失
　　无存，为之慨叹。[②]

　　据王懿荣《古埚考释》跋可知，当时潘祖荫等直观判断，陈介祺一定会收藏。是年，恰逢陈介祺孙完婚，潘祖荫闻讯专寄喜对一付，附笺："再拓本敬呈鉴，又闻去年所出土埚，尽归吾丈，乞赐一二纸拓本也。"[③] 今查陈氏致潘祖荫书札，并未发现其提及此事。王氏跋中还提到，光绪六年（1880）十一月，王懿荣旋里，购得古埚一枚，有裂文，遂拓示陈介祺，陈氏断定为古乐器之仅存者，上有阴文应为：

---

①　潘景郑（1907－2003），原名承弼，江苏吴县人。藏书家，版本鉴定家。
②　潘景郑：《古埚考释跋》，见潘祖荫《古埚考释》，吴县潘承弼《陟冈楼丛刊甲集》，1943。
③　潘祖荫：《潘伯寅致陈簠斋书札》（稿本），国家图书馆藏，第30通。

令司乐作太室埙。仔细观察，发现太字篆法甚简，为从来周器所无，后陈介祺复书言及裂文，以为是当时做法，必如此中空，非后来所裂者。王氏细审，顿觉泂然。光绪七年（1881）二月间，王懿荣返京，途中过潍县，住在陈介祺家，谈起古埙，王懿荣跋中记载：

> 渠至今尚未得也，并叹为青州近出古匋豆登丰量四千余种之冠，以古乐器为可重也。字体与彝器文同时代，东诸匋器前诸匋与鉢文同，列国文字繁变时物也。制与诸礼图所传亦异。荣所得乃五孔者，竝上吹处为六耳。己卯顺天荣乡举，时闱中适以诗如填四句命题，今日乃得见真埙。①

及至京师，王懿荣拜见潘祖荫，见其已经收得三枚，其中一件为阳识，尤为佳者。王懿荣为《古埙考释》作跋，除作上述描述外，还重点记载了此次荣归故里的所见所闻，尤其寓居陈介祺家中，观陈氏藏品，目不暇给。

二　盛极一时的古泉

泉是钱的别称，晚清的古泉币收藏与研究也是盛极一时，按李佐贤《古泉汇》鲍康序：

> 戴醇士大司马、吴子苾阁学、吴我鸥观察，仅以神交。叶东卿世丈、陈寿卿前辈，富于金石，于泉也不尚专门。李古农前辈、陈式甫明府、吴霖宇给谏、何镜海内兄，所获皆少于余。古农善

---

① 王懿荣：《古埙考释跋》，见潘祖荫《古埙考释》，吴县潘承弼《陟冈楼丛刊甲集》，1943。

疑，所收惟齐刀为胜。式甫、霖宇购泉均非余选定不可，式甫但取备格不贪多，霖宇为先生高足，因予赠以丰货泉，遂订交，选泉必取其精。镜海与余则时相夸炉，旁观咸捧腹。独刘子敬姻丈藏泉最富，与翁丈宜泉称石友，余尝怂恿其著谱，至引后世谁知梓定吾文者为劝，惜乎不果，念之怃然。集大成者厥惟刘丈燕庭，余获遍观之，其所得之奇不下数十品，而官蜀所收南宋铁泉，出奇制胜，至三百种，尤昔人所未见未闻，有《古泉苑》一百卷，藏诸家。吕尧仙中丞稍次之，曾寄示孝建四铢五十四种，使人拍案称快，最后因霖宇获交先生，盖耳先生名者十余稔矣。①

从鲍康此序，可以看到当时藏泉者之多。但序中提到的吴式芬、吴我鸥、叶东卿、李古农、陈式甫、吴霖宇、何镜海等皆不以藏泉为名，并且收藏规模也不够。惟李古农藏齐刀最力，刘子敬藏泉富而未有著述行世，其藏泉情况亦不得而知。

关于吕尧仙藏孝建四铢五十四，鲍康《观古阁泉说》中记载最详：

孝建四铢，一面薤叶文，一面小篆，最不易得，《泉话》所谓都下一枚辄索二三万钱也。道光末年，南中忽出土一罂，尧仙收得数百枚，曾以分饷，不特大小各异，或一面倒置，有左读右读及一字正一字倒之殊，或一面横置在穿上下，有向左向右之殊，或一面倒置一面传形，或两面传形，并四星四圈四决文等，孝建有两面同文，或倒置横置传形之别，四铢亦有两面同文，并穿上

① 鲍康：《古泉汇序》，见桑椹：《历代金石考古要籍序跋集录》，浙江古籍出版社，2010，第900~901页。

下亦作四铢字者，种种奇特，多至五十四种。虽薄小如榆荚，而青绿沁骨，绝可宝玩，泉币愈出愈奇，至我朝而大备，信乎地不爱宝矣。①

丁福保看到这则纪事，感慨曰："因吕中丞当日所得，不过数百，自未能遍饷友朋，必尚有以拓本相赠者，苟得其拓本而一观之，则屠门大嚼，亦足快意，不必尽得其钱而一一把玩之也。"② 吕中丞即吕尧仙。咸丰二年（1852），吕氏迁贵州布政使，署巡抚，将此五十四种拓册寄赠陈介祺。同治十二年（1873）春，知李佐贤欲作《续泉汇》，陈介祺将"孝建四铢"泉拓本寄给李佐贤，李氏选摹二十二品刻入《续泉汇》一书，后来丁福保编撰《古钱大辞典》时，将此全部辑入。十月二日，陈介祺又致吴云，建议吴云将所存古泉书并拓，寄潘祖荫转鲍康，采入拟将刊刻的《续泉汇》中③。而刘子敬藏泉最富，鲍康曾怂恿他著泉谱未果，现未知其详情。陈介祺专藏泉范，自周秦至六朝奇异泉范百余种，不专于泉。历来藏家所称道的是刘喜海、李佐贤和鲍康，他们相继著书立说，次第刻成，印行问世。泉币资料经过他们的搜集整理，大量实物、文献得以集中与流传，便利后来的研究。藏泉集大成者为刘喜海，鲍康为刘氏《古泉苑》作序，评价刘氏曰：

以皇朝钱法冠首，余则分类为六：曰正用品、曰伪用品、曰异品、曰外国品、曰压胜品、曰杂品，凡得泉四千六百有奇，附载泉范数十枚，自藏者十之八九。④

① 鲍康：《观古阁泉说》（刻本），国家图书馆藏（同治光绪间）。
② 丁福保：《古钱大辞典》，中华书局，1982，第60~61页。
③ 陈介祺：《秦前文字之语》（致吴云），齐鲁书社，1991，第246页。
④ 鲍康：《古泉苑序》，见桑椹《历代金石考古要籍序跋集录》，浙江古籍出版社，2010，第889页。

可见，刘喜海藏泉数量已经十分惊人，为当时诸藏泉家所不及。惜刘氏咸丰三年（1853）仙逝，藏品星散。而后，能和刘喜海相埒者，惟李佐贤。他久居京师，曾借抄《永乐大典》中关于古泉一门，为后来研究古币、金石、书画，积累了大量的文字资料。李氏《古泉汇》一书收集各类古币、刀币、历代圆钱、先秦至明代和朝鲜、日本、安南的方孔圆钱、异钱杂品以及压胜品、泉范等共计五千零三品，规模宏大，至为详备，乃集大成之作。

和李佐贤一样富藏泉币并精于研究的是鲍康。鲍康认为："藏泉者有三弊应戒之，即矫、痴、诬。"还说："好古者必好胜，毋以己所有傲人之所无，因而巧偷豪夺，其甚者至交生隙，往往互相诋諆，泉币也何尝不然？然一人之力，断不能收天下之瑰奇。"① 鲍康过手的古泉甚多，他为人直率，从不密藏，凡有精品，皆与友朋交流，云："故余所藏泉，辄喜人借拓，倘万本流传，尽是庐山真面，讵非快事哉。"②

白撞雨《翕居读书录》有《潘祖荫、鲍子年藏古泉珍异品手拓本》一篇③，记孙汝梅④藏古钱币拓本二册，收汉魏六朝唐宋精奇古泉二百二十品，系潘祖荫、鲍子年藏品自拓赠与孙氏者。据收藏章"伯寅"、"郑盦所藏金石"等可知此确系潘氏经手，虽未见鲍氏印信，但由拓本所附孙氏后人孙达等题跋，知去时未远，所言应不会误失，至于孙汝梅如何得到详情未知，但能反映当时潘、鲍等对古泉一类金石小品收藏之兴致。

鲍康曾以壮布赠陈介祺，因为陈氏曾致书鲍康，言其缺壮泉，这

---

① 白撞雨：《翕居读书录》，石油工业出版社，2009，第464页。
② 唐石父：《鲍康学风简述》，《中国钱币》1985年第3期，第66页。
③ 白撞雨：《翕居读书录》，石油工业出版社，2009，第463~467页。
④ 孙汝梅，顺天府大兴县人，生卒年不详。光绪六年（1880）进士，授兵部主事。

也是藏泉最富的刘喜海所缺的，可见其珍贵，鲍康藏有二品，遂以其一寄陈，并缀以诗云："补憾聊凭一纸书，寒斋底事诩双珠。发缄君定掀髯笑，截鹤何妨为续凫。"① 光绪元年（1875）正月十一日，陈介祺致函潘祖荫曰："敝藏圆首足币化止有二，已分一与子年，再得即当分赠。古器得一即足，古泉则甚敝精力而无止境，即欲收亦止，可以三代文字为限也。"② 友朋间搜寻、赠送泉拓的事还有很多。

图 15　古泉一

资料来源：选自丁福保编《古钱大辞典》，中华书局，1982。

鲍康专著《大泉图录》收录了咸丰、同治两朝发行的大钱，并且对于新疆的红钱及清代开炉钱等，还录入咸丰宝钞、官票数种，摹刻十分精致。鲍康酷嗜古泉，潘祖荫认为其：

自束发以来，蓄泉最富，耽玩四十余年，故于源流正变，真

① 唐石父：《鲍康学风简述》，《中国钱币》1985 年第 3 期，第 66 页。
② 陈介祺：《致潘祖荫手札》（稿本），国家图书馆藏，光绪元年正月十一日函。

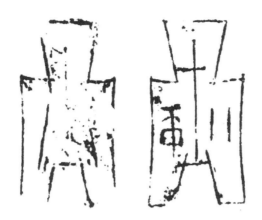

图 16 古泉二

资料来源：选自丁福保编《古钱大辞典》，中华书局，1982。

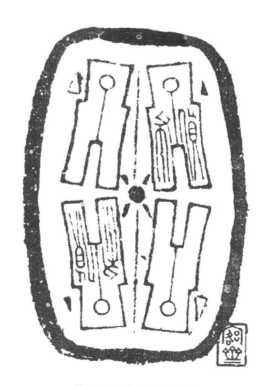

图 17 吴大澂藏古泉范

资料来源：选自丁福保编《古钱大辞典》，中华书局，1982。

伪美恶，辨别精严，当世无其比也。[①]

在潘氏的劝说下，鲍康著成《观古阁泉说》，潘祖荫以为可与戴文节《古泉丛话》、刘方伯《论泉绝句》鼎足而三，给予较高评价。

李佐贤编撰、鲍康增订的《续泉汇》，依《古泉汇》体例，收先秦布币一百四十二品，先秦古刀币一百三十九品，秦汉之明代圜钱三百七十五品，还收无考品、压胜钱、钱范等一百七十七品，鲍康增订《补遗》有收进先秦布币一百五十一品，全书共收泉九百八十四品。这部书可以说是金石友朋藏泉的合集，李佐贤当年编《古泉汇》时，曾以为无可增加，后见到陈介祺所藏泉范，多未收者，遂有续编之志。李佐贤所撰部分，前文已述，来自陈介祺所寄泉范八十余品，还有吕尧仙的旧藏。鲍康所补，有部分来自内兄何镜海，何氏以其所藏六百余刀布送给鲍康，有方足、尖足两种，鲍康将其分饷同好，剩余三百余，皆笔画参差，无一相肖。孙春山帮鲍康从中选出一百余品，加上其自藏的三十余品，由鲍康编入《补遗》。这样，合前《古泉汇》，两书共计约六千品。然而，地不爱宝，泉币愈出愈奇，因此鲍康说将来还会再续、三续。潘祖荫在《壬申销夏诗》中，作《品泉》一首描述当时情景："我爱古泉古，文真似稻芒。奇兼收两汉，字欲补三仓。绝句征嘉荫（燕庭有嘉荫簃论泉绝句），遗闻证鹿床（戴文节有古泉丛话）。清风（鲍子年丈）来穆若，煮茗细评量。"[②] 李、鲍汇集泉拓成书之举带动了当时金石同好的泉拓交流热情，时王懿荣、吴大澂、吴云、潘祖荫、陈介祺等皆将手中泉拓整理寄与友朋，一时往来赏析

---

① 潘祖荫：《观古阁泉说序》，见桑椹《历代金石考古要籍序跋集录》，浙江古籍出版社，2010，第 907 页。

② 潘祖荫：《壬申消夏诗》，见《滂喜斋丛书》（第一函）09，吴县潘氏京师刊本（同治光绪间）。

篆文，研究制度，颇有实效。

本章主要研究了此期金石文化的实物载体，包括彝器、石刻碑拓以及陶瓦、埙、泉币等金石小品，主要以潘祖荫的收藏为主要研究对象，金石小品则以实际收藏情况予以解析。通过研究，逐步廓清了在时代风尚的引领下，以潘祖荫为代表的金石家既具有强烈的传古之志，又具有一定的经济条件，故在众金石同好的共同努力下达到了富藏。对石刻碑拓来讲，主要探讨其基本做法和收藏理念，理清其在好古尚奇的思想指导下，如何实地访拓、拓本交流，以及广泛收藏直至把视角延伸到域外。金石小品实际上种类很多，文中主要探讨了陶瓦和古泉，前者主要以陈介祺的收藏为主，后者则体现在鲍康和李佐贤身上。总之，同光时期的收藏较其他时期不仅种类增多，范围扩大，可以用惊人来形容，而且收藏方法多样化，体现出鲜明的特点，这也为金石文化的传承提供了最基本的条件与保障。

第三章　传承

把金石器物上铭刻的文字或图案直接翻印下来，这种工艺方法称为"拓"，以此法获得的平面复制品称"拓本"。拓本能真实再现金石文献，当金石原物难以获见时，拓本便成了金石的替代物，历代金石收藏家多以金石拓片作为收藏对象，历代金石书籍也大多以拓本为基础，以原物为著录研究对象的仍为少数。因此，金石拓本的质量如何，一关系传古，二影响释文。造成拓本质量不同的原因有很多，诸如拓工的水平、材料的质量等，还受金石器物本来的质地情况影响。本章主要从金石传拓、拓本流转、金石著述刊刻出版等方面着手，利用实证分析、历史比较等方法，揭示金石文化历史传承的脉络与传播路径，探求金石文化对后世文化艺术的影响。

第一节　金石传拓与金石文化传承

一　金石传拓方法的研究与尝试

叶昌炽《语石》载，好的拓本大抵有两种：

一为乌金拓，用白宣纸蘸浓墨拓之，再研使光，其黑如漆，光可鉴人。一为蝉衣拓。用至薄之纸，以淡墨轻拓，望之如淡云笼月，精神气韵，皆在有无之间。①

据容庚《商周彝器通考》，当时最擅蝉衣拓者为僧达受②，《墨林今话》评其"拓手尤精绝，能具各器全形，阴阳虚实，无不逼真"。③吴荣光《筠清馆金石录》所据即是他的淡墨精拓。而用浓墨重拓，最擅者属陈介祺，陈氏将其拓墨之法教与同乡陈佩纲，专门为其手拓。至此，从事金石收藏研究者皆藏必能拓，拓必为传，为交流与研究提供了必要条件。

在晚清金石文化圈中，陈介祺对传拓提出明确观点：

> 首以传三代文字为第一，考释次之，文字传，然后人得有以考订。④

陈氏从金石文字流传的最基本要求看到，首先要把文字传拓下来，考释是其后的事情。同治十二年（1873）七月二十九日，陈介祺复函吴云：

> 我辈所述，乃为传古人非为传一己，古人传则己亦必传，是不可不公其心求古人之是者，而我先为传之，正不必器之在我，惟专以拓为贵，以图为备，只标我所及见者，其文与制，可传则传之。⑤

---

① 叶昌炽、柯昌泗：《语石·语石异同评》，中华书局，1994，第552页。
② 容庚：《商周彝器通考》，中华书局，2012，第176页。
③ 祝嘉：《书学史》，岳麓书社，2011，第340页。
④ 陈介祺：《秦前文字之语》（致吴云），齐鲁书社，1991，第213页。
⑤ 陈介祺：《秦前文字之语》（致吴云），齐鲁书社，1991，第237页。

从此札可知，传拓中还包括器图，这样拓出来的拓片被称为全形拓。就是取一个角度，取得器形，将青铜器的相关部分拓出，然后加以相关的手法，最后组成一个完器图形，相当于把一个立体的器物，在一张平面的拓片上展示出来，以充分体现原物的样貌。全形拓虽然是拓于原器，却有独立的美感，尤其是传刻彝器，必须依靠全形拓，所以陈氏一再提到"拓与刻之功与藏器并大"①。从当时的图谱类或带有图谱的金石著述可以看出，此时全形拓的技术已经非常成熟。但拓墨确非易事，不仅仅要毫芒必现，墨迹浓淡适宜，关键在于要把原器物上的字迹图案的体势与神韵表现出来，因此非潜心研究并有熟练技术不可。潘祖荫藏器多，需要有成熟的拓墨技术和拓工，因此他不断向各家请教。同治十二年（1873）秋间，吴云最先将张廷济②的拓墨、剔字之法函告潘氏，书云：

> 承询张氏清仪阁用白芨拓诏之法。叔未丈在日，凡刻石拓墨之事，悉系吴衣谷（裕）张受之（辛）二人，其拓古彝器亦不尽用白芨，间或浓搨，则取极薄白芨汁，用棕箒略刷器上，使之牢粘不脱，然后捶打匀足，由淡入浓，纸墨又极精究，自与寻常拓本不同。倘过天气潮润，只要纸墨佳，工夫细，不用白芨亦工妙也。剔字之法，叔未丈云，凡古器篆文为青绿淹淤，须渍酰旬日之久，或至兼旬，然后洗刷始显，用油断不如用酰，用针又不如用皂角刺，不损铜质。倘渍酰深透，青绿松活，则篆文以洗刷出

---

① 陈介祺：《致潘祖荫手札》（稿本），国家图书馆藏，同治十二年七月十日函。

② 张廷济（1768－1848），原名汝林，字顺安，号叔未，一字说舟，又字作田，晚号眉寿老人，浙江嘉兴人。嘉庆三年（1798）解元，后几次会试未中，遂居家从事学术研究和艺术创作。精金石考据之学，尤擅长文物鉴赏，收藏鼎彝、碑版及书、画甚多。

之，尤为至妙。此二事旧尝闻诸叔未丈者，请试验之。[①]

这是《两罍轩尺牍》中致潘祖荫的第一通书札。我们发现，张氏也不是全用白芨水，用时也有浓、薄之分，拓墨更有由淡到浓的讲究，用酰除绿锈，剔字有皂角刺，这些方法也是通过多次试验比较而得来。张廷济把此法传与吴裕、张辛，可见捶拓已成专门之学，非一般人所能轻易为之。

张廷济之后，陈介祺被公认为是捶拓水平最高的。同治十三年（1874）九月二日陈介祺致潘祖荫书曰："《防损器》、《拓事目》，乞阅后交廉生，此非文字，与装册各则，专为收藏家有志多拓传古之鉴耳。"[②] 附笺是《剔字之法》、《拓字之法》、《拓字之目》、《拓字损器之弊》，并特别说明此次所言拓剔各事，皆系平日经验，用心所知，虽无可观与传古，亦尚不无可取，希望潘氏不要以其事微语小而不虚心察之，依其法则古人有文字之器受惠多矣。的确如陈氏所言，这些都是其传古秘诀。潘祖荫很快将其刻入《滂喜斋丛书》第四函，题为《簠斋传古别录》。陈氏对传拓的工具、材料、选纸、去锈、上纸、施墨、捶按等各个环节都在多次体验的基础上做了详细说明。

在对拓法的把握上，陈氏认为拓包上墨是整个拓墨过程中最重要的环节，陈介祺主张以笔抹墨涂于瓷碟，速揉，不可蘸墨，否则着纸即成墨点。拓的过程中，要视纸的干湿上墨，干不能把纸黏起，湿不可使墨透纸，阴款要首先保证字边真，阳识则可肥可瘦。拓墨过程中，要腕动指不动，一到字边包即腾起，如拍如揭，腕起落而纸有声方为得法。陈氏所言，非实地操作不能体会，上墨非一次可以完成，尤不

① 吴云：《两罍轩尺牍》（致潘祖荫），见《近代中国史料丛刊》（第二十七集），文海出版社，1966，第553页。
② 陈介祺：《致潘祖荫手札》（稿本），国家图书馆藏，同治十三年九月二日函。

可心急，浓淡对于表现器物的立体感有很大关系。

陈氏还详列拓字损器之弊，言毡卷捣、硬刷磨、重按皆可致破。对鼎、爵、古泉、古印等不同的器物，须采用不同的磨法、按法等。对于剔字，陈氏尝试了各种方法，认为用刀最劣，用针尚可，但要用钝者，或用竹削尖，还尝试了用山楂除锈法，等等。

潘祖荫对陈氏拓法极为认可，并乐于推广，因此编入其书。陈介祺接到样书后，复函潘氏："传古别录二十册领到，感愧。无妨割裂版片补入，此不过为手艺先导，止无错字易解可已。"[1] 陈氏处事非常低调，在他看来，这些都是从事金石收藏研究者所必须要掌握的技艺，而不是什么窍门。叶昌炽《语石》评曰：

> 潍县陈簠斋前辈，拓法为古今第一，家藏刻石，皆以拓尊彝之法拓之。定造宣纸，坚薄无比，不用椎拓，但以棉包轻按，曲折坳垤，无微不到。墨淡而有神，非惟不失古人笔意，并不损石。齐鲁之间，皆传其法，余一见即能辨之。[2]

陈介祺把他的捶拓方法教与拓工，与友朋交流，将这门技艺推向前无古人的新高度。潘祖荫闲时会亲自拓器，更多时候会依靠家童，由于各种因素的困扰，捶拓并不顺利，故而给传拓交流造成一定影响。

二 拓工及用材对金石传拓的影响

对同一件器物，不同拓工制作出的拓本有精有粗，质量高下不等，价值亦有很大差异。叶昌炽曾记载："有同一碑同时拓本，而精粗迥

---

[1] 陈介祺：《致潘祖荫手札》（稿本），国家图书馆藏，光绪元年七月二十六日函。
[2] 叶昌炽、柯昌泗：《语石·语石异同评》，中华书局，1994，第552页。

别，此拓手不同也。陕豫间庙碑墓碣，皆在旷野之中，苔藓斑驳，风高日熏，又以粗纸烟煤，拓声当当，日可数十通，安有佳本？"① 因此，要得佳本，需讲究专工，一定要用心精拓，吴云曰：

> 天地间宝器其铭识皆古人精神命脉所寄，守之者能精拓传世，则器传人亦与之俱传。②

上文说过，陈介祺对于传拓最为在行。陈介祺尤其强调"精拓"，因为拓片的精与劣，对于能否真实反映原物文字图案起着非常关键的作用。不精的拓片，会把阳文拓得过肥，把阴文拓得过瘦，或者本来能够看清楚的字拓得模糊不清，不利于研究或临摹。前文所说盂鼎，就是因为拓片的质量问题，曾被疑为伪器。

（一）拓工与传拓质量

无论多好的捶拓方法，关键要靠拓工落实。陈介祺也不可能凡事皆亲力亲为，他把这些方法教与王石经、陈子振等，因此王、陈等人成了专门为陈介祺制作拓本的高手。而当时的南中地区在捶拓方面仍然沿用张廷济的方法，吴云认为虽不乏好事之人，但浮慕风雅者居多，迥非乱前可比。于是，他延请当年张廷济的拓手之一吴裕，为其专事于此。他认为：

> 大约拓诏欲求精致非工夫到家不可，此外考究纸墨而已，无

---

① 叶昌炽、柯昌泗：《语石·语石异同评》，中华书局，1994，第552页。
② 吴云：《两罍轩尺牍》（致陈介祺），《近代中国史料丛刊》（第二十七集），文海出版社，1966，第695页。

他道也。①

吴云虽对张廷济的方法熟悉，但不奏手，可见掌握这门技术并非易事。

潘祖荫藏器多，亦喜捶拓。但他没有整段的时间从事于此，很多拓本还需要请人帮助。潘氏曾让家童代劳，但捶拓尤需细心，还要吃苦耐劳，他的家童大概不具备这种基本素质，终酿成大祸，心爱的一件邰钟及一爵被拓碎。此时，潘祖荫因遗失户部行印受礼部磨勘处分，一直背着处分，多事之秋，债务又至，真是屋漏偏遭连阴雨，友朋闻之不胜叹息。吴云得知此事，遂致书分析：

> 古器中有入土久铜质松脆，大约必用极薄绵连纸，以熟细绢裹棉成小槌，略带微湿，轻轻按之，待稍干，以不晕墨为度，再用绢包蘸浓墨扑之，其精者非扑至四五层则墨气不足，故必以彝器四五件同时并拓，则纸之燥湿皆得趁手，不至停待过费工夫，此昔年闻于叔未丈者，谨述之以备采择。②

前文中陈介祺已对损器之弊做过提醒。光绪元年（1875）正月十一日夜，陈介祺致潘祖荫："邰钟碎一，闻之心惊不已，碎者弃之耶，存之耶。弃则更可惜矣，存则寄我，当访工监视缀完之。季保簠之长足，亦无二之品，真可惜矣。两遭其毒，似不可再假手馆童矣。"③ 辛

① 吴云：《两罍轩尺牍》（致陈介祺），《近代中国史料丛刊》（第二十七集），文海出版社，1966，第693页。
② 吴云：《两罍轩尺牍》（致潘祖荫），《近代中国史料丛刊》（第二十七集），文海出版社，1966，第567页。
③ 陈介祺：《致潘祖荫手札》（稿本），国家图书馆藏，光绪元年正月十一日夜函。

苦所得彝器为家童拓坏，所得盂鼎，拓片同样不缀，潘祖荫颇多无奈①。

据同治十三年（1874）十二月十八日，王懿荣致陈介祺书："盂鼎已至，然今日侄郑盦师在内常川期察，不暇摩挲，侄等亦未得有精拓，其拓手皆十二三岁顽童，前有书云，纸厚则晰，纸薄则破，故拓未如意乃不赠人。"② 十二三岁的孩子怎么能担此任，王懿荣曾向陈介祺表达不满："潘事求速而不求细，故效力者亦畏之，而卒无当于事，此等事真不能如此办法也。"③ 今由此事可见王氏有此言并不意外。

潘祖荫的拓工影响了其器物的传拓，陈介祺就想到了派人帮忙的办法。光绪元年（1875）正月十九日，陈介祺致王懿荣，讲到拟为潘祖荫荐一监拓可托之人，为之守护收支，不计工值。而潘祖荫对来人拓器自不情愿，直至年底祀灶日，致书陈介祺曰：

> 侄所得各器，吾丈遣人来往拓图，无不可，舍间无位处，携出则不敢，或每日午间来拓，则不能速矣，至快亦须一二月方毕功也。④

潘氏随即又婉拒陈氏，说因舍弟潘祖年上学，将会客处改为学舍，无拓器之处，等移居已定，得有闲房再说，现在古器移在内室，外此无一间屋，势不能令拓人进内室⑤。潘氏对陈介祺非常敬重，后又进一步解释此事，因久病未痊，秋曹事烦，日不暇给，又妇病亦甚，家

---

① 潘祖荫：《潘伯寅致陈簠斋书札》（稿本），国家图书馆藏，第54通。"盂鼎及图已寄，尚须若干图，刻坏极，拓手亦坏极，无可如何也。"
② 王懿荣：《王廉生致陈簠斋书札》（稿本），国家图书馆藏，第五册。
③ 王懿荣：《王廉生致陈簠斋书札》（稿本），国家图书馆藏，第一册。
④ 潘祖荫：《潘伯寅致陈簠斋书札》（稿本），国家图书馆藏，第10通。
⑤ 潘祖荫：《潘伯寅致陈簠斋书札》（稿本），国家图书馆藏，第12通。

弟入塾，书籍三间屋移入马厩，的确无可拓器处①。而后，二人因此多有书札往来，陈氏坚持："虽无隙地可容拓者，而多宝不传，精拓不布，亦深为古人怅怅。精拓而多存之，以俟其人，尤为大雅，企不可徒存而虚此岁月也。爱今爱古同此一诚，过虑者自有以处之，可不相妨，不可不作也。"②潘祖荫似有所动，复陈氏书曰："教之甚挚，侄亦信之甚笃，谨遵命矣。马厩中葺屋六间，四间储书，二间尚空，可以拓器，但不紧，实恐遗失，又尝有肱箧者，但可日出为拓，日入收起，未免烦碎耳。若命人来拓，或住仲饴或廉生处为妙，侄近为秋曹事困，苦苦至不敢惮劳，不敢邀福，但求免造孽耳。而恐不可得，奈之何哉。"③可是，派拓工一事只是笔谈，潘祖荫对此显未全然接受。其实，在此之前，陈介祺就为潘祖荫推荐同邑拔贡曹鸿勋，说其年少有才，童试冠军，书尤秀爽，善临摹，乞令其应试后留京处馆，协理潘氏处理金石文事。随后，又将秦瓦拓本百九十七纸，让曹氏代录自题一份，寄潘祖荫。得到潘氏应允后，六月六日陈介祺又致书一再嘱托，此书还与潘祖荫谈及教拓及延用拓工之难。潘祖荫没有让曹氏到家里来，而是转而推荐给他人④。光绪二年（1876）四月，曹鸿勋中状元。五月二十五日，陈介祺致王懿荣批评潘氏"不易知己，有可疑处"。其实，潘祖荫曾对拓器不以为然，致吴重憙书云：

拓尚非难，兄处人人能拓，拓此非比拓全形古器也。既已无多亦可无须耳。缘兄已有装本也。今之拓手似胜阮黄一辈人，即刘燕庭得时拓手亦未必较陈寿卿、吴清卿为胜也。兄之拓本可与

① 潘祖荫：《潘伯寅致陈簠斋书札》（稿本），国家图书馆藏，第1通。
② 陈介祺：《致潘祖荫手札》（稿本），国家图书馆藏，光绪二年四月初一函。
③ 潘祖荫：《潘伯寅致陈簠斋书札》（稿本），国家图书馆藏，第3通。
④ 潘祖荫：《潘伯寅致陈簠斋书札》（稿本），国家图书馆藏，第82通。

陈、吴垺耳。①

潘祖荫也亲自捶拓，曾致方濬益书云："今日当为丈手拓卣，以阴雨，无客来，无公事也。计四十余器，三二日不知能了否耳？"② 结果，潘祖荫穷日之力得四十纸，显然公余事此，仍是急躁，陈介祺曾说过，钟大者一日不过仅得一纸。③ 可见，捶拓不易，非随手可得。

（二）材料与传拓质量

拓工对传拓至为重要，但捶拓用材同样对传拓质量有决定性的影响。据叶昌炽《缘督庐日记》载，在拓字之法中，陈介祺对捶拓工具进行改造，把毡卷改成毛刷，这样便于深入器物腹内拓制，特别强调刷毛不要过于刚硬，要用退笔，越久越钝越好。此尤其对于拓小字、细花纹有效。对上纸用料，陈氏以米汤代替清水，这样不至于干湮不匀，尤其反对用胶，因为尝试用过张廷济的浓煎白芨胶法，结果损器脆纸，效果极差。然而，米汤容易发酵，今天拓墨多用白芨水，关键要黏度适中，过黏定会损器。拓纸不要太小，宜留有适当的边，用于题记、用印、考释文字等。王懿荣评价陈氏："陈簠斋藏器固为天下冠，即其捶拓之精亦古今无匹，能知某器宜用某纸，厚薄大小无不得宜。"④ 陈介祺常因潘氏拓纸问题跟鲍康等同好提意见：

> 伯寅所得钟拓，竟同无字，所复别纸录寄，少有更正，乞转致伯寅也。⑤

---

① 潘祖荫：《潘文勤公书札》（致吴重憙）（稿本），国家图书馆藏，第 19 通。
② 潘祖荫：《潘文勤金石手札钞》（与方濬益书），《燕京大学考古学社社刊》1936 年第 4 期，第 330 页。
③ 陈介祺：《致潘祖荫手札》（稿本），国家图书馆藏，同治十三年五月二十八日函。
④ 叶昌炽：《缘督庐日记钞》（第二册），王季烈编，北京图书馆出版社，2007，第 69 页。
⑤ 陈介祺：《秦前文字之语》（致鲍康），齐鲁书社，1991，第 171 页。

　　伯寅所拓不用棉纸，何惜此小费，此次寄款识装裁纸多不到边，似是刻坊之弊，纸似亦逊，不可不购极薄软绵连扇料，留初拓数十部也，纸不可过小。①

这些都与用材不缴有关。根据光绪元年（1875）三月潘祖荫致陈介祺书：

　　盂鼎未用粗布大扑也。乃纸太粗，又南中寄来佳纸尽毁于馆童之手，无一纸不破，仍用厚纸，前寄去之破者，乃四十纸中之至完者，可笑可闷。图以敝肆中拓之，每纸八百文，手工纸则自购者也。佺所教粗能拓之，馆童因去岁年底无钱又复散去，现在所教者来不及两月也，廉生则见而知之矣。②

　　潘祖荫所养家童不仅把器物拓坏，还把拓器用纸糟蹋一空，因未得到工钱而辞去。无奈之下，潘祖荫不顾病体，亲自捶拓。彝器捶拓不同石刻，难度极大，非一般人所能为。潘家拓工俱无，而左宗棠所赠大盂鼎恰好辇至京师。潘祖荫只得按照陈氏之法，亲自为之，并依照惯例，请各家作释。吴云向来对潘祖荫推崇有加，认为潘祖荫八囍斋中所得古器甚富，难得皆是精品，物必聚于所好，然亦惟有缘者方能遇之，尤其能令盂鼎不胫而至，称羡不已。关于盂鼎，潘氏曾质疑，他以为"大开大合者不必看器可决其真伪，若此种铭文必得一见原器，方可定其是非也"③。这和陈介祺所谓仅凭拓片便断真假不同，当

---

① 陈介祺：《秦前文字之语》（致鲍康），齐鲁书社，1991，第183页。
② 潘祖荫：《潘伯寅致陈簠斋书札》（稿本），国家图书馆藏，第57通。
③ 吴云：《两罍轩尺牍》（致潘祖荫），见《近代中国史料丛刊》（第二十七集），文海出版社，1966，第610页。

然陈氏对于拓器用材更加讲究，尤其是看到潘祖荫寄来的盂鼎拓本甚不惬意，反问"既有斯举，岂可不精"①。由此可见，用材和拓本质量关系尤切。此时，陈介祺对照相术非常痴迷，并竭力推荐用照相术进行传拓，实现一丝不走之效。

三　照相术在金石传拓中的应用

道光十九年（1839），法国美术家和化学家达盖尔（1787–1851）发明银版照相法，利用水银蒸汽对曝光的银盐涂面进行显影。照相技术的最大特点在于它的写实性，最初外国人把照相机带到中国沿海通商口岸为人拍照，被视为神奇之物。道光二十四年（1844）在到达中国的一艘法国巡洋舰上，就有一个会银版照相术的法国船员，他在中国拍摄的一些照片，至今仍被珍藏。当时来华的法国传教士南格禄，也携带着照相器具。

随着外国势力的入侵，外交和贸易活动日益频繁，照相技术也传入我国。晚清著名学者王韬《瀛壖杂志》对同治初年上海的照相术这样记述："精于术者，不独眉目分晰，即纤悉之处，无不毕现，更能仿照书画，字迹逼真，宛成缩本。近时能于玻璃移于纸上，印千百幅悉从此取给，新法又能以玻璃作印板，用墨搨出，无殊印书，其便捷之法，殆无以复加。"②他对于照相术的作用，尤其是照书画作品的独特优点做了详细说明。照相术真正在社会上普及开来，成为一种大众化的娱乐和时尚是在清末民初，我们通过一首描写照相馆的诗可以看出照相术的魅力："日成照相绝无伦，电气传神信有神。何必画师挥

---

① 陈介祺：《秦前文字之语》（致王懿荣），齐鲁书社，1991，第108页。
② 王天平、蔡继福：《关于上海早期的照相业》，《上海大学学报》（社科版）1989年第5期，第48页。

彩笔，依然纸上唤真真。"①

金石学家们也发现了照相术在传拓彝器方面的作用。早在同治十一年（1872）夏间，陈介祺致书吴云，进一步强调拓器刻图的重要性，重申考释可待而摹刻必须精严，要使学者守之无一毫不慊之憾，否则与珠宝玩物无异，他提出：

> 刻图有洋照法可用。古器不易照，可以白纸糊之，用墨拓花纹照之，用其尺寸（胜以意为之），仍用拓花纹，作图自佳。洋照近大远小，过分明亦有弊，形似而神不大雅，究不能全用其法，器之曲折处，以横纸度之乃审，其不可见而仍不能不见者，仍不拘洋式照。②

陈氏推介照相术，无非是用以更准确传拓，以他的要求，照相术可以很好地复制原器图案，做到一丝不走。根据书札中描述，他已经亲自试验过。

同治十一年（1872）春间，吴大澂为潘祖荫的《攀古楼彝器款识》一书作图及商定释文，潘祖荫非常欣赏，然而陈介祺不以为然。同治十二年（1873）十月十一日，陈介祺复潘祖荫书云："清卿至精，只欠一古，图成，再拓原象形文，求神似则备矣。"③ 陈氏此时关注刻图，不仅与他的传古思想有关，更与各家纷纷刊刻彝器款识有关。十月十八日，陈介祺又致书潘祖荫，教其如何作器图，描述甚详，因此事亦不易操作，遂向潘氏推介照相术：

① 葛涛：《照相与清末民初上海社会生活》，《史林》2003 年第 4 期，第 54 页。
② 陈介祺：《秦前文字之语》（致吴云），齐鲁书社，1991，第 214 页。
③ 陈介祺：《致潘祖荫手札》（稿本），国家图书馆藏，同治十二年十月十一日函。

洋照法则须以纸上器而以墨或绿拓之，有白地乃可照，但有近大远小之弊，细文固宜细，粗花则吴氏两罍轩作粗画而不双钩为合。照兰竹花卉作谱亦佳，画以得迎面枝法为难，今之照法胜古人粉本，第不知古人之笔出于古人之心，时代限之，有不能强者耳。①

可见至同治十二年（1873），照相术并未得到大家的普遍关注。同治十三年（1874）正月，吴大澂曾致书陈介祺：

前年怂恿伯寅司农刻图，因无人摹绘，遂力任其役，大澂本不工画，偶尔为之，始意大拟悉照远器，不用双钩，较为省事。惟文字粗细不等，若坟起处，悉用墨填，需凸文画作阳文，凹文画作阴文，又恐刻手不精，易于粗俗，如二百兰亭斋所刻，前后又不一例。妄谓绘图有二法，一仿博古、考古，除雷文细笔用单线外，其余不论凹凸皆有双钩，一照全形拓本，依器绘图，近有刻板代拓印成挂幅者，仿此为之，亦是一格。若钩勒精工，俨然缩本，墨拓则出前人各图之上，而款识亦须用阴文，方为合法。②

吴氏绘图依据的是全形拓本，并且用双钩法，而用照相术技术复制出来的图像，虽然如实传达原器形貌，但与传统的钩摹绘图无法结合，它也很难与拓片一样具有独立的美感。

同治十三年（1874）三月，陈介祺表弟谭雨帆客潘霨署中习照相技术。谭氏致书陈氏，寄示照春兰样片。其时潘蔚任登莱青兵备道兼

---

① 陈介祺：《致潘祖荫手札》（稿本），国家图书馆藏，同治十二年函。
② 吴大澂：《吴愙斋尺牍》，国立北平图书馆金石丛编，商务印书馆，1938，第一册。

东海关监督，移驻烟台海口，可见照相术很快已经传播到地方。这一年，潘祖荫的金石友朋一直牵挂着一件事，那就是左宗棠答应送潘氏的盂鼎何时辇致京城。当确定年内盂鼎可至，十二月二日陈介祺复潘祖荫书，提醒盂鼎应精拓，宜作图摹刻，嘱作图用洋照法，并谈洋照传古之佳。书云：

> 盂鼎既云年内可至，刻想已纳尊斋。如已精拓，先乞分惠数纸。下半字不晰者，须以小包扑之。此宝已屡经剔损，切勿冒昧再施。作图用洋照而勿令其传印，收版自存之。花文以拓本撙节上版为合。可作二图，大者用原尺寸，小者则以照者摹刻，字亦可照，小者为一缩本图与字也。①

但潘祖荫并没有听取陈介祺的意见，还是做了剔字处理。张长寿、闻广《闻宥先生落照堂藏大盂鼎墨本跋》一文对现藏盂鼎拓片进行比对，认为潘祖荫获鼎前流传的拓本字口未完全剔净，甚至个别笔画尚未剔出，直到潘氏获鼎后重新剔除锈斑，才还原本来面目，因此现存潘拓的字迹较前清晰②。

陈介祺对传拓摹刻非常精通，考虑到盂鼎屡次剔损，不易轻易捶拓，他提供了一个传统拓法和照相相结合的办法，拓法尽量少用，可依照相作图存版，还可摹刻缩本。光绪元年（1875）正月十九日，陈介祺致书潘祖荫，将谭雨帆以西洋相机试照鼎彝及铭文，寄示数张与潘氏，并建议照盂鼎，然后据此摹刻，并说藏器佳者及碑帖书画均宜照之，甚至可以让雨帆秋后进京。正月二十六日，陈介祺又以照相技

---

① 陈介祺：《致潘祖荫手札》（稿本），国家图书馆藏，同治十三年十二月二日函。

② 张长寿、闻广：《闻宥先生落照堂藏大盂鼎墨本跋》，《文物》2008 年第 10 期，第 88 页。

术等事宜致函远在西北的吴大澂，说照三代古文字拓及器量图乃至佳，虽缩小而能不失其真，浑朴自然，是法有益于艺文之事，并建议吴氏："先将敝处藏吉金试之，再及藏拓、藏碑帖书画。唯药纸所费不少，虽减于他人，恐亦甚巨耳。今先寄数纸与兄暨伯寅鉴之，并告子年、廉生、石查诸公，且望照各吉金与唐宋拓秦汉石，与人间难得本也。"① 吴大澂对此未置可否。

上海最早引进照相术，陈介祺将照相术向友朋推介时，吴云早已见到，曾与陈氏书云："承示用洋法缩照彝器及书画各图，此事南中已数见不鲜，倘因古碑碣字大而欲缩小刻之，则此法甚妙，工省而又能一丝不走，比之贾师宪门客刻玉枕《兰亭》，有难易之别矣。惟不能耐久，久则西洋药水之力渐化，将成没字之碑。兄如作游戏笔墨借为消遣则可，倘欲藉以垂远则不可。"② 还附去何绍基缩照的《麻姑仙坛记》数叶，初期何氏精于此道，非常着迷，后来渐渐失去兴趣，因为何氏所照不过三四年，字文已大不如前，如果再阅四五年，必更模糊，有何绍基的例子作证，吴云对此持完全否定态度。

潘祖荫对照相术亦早有闻见，然而考虑到价格昂贵，又因诸事纷繁，故无暇于此。光绪元年（1875）二月初十日，潘氏致陈介祺书云："洋照法大栅栏有数家，直极昂。廉生移居，于俤一切事须不便也。俤自腊后为债所迫，兴趣索然。"③

陈介祺对照相术非常痴迷，尤其是光绪元年（1875）春间获见潘祖荫的盂鼎拓片，陈氏以为其拓手不佳，不如用照相法重制拓片。致书王懿荣云："洋照虽不必好其奇，然照古器形，缩三代古文字镂木，

---

① 陈介祺：《秦前文字之语》（致吴大澂），齐鲁书社，1991，第 287 页。
② 吴云：《两罍轩尺牍》（致陈介祺），见《近代中国史料丛刊》（第二十七集），文海出版社，1966，第 683 页。
③ 潘祖荫：《潘伯寅致陈簠斋书札》（稿本），国家图书馆藏，第 54 通。

以补其不能久存之憾，而用其能不失真之长，亦佳。"① 附笺又不厌其烦，将照相的具体细节与优点详细阐述，可见其对照相术的研究非常认真。他也发现了照相术的些许不利之处，关键在于不能长久保存，尤其与拓墨法相比较。其实，很多人从价格方面感到不能接受，王懿荣对此事早已有所考虑，致书潘祖荫云：

> 洋照具种种不妙，寿老未细思之，潍之洋照乃潍人，此处非洋即广，其药水一玻璃抵千百刻板，能禁其不退而自照乎？从此一照流遍中外矣，且照必广庭大厦得日光处，将移于何处耶？洋人广人又谁与纠缠耶？此事寿老言之易而不知其办之难。②

在陈介祺一再催促之下，潘祖荫最终答应："洋照及拓法，愈后当如命办理……至洋照复以之画图，则敝肆及石查皆云不能，姑俟照后再说，天燥热雨不恋人易受病也。"③ 七夕后三日，潘氏请来两个懂照相术者，结果令人大失所望。

照相需要充足的光线，当时大概靠自然光解决。青铜器一般较重，尤其是盂鼎一类，要将它们一一搬至阳光下，潘祖荫等人想必非常不情愿，遂决意作罢，并让王懿荣代致陈介祺云："盂鼎之重如此，岂能搬出搬进，屋小于蜗，能否洋照，乞酌定。"④ 然陈介祺似乎并不甘心，七月二十六日复潘祖荫书，又谈洋照照小易而照大佳，不易拓者皆可照。潘祖荫已经没有耐心，九月二日直率复书："洋照之弊，一经照出，街市遍传，设要人人见而求之，悔将何及。毛鼎深秘当亦此意，廉生原函

---

① 陈介祺：《秦前文字之语》（致王懿荣），齐鲁书社，1991，第 108 页。

② 王懿荣致潘祖荫书，误置于潘祖荫：《潘伯寅致陈簠斋书札》（稿本），国家图书馆藏。

③ 潘祖荫：《潘伯寅致陈簠斋书札》（稿本），国家图书馆藏，第 69 通。

④ 潘祖荫：《潘文勤公书札》（致王懿荣）（稿本），国家图书馆藏，第 77 通。

不为无见。"① 潘氏所言极是，陈氏秘藏毛公鼎，何不试而照之？

照相术虽能传真，在人物照相等一些方面得到应用，但在彝器传拓方面与传统的拓墨法相比较，有价格昂贵、容易褪色等不利因素，并没有获得一致认可。

第二节　金石拓本与金石文化传播

在晚清尤其是同光时期，拓本的流转十分频繁，推动了金石研究与金石文化的传播，这也是此期收藏集中而研究广泛的直接原因。关于拓本流转的记载及拓本题跋非常多，本节仅以两件石刻拓本为例，分析此间的关系。

一　拓本流转——以《好太王碑》为例

现位于吉林集安市太王陵东的《好太王碑》，全称《国冈上广开土境平安好太王碑》，是高句丽国第十九代王的墓碑，东晋安帝义熙十年（441）立。此碑研究者众多，早期曾将其归于海东石刻，但"碑在当时高句丽都城国内城东郊，应属中国古代高句丽民族遗留下来的碑刻。汉字隶书，行文有魏晋之风，归属问题不可更改"②。1961年包括该碑在内的洞沟古墓群被国务院批准公布为第一批全国重点文物保护单位。

关于此碑的发现时间，有三种说法，王健群认为在光绪初年（元年或二年左右）③，耿铁华力主光绪三年④，徐建新主张光绪六年发

① 潘祖荫：《潘伯寅致陈簠斋书札》（稿本），国家图书馆藏，第86通。

② 耿铁华：《好太王碑一千五百九十年祭》，《中国边疆史地研究》2005年第3期，第73页。

③ 王健群：《好太王碑研究》，吉林人民出版社，1984，第6页。

④ 耿铁华：《好太王碑新考》，吉林人民出版社，1994，第2页。

图 18　好太王碑

资料来源：选自耿铁华著《好太王碑新考》，吉林人民出版社，1994。（图 19、图
20、图 21、图 22 同）

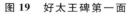

图 19　好太王碑第一面　　　　　图 20　好太王碑第二面

现①。据谈国桓记载："近得高句丽《好太王碑》，尚不恶，当在光绪

---

① 徐建新：《高句丽好太王碑拓本的分期与编年方法》，《古代文明》2009 年第 1 期，第 45 页。

图 21　好太王碑第三面　　　　　　图 22　好太王碑第四面

初叶时所拓。此碑最初历史，弟有所知，敢贡左右，藉备参考。奉天桓仁县设治之时，首膺选者为章君樾字幼樵幕中关君月山，癖于金石，公余访诸野，获此碑于荒烟蔓草中，喜欲狂，手拓数字，分赠同好，弟髫年犹及见之，字颇精整。当时并未有全拓本，以碑高二丈余，宽六尺强，非筑层台不能从事，而风日之下，更不易措手也。"① 按此手札，该碑乃章樾②县令下属幕僚关月山发现，时间应该在光绪三年（1877）。

又据刘承干③《海东金石苑补遗》：

---

① 王健群：《好太王碑研究》，吉林人民出版社，1984，第 5 页。
② 章樾（1847－1913），字幼樵，河南祥符人，光绪三年（1877）至光绪八年（1882）任怀仁县首任县令。
③ 刘承干（1881－1963），字贞一，号翰怡，晚年自称嘉业老人，室名有嘉业堂、求恕斋、留余草堂等。浙江吴兴人。光绪三十一年（1905）秀才。科举废除后，潜心学术和搜藏、刻印古籍。创建嘉业藏书楼，雕版印书，保存了大批古籍，功绩甚巨。

　　此碑同治末年始传入京师，吴县潘文勤公祖荫先得之，海东工人不善拓墨，但就石勾勒才可辨字而已。光绪己丑（1889）宗室伯羲、祭酒盛昱始集资令厂肆碑估李云从裹粮往拓，于是流传稍广。①

　　不知刘氏同治末年传入京师之说有何依据，或仅言大概也未可知，但潘祖荫较早获得拓本应较为可信。张延厚②《好太王碑跋语》："清光绪初，吴县潘郑盦尚书始访得之，命京师李大龙裹粮往拓，历尽艰险得五十本，一时贵游争相购玩。大龙颇欲再往，以道远工巨而止，因而流传日寡。南中好事者，至双勾锓木以传，其墨本之稀可知矣。"③ 由此也可证之。

　　按，叶昌炽《语石》卷二"奉天一则"：

　　高句骊《好太王碑》在奉天怀仁县东三百九十里沟口。高三丈余，其文四面环刻，略如《平百济碑》。光绪六年，边民斩山刊木，始得之，穷边无纸墨，土人以径尺皮纸，捣煤汁拓之。苔藓封蚀，其坳垤之处，拓者又以意描画，往往失真。乙酉年，中江李眉生丈得两本，以其一赠潘文勤师，共三四十纸，属余为排比考释，竭旬日之力，未能联缀。其后，碑估李云从裹粮挟纸墨跋涉数千里，再往返，始得精拓本。闻石质粗驳，又经野烧，今已渐剥损矣。碑字大如碗，方严质厚，在隶、楷之间。考其时，当晋义熙十年，所记高丽开国武功甚备，此真东海第一瑰宝也。④

① 刘承干：《海东金石苑补遗》，《石刻史料新编》（第一辑，第23册），新文丰出版公司，1977，第17687页。
② 张延厚，字伯未，号濠湖，安徽桐城人。
③ 王健群：《好太王碑研究》，吉林人民出版社，1984，第69页。
④ 叶昌炽、柯昌泗：《语石·语石异同评》，中华书局，1994，第135页。

此亦光绪六年（1880）之说法，认为乙酉年（1885）李眉生得拓本。

徐建新认为迄今为止被发现的好太王碑原石拓本的总数已上升到十三种，流传至今的好太王碑拓本今天主要收藏在东亚各国，各种类型拓本的总数不少于百种。一般来讲，主要有三种拓本，其一是用墨直接勾填的本子，又有墨水廓填本、双钩填墨本之称。其二是原石拓本。其三是石灰补字拓本。墨水廓填本现存数量最少，原石拓本次之，石灰补字拓本数量最多①。十年前，徐建新在北京的一次文物拍卖会上发现好太王碑发现之初制作的早期墨本之一："初步研究确认为1884年苏州文人李鸿裔赠给潘祖荫的早期摹拓本，是目前已知有年次记录的最早的好太王碑墨本。"②

该本附有四份题跋，其一为李鸿裔致李超琼③手札，其二、其四为李超琼题跋，其三为叶昌炽跋。与本书所论有关的内容摘录如下：

李鸿裔札曰："高句骊碑，潘司寇加跋送来，即以尘览。"

李超琼题跋二："此碑余得自辽左，癸未携之来吴，以一帧转赠中江眉生丈鸿裔，极蒙赏爱。时吴潘文勤公奉讳在籍，见之亦甄异焉。因复来索，既应之矣。故此帧后文勤跋数百言，甲午乃为人窃割以去，异矣。"癸未为光绪九年（1883），甲午为光绪二十年（1894），潘祖荫已殁，说明潘祖荫原本有跋。

叶昌炽题跋较长，跋文最后曰："夫时甲申仲秋，郑盦尊丈出以见示，谨据所见诠次如右。"甲申为光绪十年（1884）。

---

① 徐建新：《高句丽好太王碑拓本的分期与编年方法》，《古代文明》2009年第1期，第45页。
② 徐建新：《高句丽好太王碑早期墨本的新发现——对1884年潘祖荫藏本的初步调查》，《中国史研究》2005年第1期，第159页。
③ 李超琼（1846－1909），字惕夫，又字紫璈，四川合江人，有《石船居诗集》。1881年，李超琼在辽西凤凰城做幕僚时，得到怀仁县令章樾赠送的好太王碑拓本。

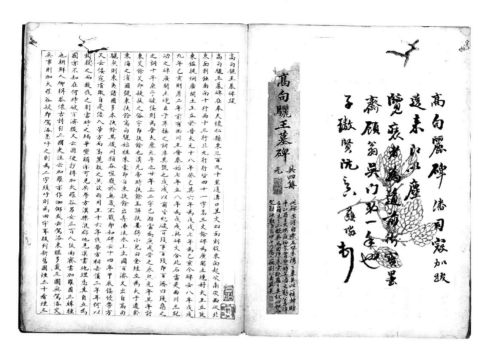

图 23　李鸿裔赠潘祖荫《好太王碑》拓本书影

资料来源：徐建新：《高句丽好太王碑早期墨本的新发现——对 1884 年潘祖荫藏本的初步调查》，《中国史研究》2005 年第 1 期。

　　李超琼题跋四："是碑余以光绪辛巳客凤凰城时得之。"

　　前文已录叶昌炽《语石》有关好太王碑内容，该书成书较晚，所记"乙酉年（1885）"或有误。其《缘督庐日记》对此段经历也有所载，光绪十年（1884）：七月二十二日，郑盦丈出示《高句丽王碑》，其碑在奉天怀仁县，高三丈许，四面刻字，前人无著录者，此本逐段逐字拓之，必须连缀成文方可读也。七月二十五日，阅朝鲜史略及东国通鉴，高句丽碑以文中八年戊戌、九年己亥考之，乃是西川王纪功碑也[1]。八月初一日，连日录《高句丽》全文，至是方卒业。约一千

　　① 叶昌炽：《缘督庐日记钞》（第一册），王季烈编，北京图书馆出版社，2007，第 328 页。

数百字，有十余字不可联属，别纸录之。八月初二日，作《高句丽碑》跋一首①。

徐建新所见四份题跋顺序错置，根据时间顺序，稍作梳理，可见大概流转情况。

光绪七年（1881），李超琼在辽东凤凰城得到《好太王碑》墨本。光绪八年（1882）李氏开始研究墨本，并实地考察，后请人重拓该碑，每套三四十纸。光绪九年（1883）李超琼携带所墨拓本来吴，以其一赠李鸿裔。当时潘祖荫丁忧在吴，每日与李鸿裔相往来，遂得见此碑，甚觉奇异，遂请李鸿裔索请墨拓本。光绪十年（1884）仲秋，潘氏请馆其家的叶昌炽排比考释，叶氏费旬日之力，录出全文，作了长跋，潘氏亦作跋，李氏将拓本和跋语一起装裱后交李超琼观赏。根据叶昌炽《语石》所记："共三四十纸，属余为排比考释"，及前述日记所载，大概是散片，徐建新说李超琼将墨本带回苏州后分别装裱后赠与李、潘，值得商榷。

光绪十一年（1885）丁忧期满，潘祖荫回京，将此本带至北京，吴大澂得见此本。光绪十二年（1886）正月十七日，吴大澂奉使赴珲春。一路纪事赋诗，成《皇华纪程》，此中记载："二月初五日，行十五里至清水台，又十五里，至懿路站尖，饭后行二十里至范家屯，又十五里至辽河屯，又二十五里至铁岭县城外宿。县令陈鹤舟士芸来见，鹤舟曾任怀仁县。询以怀仁有高丽王碑，距城百数十里，在深峡中，碑高不能精拓。鹤舟赠余拓本一分，字多清朗，文理不甚贯，盖以墨水廓填之本，与潘伯寅师所藏拓册纸墨皆同，惜不得良工一往椎拓耳。"② 吴大澂定为墨水廓填本。

---

① 叶昌炽：《缘督庐日记钞》（第一册），王季烈编，北京图书馆出版社，2007，第330页。
② 吴大澂：《皇华纪程》，南皮张氏单印本，第1930页。

京城同好得见此本者尚有王苚卿①，认定潘氏藏本为用墨描画。据《缘督庐日记》光绪十四年（1888）十一月五日记载，苚卿至叶昌炽处，携到《好太王碑》及经幢拓本十种，但《好太王碑》不如郑盦本精审，据苚卿云：郑盦本用墨描画，非庐山真面目也②。此可以确证潘祖荫从苏州所得本为早期的墨水钩摹本，而非拓。又据《缘督庐日记》光绪十五年（1889）二月十八日："郑盦丈以《好太王碑》赠再同，而余所作跋一首及释文，仍欲索归，因与本甫③分录之，黄昏始毕。"④ 可能正如王苚卿所言，潘祖荫并未以之为重，遂又将此本送与黄再同⑤。

二　拓本题跋——以《华山庙碑》为例

同治十一年（1872）李文田督学江西，于南昌获汉《西岳华山庙碑》拓本。《西岳华山庙碑》于明代嘉靖年间毁于地震，世间流传拓本不多，多为翻刻者。宋拓本在清代有三种最负盛名：一为郭宗昌、王弘撰先后递藏，世称"华阴本"；一为商丘宋荦所藏，世称"长垣本"；一为宁波范氏藏本，世称"四明本"。此次李文田出银三百两所得一残本，缺九十六字，系金农旧物，曾归小玲珑山馆，世称此本为"顺德本"，现藏香港中文大学。

同治十二年（1873）赵之谦拜访李文田，李出示此本并嘱其补摹。十月，赵氏补阙九十六字成，为题记一则。赵摹后跋曰："仲约

---

① 王颂蔚（1848－1895），字苚卿，号蒿隐，初名叔炳，江苏长洲人。光绪六年（1880）进士。同叶昌炽、袁宝璜合称"苏州三才子"。

② 叶昌炽：《缘督庐日记钞》（第二册），王季烈编，北京图书馆出版社，2007，第61页。

③ 黄再同之子。

④ 叶昌炽：《缘督庐日记钞》（第二册），王季烈编，北京图书馆出版社，2007，第106页。

⑤ 黄国瑾（1849－1890），字再同，湖南醴陵人。光绪二年（1876）进士。与同时名家叶昌炽过往甚密，家有书楼，藏精品颇多。

图 24 香港中文大学藏《华山碑》"顺德本" 赵之谦题签并题跋

资料来源：施安昌编著《汉华山碑题跋年表》，文物出版社，1997。

学士得伍氏本《华山庙碑》，阙九十六字者，实海内第四本也。惜长垣、华阴二本近在浙中，而不得借，因摹旧双钩本补之。"并记："严跋《华山碑》在人间者，并此得五本。嘉兴张叔未有残本，双钩刻入《陵莒馆金石文字》，辛酉乱后亡失，其子再得之上海，携归，复毁于贼。台州朱德园家藏本，为汪退谷故物，有退谷题识，则世鲜知者，辛酉之乱亦失之，朱氏故居无恙，此本或尚可踪迹。是尚有七本也，四明本在京师，长垣、华阴二本，皆在浙中，均不得见。来江右谒仲约学士，始见此本，并获附名纸尾，实生平之幸。"①

---

① 邹涛：《赵之谦年谱》，荣宝斋出版社，2003，第 221 页。

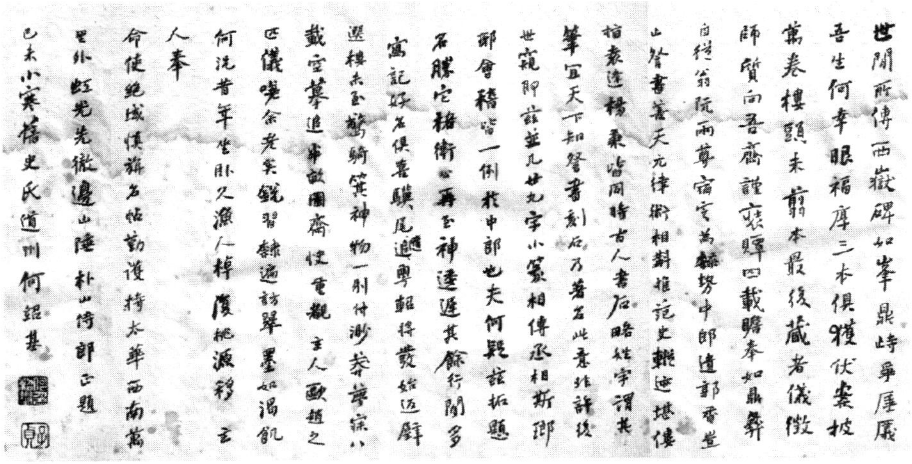

图 25 北京故宫博物院藏华山碑"四明本"何绍基跋

资料来源：施安昌编著《汉华山碑题跋年表》，文物出版社，1997。

同治十三年（1874）四月，潘祖荫题《华山庙碑》顺德本：

平生得见宋拓华岳碑凡四本，眼福厚矣，此本在四明本上。余所极不忘者，则子絜之居逶彝与仲叡父盘也，未知何日遇之耳。同治甲戌四月为仲约学士仁弟题此并记之。[1]

潘祖荫见过四本宋拓，为何唯独在顺德本上题跋并提到四明本？四明本在阮元手中时，曾典质于何绍基，四年后何氏为四明本题诗，亦庆幸己为"眼福厚"者，潘氏是见证者。

《阮元年谱》嘉庆十三年（1808）载，浙江巡抚阮元得钱东壁藏《汉延熹西岳华山庙碑》整拓本，即四明本[2]。阮元对此十分珍爱，

---

[1] 施安昌编著《汉华山碑题跋年表》，文物出版社，1997，图版149。
[2] 王章涛：《阮元年谱》，黄山书社，2003，第469页。

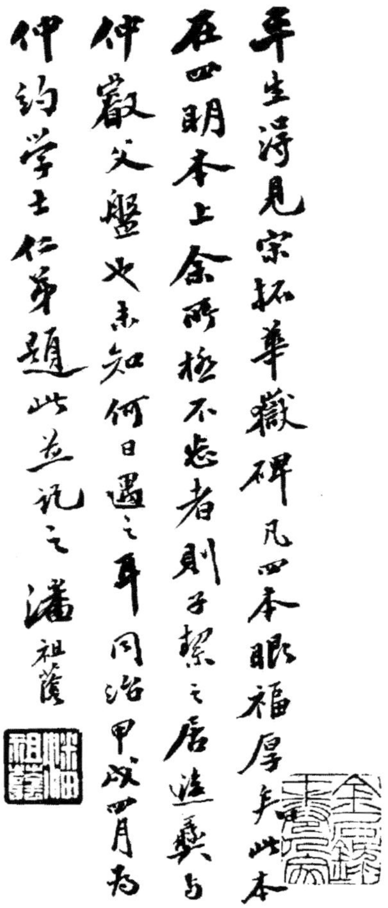

图 26 香港中文大学藏《华山碑》"顺德本"潘祖荫跋

资料来源：施安昌编著《汉华山碑题跋年表》，文物出版社，1997。

嘱托吴门吴国宝将其同《泰山残字石》、《天发神谶碑》一同刻石。嘉庆十四年（1809）八月，阮元因受浙江学政刘凤诰科场舞弊案牵连，八月二十二日卸印入觐听候部议，遂将此拓带至京师。道光六年（1826）九月，阮元任云贵总督，携《华山庙碑》四明本至云南。道光二十五年至道光二十九年（1845－1849），阮元之子阮福将《华山庙碑》四明本典质于何绍基。赎回当年，阮元去世。阮元卒后，阮福迫于生计，将《华山碑》售于完颜崇实①。咸丰九年（1859），完颜崇实即将赴藏，何绍基题诗《题四明本华山碑为崇朴山作》②。

咸丰九年（1859）何、潘二人见过面，《何绍基手写日记》载："咸丰九年十月廿六日，晤潘伯寅、许仁山，得见萧梁永阳王及妃两墓志，甲午年题记宛然。到黄树皆处，伯寅、仁山及鲍华潭、张小梅俱集，皆两斋翰林后辈，吴冠英后至亦入席。"③ 日记中提到的萧梁永阳王及妃两墓志，据张德容《二铭草堂金石聚》后序："又忆咸丰间，有以梁永阳昭王及王妃墓志求售者，因力不足，乃归于潘伯寅世丈。"④ 甲午年题记，乃道光十四年（1834），《何绍基手写日记》载："五月十五日，到刘子敬大令处，观所藏《化度寺碑》及梁永阳王萧敷并王妃两墓志等。"⑤ 此次会面，何绍基并未具体说明在此看过四明本，但他们应该在一起观赏碑拓，并且潘氏对何绍基之跋颇有印象，以致跋顺德本时，发出与何氏相同的感慨。

以上所述两件拓本的流转与题跋，仅能就金石学家的活动做一剪影。捶拓固然是传古的最佳方式，但工艺复杂，耗时费力，不宜多拓

---

① 完颜崇实（1820–1876），字朴山，斋号半亩园，满洲镶黄旗人，官河南总督、成都将军、四川总督。

② 何绍基：《东洲草堂诗钞》，卷二十一，页二十一：世间所传《西岳碑》，如峰鼎峙争厘反。吾生何幸眼福厚，三本俱获伏案披。万卷楼头未剪本，最后藏者仪征师。质向吾斋谨装坛，四载瞻奉如鼎彝。自从翁阮两尊宿，定为隶势中郎遗。郭香岂止察书善，天元律术相斟推。《范史》纵迹堪缕指，袁逢杨秉皆同时。古人书石略姓字，谓其笔宜天下知。察书刻石乃著名，此意非许后世窥。即兹并几廿九字，小篆相传承相斯。《琅琊》《会稽》皆一例，於中郎也夫何疑？兹拓题名胜它楮，卫公再至神透迟其余行间多写记，好名俱喜骥尾随。粤轺将发始返璧，选楼未至惊骑箕。神物一别付渺莽，梦寐八载空摹追。半亩园斋快重覯，主人欧赵之匹仪。嗟余老矣甫习隶，遍访翠墨如渴饥。何况昔年坐卧久，渔人棹复桃源移。主人奉命使绝域，慎游名帖勤护持。《太华》西南万里外，虹光先彻边山陲。

③ 钱松：《何绍基年谱长编及书法研究》，博士学位论文，南京艺术学院，2008，第195页。

④ 张德容：《二铭草堂金石聚后序》，见桑椹《历代金石考古要籍序跋集录》，浙江古籍出版社，2010，第265页。

⑤ 钱松：《何绍基年谱长编及书法研究》，博士学位论文，南京艺术学院，2008，第35页。

广传，反复捶拓还会损器坏碑，要满足需要，必须钩摹刊刻，出版图
录或著述。

第三节　金石著述与金石文化研究

咸丰十年（1860），英法联军攻入北京并火烧圆明园，天下震动，
史称庚申之变。潘祖荫的大量藏书也毁于此时，曾跋《士礼居藏书题
跋记》曰：

> 咸丰十年（1860）三月，荫所藏书存申衙前汪氏义庄四十箱
> 既失，八月中澄怀园中所藏亦尽，于是荫之书荡然矣。而结习未
> 忘，又复时时收之，得先生藏书，不及十种。因思先生一生精力，
> 尽在于是，乃从杨致堂河督之子协卿太史录得先生手跋百余条，
> 又从平斋、存斋录寄跋若干条，柳门侍读、筱珊太史、萧卿太史
> 助我搜集若干条，聚而刻之。古书面目，赖此以存，菀圃之书，
> 遂散犹不散也。①

光绪二年（1876）潘祖荫为赵绍祖《金石文钞》作序又提到：

> 金石之坚，不如楮墨之久，金石有时而泐，而楮墨存焉。若
> 洪文惠《隶释》中所录，今存者有几？反藉《隶释》以传，则金
> 石之录可容已乎？②

---

① 潘祖荫：《郑盦诗文存》，吴县潘承弼《陟冈楼丛刊甲集》（之九），1944。
② 潘祖荫：《金石文钞序》，见桑椹《历代金石考古要籍序跋集录》，浙江古籍出版社，2010，
　第 279 页。

庚申之变后，潘祖荫便大量收集古旧椠本，并编辑刊刻大量书籍，其中包含很多金石著述，于此用力与收藏彝器不相上下。

一　金石著述刊刻的重要性

同治三年（1864）赵之谦《补寰宇访碑录》书成，沈树镛作跋云：

> 物之寿无过金石，然惟藏也，历久不敝故。千载前物，日出而不穷，及出之，则天时人事得而成败之转，不能自存。其能存者，在著录家宋以前著录之碑。近数十年所出之碑，或皆不可见。其名可道也，著录存之故也。世不及见宋以来著录之碑，今时所出，宋以前人亦有不克见者，有宋后若元若明皆不克见，今复见者，曷以知之，著录存之故也。①

沈氏强调了刊刻的重要性，如果没有著录，碑石毁弃，拓本无寻，即永远消失。而著录之后，虽时代远隔，不必得见原石，可永存于世。罗振玉《与友人论古器物学书》曰：“古器不能久存，设馆陈列，宇内学者不能人人就观，故宜遴简通人，撰成图籍付剞劂，以永古器之寿年，使薄海异域之士亦得手一编，而窥古器之图象，宜编名物图考一书，分别部居，以传世宝物为根据，合以先儒之经注，绘图勒成一书。”② 对著录的重要性，各家皆有共识。从吕大临《考古图》、王黼《宣和博古图》、薛尚功《历代钟鼎彝器款识法帖》开始对彝器及铭文进行摹刻刊印，到乾隆敕纂“西清四鉴”，私家摹刻之风逐渐盛行。

---

① 赵之谦：《补寰宇访碑录》，国家图书馆藏，同治三年（1864）刻本。
② 罗振玉：《云窗漫稿》，《贻安堂刊》，稿甲四十二至四十三，民国间。

如，阮元《积古斋钟鼎彝器款识》开始集诸家之器为书，钱坫《十六长乐堂古器款识考》专录一家藏器，吴式芬《捃古录金文》著录尤富。

（一）金石著述未刊造成的遗憾

据前文所述，为什么潘氏对金石著述看得如此之重，因为他亲身经历过没有刊刻的著述被毁再也无法挽回的遗憾。潘祖荫曾与朝鲜金石友朋多有来往，并广搜拓本，咸丰五年（1855）编成《海东金石录》二十四卷。此书之前关于域外金石的研究很少，有赵明诚《金石录》载《日本国诰》一则，赵氏跋：

余家集录金石刻凡二千卷，外国文字著录，独此而已。①

王昶《金石萃编》卷五十三②，载《平百济国碑》，附《朗空大师塔铭》，二碑皆得赠于常熟言君③，王昶对《平百济国碑》著述较详，然不知其为摩崖或是碑石，而《朗空大师塔铭》更连尺寸行数字数等一概无考。吴式芬《筠清碑目》今未见，其《金石汇目分编》二十卷（卷一至卷六）并未载域外金石，然碑目一书，亦仅列目录而已。其实，在潘氏著此书之前，刘喜海有《海东金石存考》一卷，并有道光十二年（1832）秋陈宗彝序：

东武刘燕庭农部，嗜金石文字，居官京师，获见海东金秋史

---

① 赵明诚：《金石录校正》，上海书画出版社，1985，第554页。
② 王昶：《金石萃编》，见《石刻史料新编》（第一辑，第2册），新文丰出版公司，1977，第882页。
③ 王昶：《金石萃编》，见《石刻史料新编》（第一辑，第2册），新文丰出版公司，1977，第885页；"言君字皋云，乾隆己酉进士，由刑部侍郎出任四川夔州知府，平时嗜古，故能搜采如此。"

正喜、赵云石寅永诸博雅之士，因得其所诒碑目并拓本，退食之暇，博考东国史鉴，著《海东金石存考》，其无存十七碑则附以《待访目》录于后。壬辰（1832）夏，余以再应顺天试，游京师，因平阳仪墨农识民部，以曩岁重编《寰宇访碑录》相与校正，乃出示此卷，叹为奇观。余尚思搜辑寰宇古刻，有前录所未见者为续编，他日据以附入，则民部洵多闻之助也。海东为古封国，自唐以来，皆奉中朝正朔，史为立传，则志金石亦有取也。民部尚有《海东金石苑》八卷，则据拓本录文而详考之者，皆可备石渠之采择焉。乃抄此卷，藏之行箧，以饷同志。①

刘喜海得金正喜、赵寅永等博雅之士所助，是时两书已经编纂完成，尤其是《海东金石苑》八卷，是第一部著录古代朝鲜碑刻资料的专著。刘喜海在《海东金石苑》自题中言："实不啻枕中之秘，洵足称海外之珍。录其全文，缀以数语，楷手精誊乎不律，苔笺远购乎美浓。乃参妙谛于文字禅，亦命嘉名为《金石苑》。庶以慰我嗜奇之癖，好古之情云尔。"② 遗憾的是，刘喜海在世时未曾刊行此著，每为知者叹惋。同治十一年（1872）陈介祺致吴云曰："古碑以录文为要。刘燕翁《海东金石苑》极精，惜未刻，今不知所在。昔见其录文，大纸稿片，多于萃编，亦无存矣。"③

同治十二年（1873）十月二日，刘喜海《海东金石苑》于鲍康观古阁开雕，但因难于摹刻，仅刻目跋一卷，此卷亦幸由潘祖荫抄录所得。潘祖荫在跋中提到，过去从燕庭丈处假得《海东金石苑》，失于

---

① 刘喜海：《海东金石存考》，见《石刻史料新编》（第一辑，第26册），新文丰出版公司，1977，第19504页。

② 刘喜海：《海东金石苑》，见《石刻史料新编》（第一辑，第23册），新文丰出版公司，1977，第17528页。

③ 陈介祺：《秦前文字之语》（致吴云），齐鲁书社，1991，第214页。

咸丰庚申秋八月，曾手录其目及跋语，子年丈与燕庭丈交最深，搜刻
其遗书，因取去刻之，古人之谊也①。按潘氏此说，当从刘氏处借观，
并抄录目录及题跋。

　　按，鲍康跋："惟别有《海东金石苑》八卷，尤考古家必不可少
之书，备载全碑文，当年余曾假观，手录其目，原帙旋毁于火，每与
潘伯寅少农谈及，辄相对太息。赖伯寅钞有各碑跋语，出以授余，读
之如见全豹。"② 按《刘喜海年谱》：道光庚子（1840）夏，于刘丈燕
庭嘉荫簃中获读所著《海东金石苑》八卷③，鲍康观此书或当于此时。

　　叶昌炽《语石》又载：

　　　　燕翁《海东金石苑》，自陈光大二年《新罗真兴王巡狩碑》
　　至明《彰圣寺真觉国师碑》共八十通，原稿八卷，毁于郁攸，鲍
　　子年刻其目，其全拓归潘文勤师滂喜斋，今归同里吴蔚若前辈。④

　　刘喜海卒于咸丰三年（1853），潘祖荫《海东金石录》作于刘氏
去世不久，为何未提及刘氏著作？据陈宗彝序，其所存《海东金石存
考》乃抄本，并未言及刊行。《海东金石苑》一著原本八卷，潘祖荫
抄得其半，仅存唐宋前四卷，而辽金元明诸碑，已若烟云过眼，不可
复睹。至光绪七年（1881），张德容又将潘祖荫抄本的前四卷原稿校
对后刻印，对于刘喜海搜罗殆遍方成之作，张氏充满叹息与无奈。

　　根据壬戌（1922）六月刘承干跋《海东金石苑》：

①　潘祖荫：《郑盦诗文存》，吴县潘承弼《陟冈楼丛刊甲集》（之九），1944。
②　鲍康：《海东金石苑跋》，见桑椹《历代金石考古要籍序跋集录》，浙江古籍出版社，2010，
　　第 836 页。
③　胡昌健：《刘喜海年谱》，《文献》2000 年第 2 期，第 142 页。
④　叶昌炽、柯昌泗：《语石·语石异同评》，中华书局，1994，第 140 页。

乃前数年，忽于书估手得刘氏初稿本卷二至卷八，而佚卷一，前有长白杨幼云太守致鲍子年书及鲍答，书后有幼云太守跋尾，谓本有首卷，以庚申之乱失之。予为之狂喜，欲据以补刻后四卷，以补张本之阙。嗣得京师友人书，言于厂肆曾见此书卷一，其首页有继振朱印，知必是杨氏庚申年所佚者，亟移书购之，于是延津之剑，离而复合，付梓之念乃益坚。①

刘承干购得刘氏初稿本八卷，据原石拓本校订，又续补十五种，成附录二卷，又作补遗六卷，收录七十二种，方一并刊行。

综上可见，潘祖荫撰写《海东金石录》时并未见到刘氏著作，假观之书，非自刘氏本人。刘氏殁时，潘祖荫刚刚二十四岁，中进士才一年，目前尚未见到二人直接交往的其他资料。因此，可以说潘祖荫此书突破了诸家搜集详于中土、略于域外的局面，可惜亦毁于庚申淀园，其书无存。今见潘承弼编《郑盦诗文存》中所录《刘仁愿纪功碑跋》，文辞俱佳，该碑现藏韩国扶余博物馆，潘氏对海东金石研究由此可见一斑。

同治三年（1864），赵之谦《补寰宇访碑录》书成，作记一篇，云：

朝鲜自汉以来，臣附中国。国人能读书，同文字。今日来者，尚携其国金石墨本，以为投赠。在昔，翁、刘诸君皆为著录。平湖韩氏韵海有《海东金石存考》，未刻。近潘伯寅中丞纂《东瀛贞石志》，搜采尤富。然墨本皆毁于庚申，仅存目录。原书载

---

① 刘喜海：《海东金石苑》，见《石刻史料新编》（第一辑，第23册），新文丰出版公司，1977，第17525页。

《平百济碑》，未著其地。兹举及见碑本，依时代先后录数十种，不复分列。题曰寰宇，故无外也。①

今见《海东金石存考》皆刘喜海所著，不知赵氏所言平湖韩韵海撰者为何，因未刻，无此考证，亦或误记。此所谓"贞石志"者，潘祖荫在其《滂喜斋丛书》第四函《日本金石年表》序中，曾提到：

> 余尝撰《海东贞石志》，计二百余种，凡新罗、百济、高丽石刻略备。其锦山摩厓，先秦以上物也。此《年表》乃日本金石，从来无人箸录，计五百余种，亦云多矣。黎莼斋以赠眉生，眉生以示余，爰取而刻之，以广异闻。②

据潘祖荫此序，可知其《海东贞石志》为搜罗新罗、百济、高丽即朝鲜古刻而成。前述年谱中所载《海东金石录》序中亦曰"百济、新罗、高骊"古刻，而日本则"附焉，亦赵德夫录日本国诰之例也"。由此可知，两本"贞石志"与《海东金石录》实际内容相差无几，或一书异名，从中皆可看到潘祖荫对于毗邻之国金石的关注与研究。潘氏自身只有数量不多的著述，但他致力于刊刻他人金石文字著作，使之传世，对学术传承功莫大焉。

（二）收藏刊刻前人有价值的金石书籍

从著作者的角度看，金石著述出版总体上分为两大部分，一是前人金石著述的出版，二是当时金石学家金石著述的出版。

前人金石著述的出版要基于藏书。潘祖荫的藏书室名为滂喜斋，

---

① 赵之谦：《补寰宇访碑录》，国家图书馆藏，同治三年（1864）刻本。
② 潘祖荫：《日本金石年表序》，见《滂喜斋丛书》（第四函），45，吴县潘氏京师刊本（同治光绪间）。

藏有百部以上宋元秘本、明清旧椠、域外孤本，以及大量彝器、碑版墨拓等。晚清社会动荡，民不聊生，很多藏书家终生所集毁于一旦。潘氏孜孜不倦，毕其一生之力，搜访保存了大量文献，并且择其善者及时刊刻出版。虽然潘氏殁后藏书亦遭散佚，但在一定程度上减少了对文献的破坏。在这些古籍中，最著名的莫过于《金石录》。《潘祖荫年谱》同治九年（1870）条载：

> 十二月十七日，得宋刻《金石录》，即《敏求记》所称冯研祥家本也。国朝乾隆间为扬州江氏所藏，递归赵晋斋、阮文达，最后入韩小亭观察，兄从韩氏得此书，即仿冯氏刻一印，曰"金石录十卷人家"，以前流转之家相承皆用此印。[①]

赵明诚的《金石录》在金石研究上具有继往开来的意义，至今具有重要的参考价值。这部书在《滂喜斋藏书记》中有详细记载[②]。后来，同治十一年（1872）春，赵之谦为潘祖荫刻"金石录十卷人家"朱文印。

晚清以前的金石著述，张德容《二铭草堂金石聚序》讲述比较清楚：

> 欧阳子有言："物常聚于所好，而常得于有力之强。"顾聚之非一日，好者亦非一途，如墨妙萃于一亭，兰亭至八千匣，卒归湮没，无补遗文，是为好事家；又品评优劣，讲求笔法，名迹有书估之目，宝章有待访之编，是为赏鉴家，皆于金石无与焉。金

① 潘祖年：《潘祖荫年谱》，《近代中国史料丛刊》，文海出版社，1966，第60页。
② 潘祖荫：《滂喜斋藏书记》，上海古籍出版社，2007，第36页。

石之书，自欧《集古》始，而赵录继之，至洪氏《隶释》、《隶续》，备录原文，并橅碑式，则愈精矣。宋人好者多如王厚之、象之、薛尚功、郑樵、陈思之伦，皆有遗编，以饷后学。元则《学古编》，《古刻丛钞》而外，寥寥焉。明人此道几绝，惟都氏《金薤琳琅》、赵氏《石墨镌华》略见大意，若王元美、杨用修辈，皆无与金石之数者也。我朝自顾炎武、南原、朱竹坨诸老，以金石佐经术，于是金石之学日盛。如叶九来之《金石录补》、钱竹汀之《潜研堂金石跋》，皆其卓卓，继美欧赵者也。其他一时一地，若嵩阳、雍州之属，盖不胜数。乾嘉以来，诸君子搜罗别抉，各自成书，若《中州》、《关中》、《山左》、《两浙》、《湖南》、《粤东》、《粤西》、《越中》、《栝苍》、《安阳》、《偃师》、《益都》、《常山》，以及武氏之《授堂金石跋》、洪氏之《平津读碑记》，莫不兼收博考，较之郭氏《金石史》、吴氏《金石存》等，又有加焉，几于家握随侯之珠，人抱荆山之玉矣。其号称精审者，莫如翁氏之《两汉》，至王氏《萃编》欲合众好而聚之，惜其晚年不能遍览，假手旁参，漏略舛误，多所不免，则聚之固难，而考订尤为难也。①

　　这些著述对于晚清的金石学家来说非常熟悉，但此外与同光时期相隔不久的金石学家的著述，则不一定能及时得到，而潘祖荫《滂喜斋丛书》中选刊了大量金石文字研究著作，大部分是这一类的。如：吴大澂外祖父韩崇②的著作。吴大澂小时候常在韩崇宝铁斋中学习，得读很多金石著述，但他的著述很多人并不知晓。潘祖荫刊刻韩氏著

---

① 张德容：《二铭草堂金石聚序》，见桑椹：《历代金石考古要籍序跋集录》，浙江古籍出版社，2010，第263页。
② 韩崇（1783－1860），字符芝、元之，一字履卿，别称南阳学子，室名宝铁斋、宝鼎山房。

作，曾致汪鸣銮书云：

> 《宝铁斋题跋》已写样本，写来仍乞校正，此书与吾江南金
> 石有关，系廉生不知也。自此以后，江南金石湮没不可闻矣。惜
> 《江南金石志》已失，未知韩家有否，惜其全文也。①

不仅王懿荣不知，就在南中的吴云也向潘祖荫打听韩氏《江南金
石志》有无存稿，他查过此书，当日草稿甫定，尚待续辑，实未成
书，庚申之变，艺海楼书籍无只字获存，履丈之子又不能克家，当日
曾与恒轩论及此书，已无可踪迹，认为潘祖荫"为履丈刻题跋数十
篇，虽非全豹，亦可藉见一斑，甚盛举也"②。并将从各亲朋处搜罗来
的韩氏长跋及掌故录寄潘氏。

可见，当时的金石学家对于前辈的金石著述非常关注，将这些著
述及时刊刻，对于促进金石研究的发展确有很大意义。如：孙星衍
《京畿金石考》刻出后，张之洞致书潘祖荫索惠，因为想"略知吾乡
古刻"③。又如：光绪本《捃古录金文》刊成后，王懿荣专门呈折《恭
进儒臣撰集古金文成书有裨经训疏》予以推介④。

道咸时期金石研究的范围已经扩大到砖瓦等，但毕竟影响还不
够，被何绍基、赵之谦赞为海内收藏古砖第一人的吕佺孙⑤著有《百
砖考》，潘祖荫刻入丛书，这是目前我们能见到的最早的本子，之前
的版本现在尚未看到，潘氏让这样一部独步海内的著作流传下来，对

---

① 潘祖荫：《潘文勤公书札》（致汪鸣銮）（稿本），国家图书馆藏，第 56 通。
② 吴云：《两罍轩尺牍》（致潘祖荫），见《近代中国史料丛刊》（第二十七集），文海出版
　社，1966，第 608 页。
③ 张之洞：《致潘祖荫札》，见《十四家书札》（稿本），国家图书馆藏。
④ 王懿荣：《王文敏公遗集》，《南林刘氏求恕斋刊》（卷三，二十三页）。
⑤ 吕佺孙（1806－1859），字元相，尧仙，号兰溪，室名运甓轩。

于拓宽金石研究视野大有帮助。

同治十一年（1872）秋，潘祖荫刊戴熙①《古泉丛话》以行，请吴大澂手书，并为题跋。据鲍子年所藏钞本，写一叶，刻一叶。潘祖荫序曰："戴文节公《古泉丛话》，道光戊申，季父尝从假观，墨本皆手自捶拓，案语以瘦金体小行书录之，精甚。乱后恐未必存，今此本以鲍丈子年、胡石查农部两家手钞本合校。吴清卿编修欣然愿为手录，于同治壬申十一月刊成此书，泉谱中之逸品也。"② 戴熙死于太平天国兵乱。潘氏刻此书，一为传播古泉，二是传其忠节。

（三）及时关注出版时人金石著述

时人的金石著述，按照著录体例分，大致分为存目、录文、考释、图像、尺牍等。存目类，如陈介祺《簠斋藏器目》、潘祖荫《攀古楼藏器目》、吴大澂《愙斋藏器目》、赵之谦《补寰宇访碑录》、缪荃孙《艺风堂金石文字目》等；录文类，如陆增祥《八琼室金石补正》、李遇孙《栝苍金石志》；考释文字类，如陈介祺《簠斋吉金录》、吴大澂《愙斋集古录》、方濬益《缀遗斋彝器款识考释》、刘心源《古文审》、吴大澂《说文古籀补》；跋尾类，如方朔《枕经堂金石跋》、何绍基《东洲草堂金石跋》、沈树镛《汉石经室文字跋尾》；图像类，如潘祖荫《攀古楼彝器款识》、吴大澂《恒轩所见所藏吉金录》、吴云《两罍轩古印考藏》、鲍康《观古阁泉说》、杨守敬《寰宇贞石录》等；尺牍类，如陈介祺《簠斋丈笔记附手札》、吴云《两罍轩尺牍》、鲍康《鲍臆园丈手札》等。这些著述内容十分丰富，对于金石文化传播发挥了重要作用，今择几例予以说明。

潘祖荫在著作《攀古楼彝器款识》中提出"七厄"、"三弊"的

---

① 戴熙（1801-1860），字醇士，太平天国克杭州时死于兵乱，谥号文节。
② 戴熙：《古泉丛话》，潕喜斋刻本，同治十一年（1872），国家图书馆藏。

理论，对于当时的收藏与研究具有指导作用，前文已有述及。潘氏提出了一个金石收藏与研究的标准，那就是不玩物丧志，以真传古。很多著作所录都是作者珍惜之物，如沈树镛《汉石经室文字跋尾》收录沈氏个人收藏金石拓本之题跋九十九种，今上海图书馆藏抄本，有吴大澂序："数十年来，大江以南言金石文字之学者，前有嘉兴张叔未，后有川沙沈韵初，收藏之精且富，甲于海内，尤非张氏清仪阁比。其生平瑰宝，尤为著名者，《汉石经残字》、《王稚子双阙》、《刘熊残碑》、《罗凤双阙》、《华阳观王先生碑》，皆当世金石家求一见而不可得者。"① 又如，吴大澂《说文古籀补》被陈介祺称为："溯许书之原，快学者之睹，使上古造字之义，尚有可寻，起叔重而质之，亦当谓实获我心，况汉以后乎！曰许氏之功臣也可，曰仓圣之功臣也可，后之学者，述而明之，必基乎此矣。"②

潘祖荫对于同好的著述出版十分关心。其序鲍康《观古阁泉说》云："荫尝劝其著一书以传世，力请再三，先生乃举所见所闻，以及耆旧风流，交游韵事，录成《泉说》二卷，而以题咏附焉。其中遗事逸闻，实足资后人之考订，非泛然论古之作也。当与戴文节《古泉丛话》、刘方伯《论泉绝句》鼎足而三矣！若蔡氏《癖谈》、盛氏《泉史》、张氏《钱志新编》，讵能望其项背哉！"③ 没有潘祖荫，可能就没有鲍康的这部著作了。

潘祖荫、陈介祺是当时金石著述出版的大力倡导者，还尽力帮助

① 吴大澂：《汉石经室金石跋尾序》，见桑椹《历代金石考古要籍序跋集录》，浙江古籍出版社，2010，第351～352页。

② 陈介祺：《说文古籀补序》，见桑椹《历代金石考古要籍序跋集录》，浙江古籍出版社，2010，第365～366页。

③ 潘祖荫：《观古阁泉说序》，见桑椹《历代金石考古要籍序跋集录》，浙江古籍出版社，2010，第907～908页。

金石友朋出版著作。同治二年（1863），赵之谦、胡澍、沈树镛、魏锡曾汇合于北京，皆嗜金石，奇赏疑析，晨夕无间。九月九日，装成《二金蝶堂双钩汉碑十种》，赵之谦题耑，用沈树镛分惠宋纸，胡澍篆书内封。赵之谦对每件碑刻均作详细考证，并作序文一篇。赵氏在信札中云："颍伯寅光禄已送十金来，双钩本即须动手。"[①] 据此可知，潘祖荫是该书的赞助者。陈介祺在光绪初年与瞿树镐多有通函，光绪三年（1877）瞿氏为其父瞿中溶谋刊《古官印考证》遗稿，在西安开雕，陈介祺询嘱镌刻之事，并出资以助。

这些金石学家影响了后来的金石收藏、传拓及学术研究风气，尤其是潘祖荫，直接影响了叶昌炽。光绪九年（1883），潘祖荫因父丧回乡丁忧，请颇有才名的叶昌炽延课其弟，为其滂喜斋校刻《功顺堂丛书》、《滂喜斋丛书》，叶氏得以遍观潘氏所藏宋元旧椠、金石拓本，并与潘祖荫讨论版本目录、金石碑版之学。在其影响下，叶昌炽大量收藏碑石拓片达八千余种，著成《语石》十卷，成为第一部通论古代石刻文字的专著。

二　金石著述刊刻方法的探讨

一部好的金石著述，除了内容要精审之外，刊刻是最关键的，尤其是图像类的著述，刻图水平至为重要。一般来讲，刊刻的程序是先勾字写样，然后选版、磨版，无误后即行刊刻，刊刻完再校，最后刷印。这个过程中，刻工的刊刻水平影响最大。同光时期，对于刊刻要求最为严格的是陈介祺，与同好间因此每有精论。

（一）刊刻水平下降的原因

时代条件的改变，往往直接影响到文化事业。咸同年间，各地

---

① 张小庄：《赵之谦研究》，荣宝斋出版社，2008，第516页。

学校、书院、藏书楼等文化设施遭到严重破坏。经过长时期积累起来的图书典籍包括四库全书在内，或散佚，或焚毁，许多典籍的刻版也被毁掉。太平天国运动被镇压后，清政府为重兴文化，相继在各省设立官书局，刊刻书籍。水平较高的刻工，皆为官方罗致而去。实际上，当时即使是好的刻工，与过去相比水平下降也是不争的事实。吴云在同治十一年（1872）十月致陈介祺的函中，认为南中自兵燹以后，手民之劣，以及纸张刷印，无一可以入目，兼之各省书局、舆图局皆选良工，稍有本领者，皆为罗致而去。而陈介祺眼界过高，不肯降心相从，非精益求精不可，恐怕会因噎废食，影响金石著述的刊刻出版。

凡事言易而行难。鲍康对陈氏以为《续泉汇》刻手不佳的评价也不以为然，致王懿荣函札中说其乃局外之言，因为懂篆隶者不去亲自钩摹，而厂肆中人工书通篆隶者少，如果屡易其人，费时费力费财，况且原拓有绿锈、有墨痕，笔画大率微茫，刻手不知书势，不能时时监刻，动辄舛误挖改，则版无完肤，只存形似。其实，功用不同，标准也不一样。陈介祺认为，道咸以来只有阮元的著述刊刻最为精善，而之后的刻工水平在不断下降。同治十一年（1872）陈介祺致吴云书，附曰：

金文之刻，以阮书为精审，校拓本可见。钩摹金文，固须丝毫不爽，尤在中锋用力，一无力一有力，刻出大不同矣。切忌似女工描样，虽不失形而神失矣。三代所存莫重于六经，尚不免有脱简传讹之处，吉金虽古文字之一种，而真切莫过于是，何能不深系学者之心。有图有拓无器何害，图拓之刻不似，何以流传嘉惠后之学者，是以考释可待而摹刻不可不精严也。吉金若只赏色泽形制，而好文字不笃，其与珠宝无异。有力者刻一书成，能使学者守之无一毫不慊之憾，方谓真知笃好与古为一而无玩物恶习。①

对此，陈氏看得还是非常到位的。他还致书潘祖荫曰："今人动讥阮书，蒙则谓虽未尽善，尚未有能及之者，非校审不知也，选工延友乃为先务之急，未可似如他书发刻即可无事。"② 陈介祺同样提到了刻工水平已经下降，时代纷乱，人心亦不安于此。

（二）具体刊刻方法的探讨

同书法、绘画一样，刊刻同样有法。陈介祺与潘祖荫书札中认为：

> 第一必求其似，必讲求钩法刻法，与原拓既不爽毫发，又能得其古劲有力之神，而不流于俗软，乃可上传古而下垂久，方为不虚此刻，必须有学问、知篆法、肯耐心者相助，乃克有成。③

陈介祺对古人作字之法做过深入思考，他以为："古人之法，真是力大于身而不丝毫乱用，眼高于顶明于日而不丝毫乱下，乃作得此等字，所以遒敛之至而出精神，疏散之极而更浑沦。字中字外极有空处，而转能笔笔字字行行篇篇十分完全，以造大成而无小疵，非圣人之心，孰能作之始哉。无大无小，止是一心之理推之而已。"④ 所以，他对王懿荣说：

> 古文字义理第一，文法第二，书法第三。书能毫发不失而有

---

① 陈介祺：《秦前文字之语》（致吴云），齐鲁书社，1991，第217页。
② 陈介祺：《致潘祖荫手札》（稿本），国家图书馆藏，同治十三年五月二十六日函。
③ 陈介祺：《致潘祖荫手札》（稿本），国家图书馆藏，同治十三年五月二十六日函。
④ 陈介祺：《致潘祖荫手札》（稿本），国家图书馆藏，同治十三年十月十三日函。

力即是佳刻，方足传古，非易易也。①

陈介祺强调刊刻要有"力"。这种力度感是通过线条的质感反映出来的，把握好线条不是一朝一夕的事情，当时潘祖荫、陈介祺的藏拓大多由吴大澂刊刻，吴氏曾就钩摹之法、版式等问题函商陈介祺，陈氏告诉他：

> 若钩字则须用力，再责手民也。钩字易似己书，运腕难于指不动，指不动笔锋方能中正，中正而又能曲折分明，则虽古人之法万变，而能与之合，不似一手书，不弱不失矣。直落直下直行直往而曲折与力具在其中，所谓一线单微，所谓独来独往，皆在其中，如此则可以知古可以传古，而凡用笔用手莫不可通矣。②

陈氏以为，钩摹金文如同写字一样，尤在中锋用力，切不可如女红描样，形存而神失，考释可待而摹刻不可不精严。吴氏根据自身经验，认为陈介祺的观点过于严格了："摹古文字求似易，求精亦易，求有力则甚难。手临不经意有神似处，影摹经意多形似处，而神采终逊，力亦逊。大澂自摹本较《积古》、《筠清》皆胜，恐刻工不良，则大失真。《积古》刻手佳，《筠清》稍次，失之肥重，然已不易得。"③真是言易行难，不亲身实践终不得要领。

双钩碑石文字同样面临很多问题，潘祖荫在张德容《二铭草堂金石聚》序中谈到古碑钩摹全文之难，他认为洪文惠作《隶韵》时还字字访求，而到了刘氏《隶韵》、娄氏《字源》以及顾氏《隶辨》都采

---

① 陈介祺：《秦前文字之语》（致王懿荣），齐鲁书社，1991，第106页。
② 陈介祺：《秦前文字之语》（致吴大澂），齐鲁书社，1991，第300页。
③ 吴大澂：《吴愙斋尺牍》，国立北平图书馆金石丛编，商务印书馆，1938页。

取缩摹的办法，使字大小一律，结果形模尽失。再往后不管翟氏《隶篇》、牛运震《金石图》还是万廉山《百汉研》，只要是归于缩本，就失其真，不是此道中人是不会明白的。吴云以为这是钩刻问题，就拓本与陈介祺讨论过：

> 石刻住笔处似力稍弱，秀韵多而严正意略少，疑钩刻或未尽善，具见法眼。弟于初葳工时亦曾与奏刀之钱君言之，渠云由于捶拓另易绵联纸精拓，一经装裱，顿觉笔力增劲，与原本竟无差异。①

可见，不仅仅是钩刻，还存在装裱、刷印等问题，是各个环节的综合反映。从钩摹、镌刻到刷印，刊刻工艺比较复杂，需要能工巧匠，陈氏所想最终没有完全实现。其卒后不久，照相石印、珂罗版印刷便风行于世。如今，现代印刷技术更是日新月异，陈氏之法早已成为历史陈迹。不过，陈氏及其同好对于文化遗迹的用心以及治学的严谨，都是需要今人认真思考的。

三 金石著述出版观念异同分析

上文所述，诸家对著录的重要性皆有共识，而著录的观念又各不相同，这与他们的治学态度、收藏状况、印刷条件等不同有关。其中，对刊刻要求最为精严的当属陈介祺。吴云较早和陈介祺讨论刊刻出版事宜，二人自同治十一年（1872）三月恢复通函后，书札往来频频，前文已经引述陈介祺对金文刊刻的观点，关键在传真，丝毫不爽，且

---

① 吴云：《两罍轩尺牍》（致陈介祺），见《近代中国史料丛刊》（第二十七集），文海出版社，1966，第687页。

有力有神，不作玩物之好。对于古碑，陈氏以为以录文为要，不要像刘燕庭的《海东金石苑》一样，虽然内容多而精，但因为没有刊刻，已经不知所在。所以，他极力劝告金石同好重视刊刻出版。

当时，吴云正在编刻《两罍轩彝器图释》，陈介祺收到此书后，肯定了吴云的著作，认为超过前人，并且收藏精且富，为南中所无，为必传之作。同时也提出：

> 我辈所述，乃为传古人非为传一己，古人传则己亦必传，是不可不公其心求古人之是者，而我先为传之，正不必器之在我，惟专以拓为贵，以图为备，只标我所及见者，其文与制，可传则传之。若考则前人者尽可多刻，勿惜所费，今人者则当酌。未考者则先刻图摹字释文，记尺寸斤权，铭之所在，所出之地，所藏之家，传之以资博闻者之问学，庶不致因循一己，蹈前此刻书不成之弊。①

陈氏是以传古的标准提出要求的，所以就谨慎了许多，他的著述也迟迟不能开刻。同治十一年（1872）十月十四日，陈介祺致鲍康，提出：

> 好古家刻书，每患己见之陋且沮，愚谓刻摹精审，则天下后世，皆得借吾刻以考证，又何必因噎而使错过失时，惜乎，燕翁不明此理，而徒以玩物毕一生之精力而一无所传也。子苾兄之《捃古录》，亦尚未刻，愚亦谓必当摹金文，盖今日之突过许书者，惟此古人铸金之真文字，文字精则无遗憾，文字不传，虽极

---

① 陈介祺：《秦前文字之语》（致吴云），齐鲁书社，1991，第236页。

博洽，后人亦何所裨益，何从窥拟邪。①

　　陈氏认为摹刻为传古的第一要义，如果文字不精，即使考证再好也不足论。他以为刊刻与传拓、藏器的地位是一样的。同治十二年（1873）七月，陈介祺接到潘祖荫的《攀古楼彝器款识》一书，该书由吴大澂绘图、刻版，王懿荣写样。陈介祺复函，认为潘祖荫的序清真雅正，是心知其意者，该函虽未评价刊刻如何，但云：

　　　　拓与刻之功与藏器并大。刻精则至极，惟工匠得古意不易耳。过精则刷印易损，先干后湿，均易损板。②

　　在陈介祺看来，刻版要求极高，要精而有古意，但过精，在刷印的过程中又会变形，很不易把握。在陈氏看来，吴大澂的刻版存在过精的问题，在十月十一日致潘氏又一函中，陈介祺评曰："清卿至精，只欠一古，图成，再拓原象形文，求神似则备矣。张玉斧双钩亦未甚善。二钩本不爽毫发，一中锋遒古一秀弱则大异。可见凡事皆不能撖著，必诚求之，小大无异也。"③ 他以为，可以先刻图，至于文字可以拓成，这样才能神似。同时，他还评价张玉斧的刊刻也不善。对于其他著述的刊刻，陈介祺同样没看上，如说李佐贤《古泉汇》"虽过前人，然体例尚未尽善，版本亦属简率，摹刻唐以上泉，甚为不精"④。潘祖荫认为"写而刻之乃妙，否则无趣，且书亦为之减色矣。故此费不能省也"⑤。但他对陈介祺的做法不以为然，认为他太过讲究。

---

① 陈介祺：《秦前文字之语》（致鲍康），齐鲁书社，1991，第146页。
② 陈介祺：《致潘祖荫手札》（稿本），国家图书馆藏，同治十二年七月十日函。
③ 陈介祺：《致潘祖荫手札》（稿本），国家图书馆藏，同治十二年十月十一日函。
④ 陈介祺：《秦前文字之语》（致鲍康），齐鲁书社，1991，第145页。
⑤ 潘祖荫：《潘文勤公书札》（致王懿荣）（稿本），国家图书馆藏，第3通。

同治三年（1864）李佐贤刊成《古泉汇》一书，此书六十四卷，编撰始于咸丰九年，历时六载。陈介祺看到此书，认为"虽过前人，然体例尚未尽善，版本亦属简率，摹刻唐以上泉，甚为不精"①。同治十一年（1872）十月怂恿鲍康再著一古泉力作。其实，李氏作此书最为洒脱，没有拘束，曾致书鲍康曰："笑骂由他笑骂，拙稿我自刻之。"② 鲍康认为这个办法可以效法，对潘祖荫说：

> 青园、燕庭诸公皆过于慎重，转留余憾无穷。簠斋集金文至九百种，康每促其早日刊定，但恐奢愿难偿。吾辈成一书，则是器即足以传，并聚散亦可听之。有动平泉一草一木之语，真千古痴人耳。③

陈氏还同吴云讨论《古泉汇》一书，同治十二年（1873）四月吴云复书陈介祺，认为此书"搜集之富，实古今所未有，自顾氏以来此书洵为大观"，并同意陈氏的观点，认为该书刊刻不佳，但转而劝曰："剞劂一事，因不可草率，然必精益求精，转至因噎废食，前书劝兄降心相从，将应刻之书早早付梓，实有所为而言也。"④ 这件事情，吴云同样向潘祖荫表达了他的看法：

> 簠斋为当代传人，惟其天性好胜，所作务要出人头地，刻意求工，转致因噎废食，即如汇刻先秦文字一端，若照薛、阮二书之例，选择器之字多而精确者，得好手影摹刻之，再得我二人相

① 陈介祺：《秦前文字之语》（致鲍康），齐鲁书社，1991，第 145 页。
② 鲍康：《鲍臆园丈手札》（致潘祖荫），见《滂喜斋丛书》，潘氏滂喜斋刻本（同治光绪间）。
③ 鲍康：《鲍臆园丈手札》（致潘祖荫），见《滂喜斋丛书》，潘氏滂喜斋刻本（同治光绪间）。
④ 吴云：《两罍轩尺牍》（致陈介祺），见《近代中国史料丛刊》（第二十七集），文海出版社，1966，第 645 页。

助为理，此书一出亦足继往开来，决为必传之作，乃必欲依许氏说文部目创例成书，条件既繁，诠证匪易，穷年累月，不知何日得成，来谕谓其刻古金文一事竟不能成，想亦指此也。①

吴云担心陈介祺刻意求工，反而因噎废食，不知何日成书。而陈氏认为石器出世，即有终毁之期，不可不早传其文字，因此反复以著述出版一事劝说吴云。同治十三年（1874）二月二十二日，又致书吴云：

　　盖天地以文字为开塞，义理以文字为显晦，秦燔文字而古圣之作大晦，许氏收文字之遗以为说，二千年来言字学者必宗之，要皆燔后所余，独吉金款识是燔前古文字真面，非许氏可比。自宋迄今，吉金文字之传，迥越前古，有是真古文尚书者，有不可以许书定者。其文与字非多见不能通，是以欲合今日所见拓本，摹刻善本，精摹其文为一书（一器一版，字多者释文别为一版，字少者共一版）。且欲合宋以来金文书（摹刻失真者），附刻为一书，以存古圣之作，而为多见之助。再逐字分编许书各字之前，以立许书之本，而凡汉以来言字学之书，皆分字附焉，以证许氏之义。②

潘祖荫不同陈氏，他身居中枢，事务繁杂，作金石研究的精力有限，因此他善于发挥金石同好的作用。先后刊行的几部著作，都是集体智慧的结晶。早在同治十一年（1872），他先就自藏彝器五十件，

---

① 吴云：《两罍轩尺牍》（致潘祖荫），见《近代中国史料丛刊》（第二十七集），文海出版社，1966，第 561 页。
② 陈介祺：《秦前文字之语》（致吴云），齐鲁书社，1991，第 262～263 页。

请吴大澂绘图摹款，王懿荣写版，赵之谦篆名，集周悦让、张之洞、王懿荣、吴大澂、胡义赞和潘氏自己的考证分列器后，刊行专著《攀古楼彝器款识》，该书成为晚清金石学领域的重要著作。《双钩沙南侯获刻石》也是集体考释的成果，集中了张之洞、吴大澂、王懿荣和潘祖荫的考证。而《古埙考释》更是集中十五人的考证与跋语，潘氏甚至未具一笔，却集中展示了这个金石研究群体的智慧。

潘祖荫还多为金石同好刊刻著述，以广其传。同治十三年（1874），潘祖荫准备刊刻陈介祺论金石书札，订为《簠斋丈笔记附手札》，由王懿荣汇集陈氏与潘、王手札中的精华部分，陈介祺得悉，分别致书潘祖荫、王懿荣，嘱咐前后所寄书札当令人写出，将来修饰删节，尚可付刊，以存二人往来之雅，王懿荣还专门为刻版设计了簠斋小印，最终在当年刻入潘祖荫的《滂喜斋丛书》，该丛书中还刻入了鲍康的《鲍臆园手札》。

潘祖荫甚至想把陈介祺和吴云的手札合刻成《陈吴尺牍》，王懿荣和吴大澂的手札合刻成《王吴尺牍》，专刻论古内容。后来，先成《簠斋尺牍》寄与陈介祺。潘氏又改变计划，酝酿把陈、鲍、吴、王等人的手札集中编刻。陈介祺致书王懿荣曰：

> 伯寅坚欲刻吾数人往还书，不可却，乞将来删定之，其标题拟仿《齐东野人之语》，易为《秦前文字之语》，未知可否。其非语此者，概可删矣。各器释虽一字之说亦可收，亦不可过以己意去取，其稍有见者皆存之，异日尽可改正，再说再入。伯寅书当检汇寄来，子年书同，清卿书同，乞与贵伯寅师商之，并相约以识古字论古文为语，不涉入赏玩色泽语也。[①]

---

① 陈介祺：《秦前文字之语》（致王懿荣），齐鲁书社，1991，第88~89页。

可见陈介祺的不安。潘祖荫先刻成一册，寄与陈介祺校删，此时王懿荣正忙于科场，所以很多事情滞后，陈氏致王懿荣书曰："伯寅欲不改恶札即刻，悚愧之甚，是令不敢作札矣……前册说既请正，后又少有所记，不如式装册，则不见其可重。将来如册所载，为伯寅与足下补齐，再装册一分，求为存之，以俟助我拓资者。"① 陈介祺一直非常谨慎，担心缺少斟酌，留下笑柄。光绪元年（1875）三月三日，陈介祺又致潘祖荫：

> 吾人之忧戚唯自有得者能解之，否则求养而更有以求自扰者矣。承示近况，所可备采纳者唯此而已。刻书本不易事，道学经济之书尤不易，小者可裨训诂音韵史传则可刻，选政本不易操，若秦前文字之语则愧其间字句过多，有一二少可暂存者亦不成文字也。②

结果可能正应了吴云的话：因噎废食。五月，潘祖荫又协调王懿荣，将陈氏致潘祖荫书札中的拓字之法、拓字之目、拓字损器之弊、剔字之弊等，由陈介祺校正后，部分重刻，最后王懿荣勘正，以《簠斋传古别录》为名刻入《滂喜斋丛书》。今参陈氏原稿，仍有舛误，有些地方属于陈氏校改，个别地方属于明显错误。七月二日，潘祖荫向陈介祺解释此事：

> 若极别录日来静阅，乃知廉生未细校，好在《秦前文字之

① 陈介祺：《秦前文字之语》（致王懿荣），齐鲁书社，1991，第93页。
② 陈介祺：《致潘祖荫手札》（稿本），国家图书馆藏，光绪元年三月三日函。

语》后另刻，当工于此也。年来百事草率，心神不足于此，可见
当力自整饬耳。①

　　之后自七月初五日，潘祖荫头脑面部生疖大肿，至今节甫愈而头
风面肿如故，不能入直者月余。八月十四日，又致书陈氏曰："呈
《秦前文字之语》将全书尽行写错，兹饬改正与重写无异。"② 至九月
初十日，《秦前文字之语》样本已有三册，而讹字未改③，陈介祺恳乞
《秦前文字之语》录存勿刊。九月至十一月初，吴大澂为陈介祺刻瓦
当。潘祖荫把刻书的消息告知吴大澂："寿翁《秦前文字之语》，梓人
已写来三卷，兹寄寿老处，自行校矣。吾弟处者，亦望陆续寄来，于
考古一事，他日当有助"云云，知为两家所合刻。④ 潘祖荫正按照自
己的计划，向吴大澂征集资料。一直折腾到年底，潘祖荫已将《秦前
文字之语》第一册并写正本一册，当即照改照刊并函告陈氏。光绪二
年（1876）三月，陈介祺致潘祖荫，坚持该册"冗未及删，前钞本仍
乞还，以便照删，万勿即刊"。⑤ 无奈，潘祖荫将陈介祺连年所寄手
札，经王懿荣装成三册。是年大旱，潘祖荫为秋曹之事忧心如焚，旧
疾未愈，背又生外症。不久，李佐贤仙逝。之后，潘、陈书札渐稀，
刊刻《秦前文字之语》一事再未提及。

　　光绪三年（1877）潘祖荫要刻《捃古录》，致吴重憙书云："金文
与同志名流再酌，若廉生之类是也。寿卿讲究太精，不可商也。"⑥ 陈
介祺乃吴重憙岳父，潘氏仍直言不讳，两位同光时期最重要的金石同

① 潘祖荫：《潘伯寅致陈簠斋书札》（稿本），国家图书馆藏，第 78 通。
② 潘祖荫：《潘伯寅致陈簠斋书札》（稿本），国家图书馆藏，第 81 通。
③ 潘祖荫：《潘伯寅致陈簠斋书札》（稿本），国家图书馆藏，第 84 通。
④ 顾廷龙：《吴愙斋先生年谱》，哈佛燕京学社，1935，第 56 页。
⑤ 陈介祺：《秦前文字之语》（致潘祖荫），齐鲁书社，1991，第 60 页。
⑥ 潘祖荫：《潘文勤公书札》（致吴重憙）（稿本），国家图书馆藏，第 22 通。

好最后因为各自的坚守而分道扬镳。罗振玉说过："潍县陈寿卿先生收藏吉金石刻为海内之冠，顾平生撰述矜慎，至老无成书，惟歙鲍氏、吴潘氏刻其手札数十通而已。"① 此言极是。总体上看，同光时期金石研究群体中，陈介祺谨慎，王懿荣粗略，潘祖荫广博，吴大澂细致，吴云率真，李佐贤洒脱，但不论表现为何种态度，都是基于传古的思想。

本章主要就金石文化的历史传承问题进行了探讨，在金石传拓、拓本流转、著述出版三个层面上展开论述。关于传拓，从方法的研究与尝试、拓工的水平高低和用材的区别造成传拓质量的不同等方面进行了分析，还就当时逐渐流行开来的照相术在金石传拓方面的应用进行讨论，虽然照相术的引入没有成功，但力求传真的思想尚值得肯定。金石传拓重在传神，仅仅得其真实是不够的，这也是照相术没有在金石传拓方面得以推广的原因。关于金石文化的传播，用《好太王碑》和《华山庙碑》作为例证，可知拓本在流转的过程中，大家给予了热情关注，递藏过程中丰富的题跋，都是金石学家智慧的直接反映。关于金石著述的出版更是如此，为推进学术研究，同光时期金石群体的每一个成员都就出版相关问题积极发表意见、大胆实践、不断总结经验，虽然时代条件在变化，个人要求也有高低之别，但最终都是为了金石文化的传承，包括后文将要研究的考辨活动。应该说，每一次实践都是对金石文化的丰富与发展。

---

① 罗振玉：《簠斋金石文考释跋》，陆明君：《簠斋研究》，荣宝斋出版社，2004，第143页。

第四章 考辨

梁启超在《清代学术概论》中评价清代金石研究："顾、钱一派专务以金石为考证经史之资料，同时有黄宗羲一派，从此中研究文史义例。宗羲著《金石要例》，其后梁玉绳、王芑孙、郭麐、刘宝楠、李富孙、冯登府等皆庚续有作。别有翁方纲、黄易一派，专讲鉴别，则其考证非以助经史矣。包世臣一派专讲书势，则美术的研究也。而叶昌炽著《语石》，颇集诸派之长，此皆石学也。"① 梁氏提到金石研究的不同角度：考证经史、专讲鉴别、书法研究。这是从整个清代金石研究角度做出的判断。其实，考证经史自宋代以来直至清代中叶一直就是这么做的。在晚清，每有彝器，一般情况下首先会制作拓片分与同好鉴赏考释，众人有的会根据《说文》考释文字，有的会结合文献考释内容，有的会从中借鉴书法，最后未必有一致结论，但各家之说并立，也显得非常热闹丰富。专讲鉴别，始自乾嘉，兴于晚清，因为它与收藏紧密相连。而从书法的角度做美术的研究，主要针对石刻碑拓而言，虽然由阮元提出碑学理论，包世臣推而广之，但真正对书写产生影响是在晚清，尤其是同光时期。而《语石》一书的推出，更是石学研究的总结。所以从乾嘉始，金石研究一直持续发展。这个时

---

① 梁启超：《清代学术概论》，上海古籍出版社，1998，第58页。

期产生的金石著作，颇有量质皆佳者。研究方法上，主要延续乾嘉时期的做法，以考释文字、考稽史传为主。然而，晚清尤有独到之处。本章从辨伪存真、群体研究模式、辨字考史、前人成果的再考察等方面入手，通过分析比较，探究晚清金石研究方法，进一步归纳研究特点。

第一节　辨伪在金石鉴藏中的作用

在甲骨发现之前，晚清金石收藏与研究的热点都集中在商周青铜器。然青铜彝器自古就有伪作，《韩非子》中就有赝鼎的记载。汉代独尊儒术，制礼作乐多依周制，礼乐器物常仿古器，但总体上仿器数量不多。宋代以后，兴起崇古之风，伪器大量出现，当时赵希鹄善鉴赏，于宋光宗前后撰《洞天清禄集》，其中《古钟鼎彝器辨》一篇从色声味、款识、形制花纹等方面辨别彝器，成为收藏赏鉴指南。至乾隆以前，主要为翻砂仿制，不以此图利，铭文范铸不精，恶劣易辨，伪铭多聚于阮元《积古斋钟鼎彝器款识》一书。乾隆以后，彝器出土渐多，收藏之风日盛，作伪有利可图，于是伪作日多，花样翻新，层出不穷。如陈介祺所言：

> 好者日多，直所以日昂，伪者获利日厚，所以效尤者日众。使有真鉴，不过仅不得售与数人，而鬻古者必求真者以售之，则难得而利轻，不若伪者之本轻而利厚，无惑乎竭其心力日出而不穷也。①

---

① 陈介祺：《秦前文字之语》（致鲍康），齐鲁书社，1991，第184页。

所以当时京师、陕西、南中、山东等地都出现了一些作伪高手，作伪手段也越来越高明。有器真加刻铭文者，有器伪而铭真即以真铭嵌入伪器者，或以真铭后加刻者。时刘喜海纂《长安获古编》，无铭文者不录，因而伪者于无字之器或少字之器，加刻铭文。还有器与铭均伪者，往往真假难辨。有甚佳者，如吴大澂所收伪器公伐郐钟，其字甚至录入《说文古籀补》。陈介祺曾致吴云曰：

> 伪器旧系铸字，近年陕中始以无字古器伪刻，南中则顾湘舟所伪者不少，今都门伪刻又变一种，以拓本字摹成，转折圆融，均失之弱。古器每有不同处，伪者则无之，有意为奇字则必大谬，学者自能辨之，不学者不能也。①

作伪给金石收藏与研究造成了很大混乱，因此必须有辨伪能力。陈介祺提倡鉴定彝器，第一，要求助于学问。因为古人制器为文，皆有取义，皆寓其理。"古文字一篇中之气，一字中之气，一画中之气，岂今人所能伪哉。古人道理，大有不可以汉魏奇字与说文只订其偏旁例求之"。"所重原在古人文字，岂有就文字不可定真伪者。其见器乃定者，亦非古人佳文字也"②。第二，要多看，"以多见为第一"。陈氏与友朋函札中多有论伪者，如与王懿荣书："书自有时代，相较可知。书亦有工拙，书亦有王朝各国不同，文义亦有定制，多见类推，自可知也。""要之见得真，看得细，尤在心稳得定，是皆出于读书游艺之余"③。陈氏认为多看自然会辨伪。

王国维著《国朝金文著录表》，通清代各家著录之器为一书，例

---

① 　陈介祺：《秦前文字之语》（致吴云），齐鲁书社，1991，第225页。
② 　陈介祺：《致潘祖荫手札》（稿本），国家图书馆藏，同治十二年十月十七日函。
③ 　陈介祺：《秦前文字之语》（致王懿荣），齐鲁书社，1991，第70～71页。

云："诸家著录之器，往往真赝错出。同光以后，鉴别始精。然如《陶斋吉金录》中之古兵器，十伪八九；又如《奇觚室吉金文述》并将今人翻刻阮、吴诸书之法帖视为拓本，尽行入录。此表遇翻刻之本，悉注明于下；其伪器及疑似之器，则别附于后，以免疑误。"[1] 罗氏未见原器仅据铭文以定真伪，难免有所误失，但给人提供了辨伪的一种有效方法。容庚就说："余之得略辨黑白者，皆此书之力也。"[2]

通过观察原器，根据经验判定真伪，这是最通行的办法。然而多看，经验必多，有些通过拓片便可断定。同光时期，金石友朋同好经常互寄拓片，诸家以此广益见闻，鉴别真伪，靠的就是对拓片的判断。如，同治十三年（1874），陈介祺曾根据拓片，对吴云两罍轩藏彝器作过鉴定，结果寄与潘祖荫，认为两罍轩所载：

> 册二父乙鼎、□父辛卣、且辛觚、齐良镫、朕作矛、永始鼎、黄小镫，钩多可疑。庚午父乙鼎（未定）、手执中觚、鱼觚、孙子觯、庚觯（真）、举丁觯（真）、岑妃敦（伪甚）、虢季子壶（真）、突子伯簠（即非伪亦应左芮太子也）、冥鬲（此伪无疑）、齐侯盘、戣（字格有暧，此必不可言，言恐至好）此皆所谓未见器，不敢定者，非敢妄议。[3]

然而，潘祖荫对陈介祺以拓片定真伪并不以为然，吴云也持这种观点。同治十三年（1874）十二月，吴云致潘祖荫："鉴别彝器不能仅据拓本别其真伪，惟大出大入者，则一见便知，旨哉言乎，非洞见

---

① 王国维：《国朝金文著录表》，见《王国维遗书》（第 10 册），上海古籍书店，1983。
② 容庚：《商周彝器通考》，中华书局，2012，第 215 页。
③ 陈介祺：《致潘祖荫书札》（稿本），国家图书馆藏，同治十三年七月十五日函。

此中症结必不能有此语。"① 出入非常大的器物，肯定难入这些金石收藏家法眼。然而，作伪手段高者，仅凭拓片恐不能立即断定。

据传，阮元曾受门生戏弄，此门生于旅中购一烧饼，背面斑驳成文，便戏以拓之，绝似钟鼎，寄与阮元，阮氏信以为真，集众同好商释，最后指为《宣和图谱》中某物，并加跋强调实非赝物②。光绪初，潘祖荫遭弟子某戏弄，某于市肆中得见马蹄形烧饼，形似古钱，遂购一以归，濡墨纸上，郑重呈潘，潘氏颔之，审视良久乃曰"是为殷某帝钱，稀世之真物也"。弟子大笑出饼以进，且言其实，潘乃大惭③。虽然这些野史不足为信，但可见金石收藏火热中的混乱，以致闹出这些笑话。当时，因为收藏市场的繁荣，各地作伪者层出不穷，一直困扰收藏者。同治十三年（1874）二月初，吴云谈到陕西与吴中的伪刻问题：

> 恒轩于腊月廿八日学院署中递来一信，据称古器一无所得，陕中伪刻最多，近日吴中亦有仿造者，其人类多认识，然止能仿汉代刻款，若先秦铸款一望而知其伪，故若辈不为也。④

山左亦有伪刻，陈介祺发现有以旧铜片刻字，黏于尊、卣、觯等深腹之器而获重利者，此种情况下不见原器不可直断，并作《防损器》、《拓事目》，专为收藏家有志多拓传古鉴定之用。陈氏认为传古首在别伪，次即贵精拓、精摹、精刻，以存其真。后来，光绪六年

---

① 吴云：《两罍轩尺牍》（致潘祖荫），见《近代中国史料丛刊》（第二十七集），文海出版社，1966，第567页。
② 《古鼎》，见李秉新校勘《清朝野史大观》（卷十），河北人民出版社，1997，第1091页。
③ 《金石家之笑话》，见李秉新校勘《清朝野史大观》（卷十一），河北人民出版社，1997，第1224页。
④ 吴云：《两罍轩尺牍》（致潘祖荫），见《近代中国史料丛刊》（第二十七集），文海出版社，1966，第558页。

（1880）吴云也向潘祖荫致书，说上海作伪者愈出愈奇，专有收无字旧器者，合数人之力，闭户覃精，伪造成文，器本原旧，文又工致，目前已不易识，数十百年后定不能辨①。当然，就彝器辨伪而言，仁者见仁，智者见智，一家之言比较普遍。虽然言伪，未必即伪，所言不伪，也未必真。潘祖荫经常就真伪问题请教陈介祺：

　　　　世所传之豆无不系后人所伪，或政和所制，虽太师虘豆似非伪，但见拓本未见原器，不知何状，至叶氏此东豆阮录与彝，然非彝亦非豆也，其形实不似豆，安得新出土若干豆如考古图者乎，何其少也。

　　　　介山马氏，何人也。见其一拓文似召伯虎敦，字数约略相等，亦有召伯语，而标曰壶，以字观之不伪。②

　　陈介祺好直言，但往往藏家都不喜欢自己的藏品被定为伪品，潘祖荫极少对陈氏的判断做对与不对的回应，有些建议只是作为参考，并不会完全听从。当然，藏品的伪与非伪是一个方面，关键是通过他人的判断，给当事者一个提醒，以便后来收藏器物时多一份谨慎。同治十三年（1874）九月望，陈介祺致鲍康："近日关中又别出一种通文理人伪作，苏七或不知或知未可定，终是无力量无法度，不可不慎也。"③ 这种经验的交流对于收藏与研究十分有利。

　　同治十二年（1873）七月九日，陈介祺接潘氏所著《攀古楼彝器款识》及金文拓各种，复书曰：

---

①　吴云：《两罍轩尺牍》（致潘祖荫），见《近代中国史料丛刊》（第二十七集），文海出版社，1966，第616页。
②　潘祖荫：《潘伯寅致陈簠斋书札》（稿本），国家图书馆藏，第82通。
③　陈介祺：《致鲍康书》，陆明君：《簠斋研究》，荣宝斋出版社，2004，第222页。

叙中云藏器不多，夫多不如真，真不如精，古而精足矣，奚以多为。得可存者十，不如得精者一。古器朽则生绿，字中绿下有铜汗黑灰，伪者无之，此铜贩能知。若我辈则以字与文知之。古人力足气足，有真精贯其中而充其颠末，法即在此，须以此求之。已有真器数十，有余师矣。如肯极力裁汰而不以为妄，则前所谓见器乃可定者，疑者过半，即真亦非古人佳者，审器自定之足矣。①

潘祖荫曾致函王懿荣盘点所藏："晚来遍检所得吉金，共四十□，而伪者（三爵一鼎一车饰一敦）居其七，疑者□□，则卅四器真者耳。"② 潘祖荫收藏器物还是依据自己的眼光，但他认为如果刊刻，则大可不必较真，曾与吴重憙书曰："伪者似亦不必汰，但据某人曰疑，何也。"③ 可见，潘氏认为即使疑为伪者，也不能否定其价值，不必汰除，在刊刻时注明不同的观点即可。

第二节 《沙南侯获刻石》群体考释

梁启超认为道咸以后的研究日盛，"其所以考证，多一时师友互相赏析所得，非必著者一人私言也"④。群体研究之风在此时非常盛行。潘祖荫虽然公务繁忙，但其研究从无因此放弃，他会调动同好的力量，共同考释，推动金石学研究的深入。

叶昌炽《语石》"字书小学类四则"曾云：潘文勤师酷嗜古籀，

---

① 陈介祺：《致潘祖荫手札》（稿本），国家图书馆藏，同治十二年七月十日函。
② 潘祖荫：《潘文勤公书札》（致王懿荣）（稿本），国家图书馆藏，第37通。
③ 潘祖荫：《潘文勤公书札》（致吴重憙）（稿本），国家图书馆藏，第25通。
④ 梁启超：《清代学术概论》，上海古籍出版社，1998，第58页。

每得一古碑，必集门下士释之①。收藏与研究往往同步，否则不算真正收藏，研究会带动更好的收藏，二者相辅相成，并行不悖。本节以《沙南侯获刻石》考释为例说明在同光时期对群体研究模式的探索。

《沙南侯获刻石》刻于新疆哈密以北焕彩沟沟口的一块天然巨石上，此石略呈立方体形，东西长 3.2 米，南北宽 3 米，高 2 米，石之西侧"焕彩沟"三个大字为后人所刻，南侧残存刻字三行，首行有"惟汉永和五年六月十五日"等字尚可识读，余字漫漶不清，难以辨认。一般认为，嘉庆二十四年（1819）徐松②途径哈密始有初拓，据莫友芝《邵亭日记》咸丰十一年辛酉（1861）载：

　　同宅三访张仲远曜孙观察，言《沙南侯碑》是徐星伯拓归，三纸。一自存，一赠刘燕庭，一赠仲远。其碑在新疆焕彩涧，涧旧名棺材，岳大将军经之，嫌其名不雅，为改之。即磨刻三大字于此石之背，不知其有字也。星伯赐还憩此，乃审为汉刻而拓之，其阴之刻焕彩涧者，当亦有字，已磨去矣。③

据熊懋奖《西行记略》云："焕彩沟，旧名棺材沟，岳威信公（钟琪）改今名。"此岳大将军乃宁远大将军岳钟琪，于雍正七年（1727）驻军巴里坤。据徐松《西域水道记》中载，他在沿天山北路考察，西赴途中在巴里坤拓《汉裴岑纪功碑》。东归途中，拓《唐姜行本碑》。在焕采沟，见《汉永和沙南侯残碑》：自此层折而下，东南

① 叶昌炽、柯昌泗：《语石·语石异同评》，中华书局，1994，第194页。
② 徐松（1781－1848），字星伯，原籍浙江上虞，幼随父宦京师，遂入大兴籍。嘉庆五年（1800）举人，嘉庆十年（1804）二甲第一名进士。嘉庆十五年（1810）出任湖南学政，嘉庆十七年（1812）获罪免官，遣戍伊犁，为期七载。以博学多才，尤长于地理之学，名重当时。
③ 张钊：《莫友芝年谱长编》，中华书局，2008，第232页。

行三十五里，为焕采沟。"焕采沟"三字，立石路侧，理藩院笔帖式正书，填以朱，其石亦汉碑。石之阴隶书四行，首行曰："惟汉永和五年六月十五日（下缺）"。二行曰："臣云中沙南侯"，余皆不可辨识。① 据同治十二年癸酉（1873）潘祖荫《沙南侯获刻石释文跋》："石始见于徐氏《西域水道记》、翟氏《隶篇》。道光间刘燕庭方伯、吴子苾阁学皆得之，惟所见俱止前三行，无所考证。此石世无精拓本，今且日益泐。"②

后道光十五年（1835）萨迎阿③经此地继拓，始传于世。萨氏《寄尹竹农书》云：

> 伊吾城北行沙漠百二十里，为南山口，登天山赴镇西府所必由。入口十里，道旁有石，刻"焕彩沟"三字，乾隆十五年田辅仁书也。道光十五年许子直游天山归，言石上有隶书，不可辨。余遣吏往拓，得两行，有曰"惟汉永和三年六月十五日（下系付字）"，次行"马"字下有"云中沙海侯"字，碑三面，刻字可辨者尚有"睦堂""陶君"等字，想亦纪功之作。④

因此刻石字画参差，风沙所蚀致泐文与刻文相混，碑文模糊，因此萨氏初见仅识得几字。据罗振玉《西陲石刻录》载："三面刻字，拓本每面广二尺七寸不等，仅拓上截，高四尺七八寸不等，弟一二面存字三行，弟三面存字四行，三面共字十行，每行存一字至十二字不

① 郭丽萍：《绝域与绝学——清代中叶西北史地学研究》，三联书店，2007，第97～103页。
② 潘祖荫：《沙南侯获刻石双钩本跋》，见《沙南侯获刻石双钩本》（刻本），国家图书馆藏。
③ 萨迎阿（？-1857）钮祜禄氏，字湘林，满洲镶黄旗人，清朝将领。嘉庆十三年（1808）举人，授兵部笔帖式。擢礼部主事，洊升郎中。道光三年（1823），出为湖南永州知府，调长沙。历山东兖沂曹道、甘肃兰州道。七年，就迁按察使。以治回疆军需，赐花翎。六年，擢河南布政使，未任，予副都统衔，充哈密办事大臣。调喀喇沙尔办事大臣。
④ 史国强：《伊犁将军萨迎阿与新疆研究二题》，《新疆大学学报》2015年第9期，第84页。

等，并分书。"① 罗氏发现有十行，但该碑流传拓本多有残缺，不同时期所得行数不同。同治十二年（1873）潘祖荫滂喜斋有木刻双钩本，系吴大澂勾摹，王懿荣手书，并附释文，最为世称，所据底本是潘祖荫所藏之六行足本②，今北京大学图书馆藏有道光十五年至同治十年间拓片。同光时期，该碑拓片一时为人争相收藏，对这件因严重风化变得几乎无字的刻石，潘祖荫以及其周围的金石学家投入极大的精力与热情，屡屡研读考释，足见当时金石研究之鼎盛。

图 27　位于焕彩沟的沙南侯获刻石

资料来源：秦明：《故宫藏〈清拓沙南侯获碑〉陈介祺本考略》，《书法丛刊》2016年第 2 期。

该刻石拓本流传最多者为三行本，同治二年（1863）九月，由潘祖荫出资赞助，赵之谦装成《二金蝶堂双钩汉碑十种》，其中有《沙南侯残碑》，并做考证，但释文一直未定。同治十年（1871）六月，赵之谦为潘祖荫双钩此碑，此时赵之谦方知此碑之名，可见拓片的确

① 罗振玉：《西陲石刻录》，见《石刻史料新编》（第二辑，第 15 册），新文丰出版公司，1977，第 11030 页。
② 秦明：《故宫藏〈清拓沙南侯获碑〉陈介祺本考略》，《书法丛刊》2016 年第 2 期，第 68 页。

难辨，赵氏为此可谓绞尽脑汁，有时甚至静对一日，竟不能释出一字。其实此碑"沙南侯获"之名，就是在此时经潘祖荫等考释后始称之。赵之谦钩成后作跋：

> 同治十年六月，假张松坪太守本双钩一过，始识此碑乃侯君名获，非"沙南侯"。《补录访碑》据樊文卿钩本沿翟氏《隶篇》之误，眼学不可少如此。"字"下一字旧释"伯"，谛视殊非。末一字疑"奋"字，石花隐见中仿佛遇之，亦未敢信也。①

张松坪即张德容，他所藏的拓本就是今北京故宫博物院所藏新93424号拓本，为陈介祺旧藏，据同治辛未（1871）仲秋张德容双钩：

> 惟汉永和五年六月十五日/马云中沙南侯获安边/寮兼率护乌桓校尉讨/

并作识语：

> 右汉沙南侯获碑，在镇西府宜禾县焕采沟道旁。此本为刘鹭卿同官比部所贻。第三行纸损缺数字，今以滂喜斋本校对，谛审得二十九字。因钩橅之以备参考。

根据时间来看，张德容此跋稍后，并依据潘祖荫藏本校对，又参赵之谦前跋，可知当时潘、张二人所藏的拓本是互相借观的。潘藏三行本现存北京大学图书馆，上有赵之谦、胡澍、王懿荣、孙诒经、徐郙、黄

---

① 赵之谦：《双钩沙南侯碑跋》，见邹涛《赵之谦年谱》，荣宝斋出版社，2003，第201页。

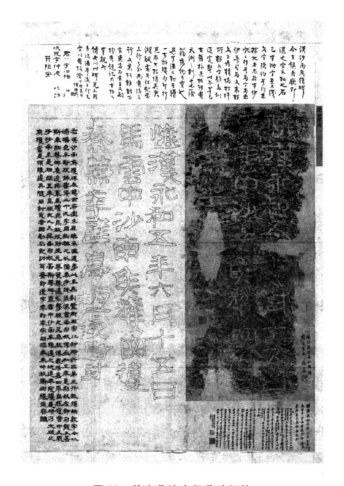

图 28　故宫藏沙南侯获碑拓片

资料来源：秦明：《故宫藏〈清拓沙南侯获碑〉陈介祺本考略》，《书法丛刊》2016
年第 2 期。

钰、韩泰华、张德容、翁同龢、张之洞等人的题跋，推测潘祖荫最迟应
在同治二年（1863）获得该碑拓片，考释集中在同治十年（1871）。

　　七月十七日，赵之谦又作《沙南侯获碑》跋，提到：

　　　　《侯君碑》所见凡三本，皆阙下截三字，塞外椎拓未精善，模糊不易辨。侯君字祖（旧释"伯"，误）奋（此本"奋"字仅存三之一，几不可识），事迹无考。第三行"邢凤多"三字，乃谛审至久而后得之，疑是人名……然则碑文必不尽此三行，安得精拓完本一证明之？[①]

跋中言及潘祖荫根据《后汉书·南匈奴传》所载永和五年有匈奴叛汉一事，赵之谦以此为是，其推断定有完本。八月二十九日，张之洞跋张德容本，释文：

惟汉永和五年六月十五日（伊吾司）／马云中沙南侯获字仲奋（举）／孝廉蕃丘乌埒张掖令／

详考曰：

何以定为伊吾司马令，宜禾古伊吾也（碑见在今宜禾旧县，道光间该名镇西厅），名获当字奋，以训故知之也。孝廉获出身也，蕃丘（彭城县）、乌（太原县，汉志作鄔）、埒（雁门县）、张掖（武威县，非张掖郡），获所历官也。永和五年虽有马续与南匈奴战事，西河不与伊吾近（西河今汾州府及保德州境，美稷今汾阳县，去伊吾数千里，南匈奴不寇西边），故不用之也。

并推测：

---

① 《历代金石拓本菁华图版68》，北京大学图书馆藏，见张小庄《赵之谦研究》，荣宝斋出版社，2008，第642页。

以下文不具，碑之失也。第三行以此本及潘侍郎所藏三本参检，而得之丘字、张字。惟潘藏摺叠未裱本最为章灼（其本右方第一行有横裂一段，左畔有吴子苾侍郎题字两行），掖字惟此本可辨，令字据潘摺叠本有人字，以义推是令耳。若不见此数本，将谓以意为说也。又此下余石无几，详碑文尚多，而潘本第三行之左余地甚宽，几与右方等，确无字画，是知非后人破此元碑以作新刻，当是阴及两侧尚有文字耳。

仅就前录几家所释，就难以定论，尤其张德容与张之洞所释，然而据同治十一年（1872）张德容《二铭草堂金石聚》所载《汉侯获碑》，释文有了较大改变："同年（1871）张香涛编修谓镇西在汉伊吾西河，为地太远，因定为伊吾司马。碑释云侯获字伯奋，举孝廉，菑邱、乌、埒、张掖令。当时喜其考鉴精细。"① 可见在考释此碑的过程中，各家互相学习，以理据为先。但仅据此模糊之本，恐难以形成定论，但大家一致认为应该有个全本。为了得到完本，潘祖荫向胡澍等人四处打听信息，听说缪荃孙的拓本清晰，便去书索观：

闻吾弟有一焕采沟字之清者，兄有数本皆不清晰，欲借尊藏来一校，如在手，斯乞付一阅。②

第二年，潘祖荫果然如愿获得较为罕见的六行本，该本今藏上海图书馆。经过诸友考释，潘氏认为释出字甚奇，汇成双钩本《沙南侯获刻石释文》一书，虽也没有形成一致结论，但于此中可以看出以潘

① 张德容：《二铭草堂金石聚》（卷四），同治十一年。
② 潘祖荫：《潘文勤公书札》（致缪荃孙）（稿本），国家图书馆藏，第49通。

祖荫为纽带的这个金石群体中几位同好之间的微妙关系。

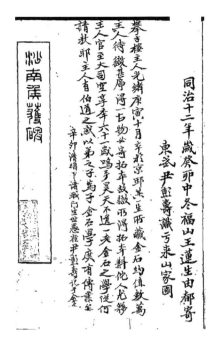

图 29 《沙南侯获刻石双钩本》之一

资料来源：国家图书馆藏。

为潘祖荫释沙南侯获刻石者主要为张之洞、王懿荣、吴大澂、赵之谦等。同治十一年（1872）春，吴大澂始为该书作图及商定释文。其实在考释方面，潘祖荫更多依仗张之洞，今见此本上有张氏四段跋文，与前三行本题跋不同处，在于有两处修订，其一是"仲奋"之"仲"字改为"祖"字；其二是"张掖令"之"令"字改为"长"字。其实，早在一年之前赵之谦就已经释出这个"祖"字，前文已经引录赵跋。而张之洞依据是第二行"奋"字上似"伯"字，但通读后发现，兄字"仲"，弟不得称"伯"，故定为"祖"字。张之洞首篇释文做于同治十一年（1872）十月十七日，洋洋洒洒，后面再跋时曰：

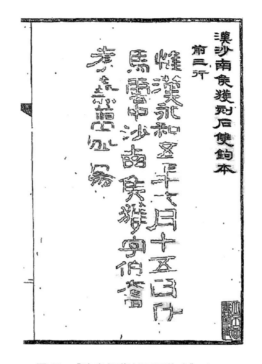

图 30　《沙南侯获刻石双钩本》之二

资料来源：国家图书馆藏。

　　读此碑后十日，见吴君释文，所释弟二行"德"字，弟三行
"井陉"字是也，当定从之。王君谓中间本没字，非漫漶，
可信。①

　　可见张之洞对事不对人，见吴、王二人所释有理，能虚心接受。
今见北京大学图书馆藏潘祖荫三行本、北京故宫博物院藏陈介祺旧藏
本、上海图书馆藏六行本，都有张之洞长篇考释跋文，从中可见其不
断修订完善的过程，其观点也逐步为时人所认可。

---

　　①　潘祖荫：《沙南侯获刻石双钩本跋》，见《沙南侯获刻石双钩本》（刻本），国家图书馆藏。

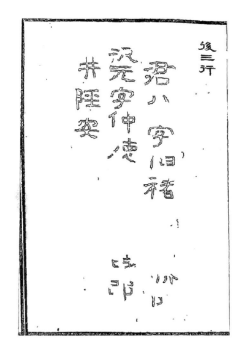

图 31　《沙南侯获刻石双钩本》之三

资料来源：国家图书馆藏。

十月，潘祖荫将《沙南侯获碑》拓本送吴大澂处，嘱为题数语或题观款。同时，又致王懿荣两函：

> 所得《沙南侯获碑》，似较各本为清朗，敬恳吾兄为细审之，当犹有可识之文也。并祈题数语为感。①
>
> 恳题《沙南侯获碑》，乞早付下为感。缘拟携入城属张挂也。②

吴大澂为潘氏摹绘《攀古楼彝器款识》获得认可，此次钩摹《沙

---

① 潘祖荫：《潘文勤公书札》（致王懿荣）（稿本），国家图书馆藏，第49通。
② 潘祖荫：《潘文勤公书札》（致王懿荣）（稿本），国家图书馆藏，第50通。

南侯获碑》当非彼莫属。同治十二年（1873）春间，潘祖荫专门致函
吴大澂，请其钩刻《沙南侯获碑》，仿《小蓬莱阁金石文字》，板依
《彝器款识》，以归一例，后附诸家考释。

王懿荣得到潘祖荫安排，已经将各跋节录，只等吴大澂钩出，即
可定稿付梓。对此漫漶碑文，吴大澂亦不易把握，尤其是张之洞做了
数段跋文，王懿荣提出请张氏将跋语酌删以归简约，钩出三行后，便
致函潘祖荫请其定夺。潘祖荫对吴大澂刻图非常认可，但张之洞的意
见却是要将赵之谦、张德容的跋删掉，而自己所跋不可更易，这种霸
气的做法让潘祖荫大伤脑筋，二人跋语已作，怎能轻易舍之，便函商
吴大澂是否另刻一纸应对此事。一直拖至八月一日，吴大澂得谕陕甘
学政，离京在即，《沙南侯获碑》尚未钩毕。潘祖荫又致吴大澂函：

> 恳吾弟钩出，即由弟交莲生，将跋录出，即付下。并致香涛，
> 未知有欲更动处否？兄速付梓人，不再踌躇考订矣。以前益甫各
> 跋，无关考据，概删之，以节经费。①

经过反复斟酌，潘祖荫还是倾向于尊重张之洞的意见，并以节约
经费之由作为借口交代过去。吴大澂钩毕转交王懿荣，王氏对于潘祖
荫的意图并未完全领会，致函潘祖荫："各家释文，言人人殊，请依
《滂喜斋款识》例，不录释文，省得有彼此异同遵从之嫌，以各家释
文散见于各跋内也。惟香涛所题，前后非一时笔墨，请转商之，属其
荟萃一处，成一正篇为妙。香涛先达，侄不敢妄来，且避异释之嫌
也。"② 如此可见，王懿荣的处理办法是不录释文，各家跋语尽列其

---

① 顾廷龙：《吴愙斋先生年谱》，哈佛燕京学社，1935，第44页。
② 《王懿荣书札》（致潘祖荫）（稿本），国家图书馆藏。

后，而张之洞前后跋语多篇，汇成一篇为好，建议潘祖荫再商张之洞。
而此想法被张之洞断然否决，张氏函潘祖荫曰：

> 《沙南碑跋》，本拟荟萃为一段，细思究属不妥，金石跋尾之
> 体，本以重叠题记为有致，古人多有之。若欲合并，必致强勉联
> 络，蒙茸一片，反致眉目不清。因即改定字句数处，段落仍旧。
> 前碑三跋，后碑留两跋。惟将末一段空话删去耳。①

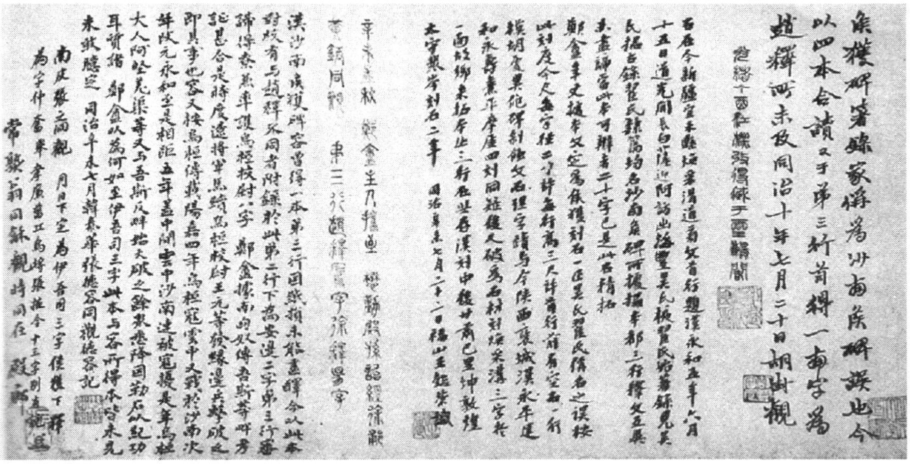

图32 潘祖荫旧藏《沙南侯获刻石》三行本之张之洞观款

注：北京大学图书馆藏。

资料来源：秦明：《故宫藏〈清拓沙南侯获碑〉陈介祺本考略》，《书法丛刊》2016
年第2期。

最终协调不成，还是按张之洞的意见刻出样本，不知何故张氏释
文依然有所改易，深感惊愕，函告潘祖荫，必须将其释文加上，就像
先有释文后有解说一样，于前署"张孝达释文"五字为题，以求自圆

---

① 张之洞：《广雅堂论金石札》（卷五），民国间刻本。

其说，与他人各抒己见之论绝不相同，并且就版式做了安排。他认为：
"此碑原石世人既不得见钩本，又只钩前数字，晚所释乌、坼以下点
画俱无，晚逐字说，文又不载入，人见鄙说未有不斥为虚妄者，执事
特未之思耳。"[1] 张氏对自己的研究成果极为珍视，强烈要求全部保
留，不能删去，否则不能自圆其说，如此倒也言之切切。最后，终按
张之洞意见定稿刻版。

今见国家图书馆藏吴大澂双钩《沙南侯获刻石释文》刻本，为经
三改之后的最终定本，张之洞释文跋语三段近千字，此外吴大澂一段
仅数十字而已，王懿荣跋文一段，潘祖荫最后题曰：

> 右《沙南侯获刻石》足本，荫所见凡五本，惟此本字最多，
> 石始见于徐氏《西域水道记》，翟氏《隶篇》，道光间刘燕庭方
> 伯、吴子苾阁学皆得之，惟所见俱止前三行，无所考证，此石世
> 无精搨本，近且日益泐，后三行又向未著录，兹属吴清卿编修钩
> 摹付梓，并以同人考释坿焉，诸家释文，言人人殊，非得精搨未
> 由定也。[2]

其他各跋尽去之，可见位置高低对话语权有重要影响，虽然都从
事金石收藏研究，但王懿荣、赵之谦等相对地位较低者，还是受制于
人，潘祖荫对于张之洞做法的默许，并不仅仅因其文辞。所以，到了
民国，王国维以为张氏跋文差强人意，并不完善，这可能也不完全是
时过境迁的缘故。

为《沙南侯获碑》，潘祖荫等同好还唱和赋诗以志，今见《壬申

---

① 张之洞：《广雅堂论金石札》（卷五），民国间刻本。
② 潘祖荫：《沙南侯获刻石双钩本跋》，见《沙南侯获刻石双钩本》（刻本），国家图书馆藏。

消夏诗》一卷，潘祖荫作《消夏六咏》之《读碑（沙南侯获碑今归沈均初）》；张之洞作《读碑（侯获碑）》，诗中进一步说明其释文。

潘祖荫曾就《沙南侯获碑》向陈介祺求释，同治十三年（1874）四月，陈氏以"沙南碑语未确"作复。其实，陈氏早在道光十七年（1837）就见过《沙南侯获碑》拓本，时陈介祺屡与翟云升通函，并为其编撰《隶篇》（续篇）提供拓本，吴式芬致翟氏书并提供《沙南侯碑》勾本等俱由陈介祺转寄。同治十二年（1873）闰六月九日，陈介祺接鲍康寄来的《沙南侯获刻石》勾本，但一直没有得到拓片。八月五日，陈氏首次致吴大澂函时提起交换《沙南侯获》拓片，时吴氏将赴任陕甘学政。但直到同治十三年（1874）二月，陈氏并未获得潘祖荫该碑拓本，曾致潘祖荫函曰："沙南侯获，未敢求赐。"① 后一直没有得到，光绪元年（1875）正月，陈介祺致潘祖荫："袁筱坞闻移驻巴里坤，汉唐各石当可得精拓，沙南侯获尤企切。尊藏之本求假数月，属西泉钩刻之即缴，勿如前语。吾兄以文字交之意至厚，祺唯以真意相答而已。"② 随后，潘祖荫交由王懿荣寄去该拓，当年三月陈氏将其寄回，但始终未见其释文。其实，此间潘祖荫正因遗失户部行印受处分，经济窘迫，事务繁杂，心力交瘁，友朋之事有所不周，当非意外。

光绪二年（1876）夏，潘祖荫将此拓片寄与陆增祥，陆氏将其刻入《八琼室金石补正》并作按语③。《沙南侯获碑》原拓本，潘祖荫薨后，僮仆窃走，流落他所。直至民国十年（1921），吴湖帆与潘省安于吴中碧凤酒家，偶得潘氏旧藏拓本两轴，有陈介祺、翁同龢、张之

---

① 陈介祺：《致潘祖荫手札》（稿本），国家图书馆藏，同治十三年二月十三日函。
② 陈介祺：《致潘祖荫手札》（稿本），国家图书馆藏，光绪元年正月十一日夜函。
③ 陆增祥：《八琼室金石补正》，《吴兴刘氏希古楼刊》（卷四，第五页）。

洞、王懿荣、潘祖荫五家题字①。此后，吴氏姻家张心秋以其所藏潘祖荫致沈树镛手札七通赠送，此事详见《吴湖帆文稿》之《潘文勤公手札跋》一文②，此批手札皆涉及《沙南侯获碑》，从吴氏文稿中可知，潘祖荫札中涉及何绍基、朱遂生、魏稼孙、萨崇阿、陈介祺、莫友芝、李文田、汪鸣銮、张之洞、吴景萱、李山农、吴小亭、朱子清、许缘仲、胡心耘、瞿春甫、王戟门、协卿、修伯等。为此，吴湖帆特作词《金缕曲·题汉沙南侯获碑六行本》③，后又修改归入《佞宋词痕》卷二④，如此精彩，惜今未知此批手札存于何处，否则会展示更为丰富的金石活动风貌。

第三节　《邲钟》文字辨识与史传考稽

考释金文文字的主要方法是对照⑤，而用以对照的对象是《说文解字》。作为古文字考释首选之法，对照法可靠性大，也就一直被学

---

① 顾廷龙：《吴愙斋先生年谱》，哈佛燕京学社，1935，第44页。
② 梁颖：《吴湖帆文稿》，中国美术学院出版社，2004，第297页。
③ 梁颖：《吴湖帆文稿》，中国美术学院出版社，2004，第298页。《金缕曲·题汉沙南侯获碑六行本》雪岭崎岖路，访天山摩崖绝壁，蒙茸何处。不似青红岣嵝迹，漫说荒唐神禹认。惟汉永和堪据，侯获沙南君父字。字蚀苍苔，椎画鱼虫古。重细释，尚清楚。司农七札如龙舞，想年时殷勤意得，商量辞苦。足拓六行，泂希世无二，陈王同赋。（簠斋以无第二本为可贵。王文敏云后三行从未之见。）更满纸南皮题著。（张文襄前后碑文考释在二千言以外，复有纪事一则，载事甚详。）碧凤酒家惊奇遇，（当日余与省安见《侯获》拓本，深诧潘氏何以流出。一再细索，方知佚在故都，文勤公薨后也。）合欧碑梅谱同珍获。（吾家四欧堂之《化度寺》、《皇甫诞》二碑及宋本《梅花喜神谱》皆文勤公物，为静淑奁中品也。）先泽守，有吾妇。
④ 吴湖帆倩菴：《佞宋词痕》（卷二），《金缕曲·汉沙南侯获碑》（六行本）雪岭崎岖路。访天山、摩厓峭壁，蒙茸何处。不似青红岣嵝迹，漫说荒唐神禹。有惟汉、永和堪据。侯获沙南君父字，蚀苍苔、椎画鱼虫镂。重细认，尚清楚。将军文采翩风度（萨湘林）。在三千、里外寄语，京华同赋。七札司农殷勤意（潘文勤为此致沈韵初外祖，七札同贮余处），不惮商量辞苦。诧无二、齐东陶父。足拓六行希世宝，费周详、铅椠双钩著（攀古楼汉石纪存，先宪斋公手摹者）。真本对，忆攀古。
⑤ 赵诚：《晚清金文研究》，《古汉语研究》2002年第1期，第11～18页。

者所看重。唐兰说过："一直到现在，我们遇到一个新发现的古文字，第一步就得查《说文》，差不多是一定的手续。"①

潘祖荫等金石学家治学之初，重要的学习内容就是《说文》。《潘祖荫年谱》载，咸丰元年（1851）二十二岁时"请业于曾文正公，教以治《说文》，先看段注第十五卷及小徐通论，并熟读部首，复治《毛诗故训传》"②。可见，文字学是治金石之学的基本功底。通过推求文意，也可以认识一些金文，这也就是推勘法。晚清金石学者基本上都是经学家，推勘法运用较多也非常自然。古文字的载体均为三代古物，通过前述可知，晚清的金石收藏不论数量还是种类都大为提高，除了传统的彝器、石刻外，更增加了陶器、封泥以及古印等，这些器物上的字迹已经超出传统考释所依据的对照物《说文》，所以晚清至同光时期，古文字的考释进一步推进。

从金石研究的角度讲，材料的扩大正是推动研究的有利条件。在新的条件下，吴大澂等金石学家开始注意金文本身的构形体系、组合关系、历史演化，不完全受《说文》的束缚，对于新出现的字形进行考释，又辨认出很多，精心勾摹，著成《说文古籀补》一书。因此，赵诚认为晚清的金文研究已经基本上越出了传统金石学的范围，突破了彝器款识学的藩篱，为古文字学从金石学中分离出来创造了条件，也可以说是为古文字学发展成一门独立的学科奠定了基础③。

从宋代到清代中叶，考释金文常用以治经，是以经为主。阮元把金文看得和经同样重要，他在《商周铜器说》上篇中说："形上为道，形下为器。商周二代之道，存于今者，有九经焉。若器，则罕有存者。所存者，铜器钟鼎之属耳。古铜器钟鼎铭文为古人篆迹，非经文隶楷

---

①　唐兰：《古文字学导论》（下编），齐鲁书社，1981，第 17 页。

②　潘祖年：《潘祖荫年谱》，《近代中国史料丛刊》，文海出版社，1966，第 16 页。

③　赵诚：《晚清金文研究》，《古汉语研究》2002 年第 1 期，第 11～18 页。

缣楮传写之比。且其词为古王侯、大夫、贤者所为，其重与九经同之。"① 阮元提倡以金文治经，并身体力行结合经史考释铜器铭文，学术思潮和风气才略有转变。到了晚清末季则蔚然成风，金石学逐步走向传世典籍与出土文献并重、经史与金文互证的研究道路。互证，可以认识到地下材料中某些词语的意思，同时也肯定传世文献的信而有征。后来王国维提出"二重证据法"，将考古发掘纳入中国上古史的研究，自有别于只根据传世文献而来的观点，其方法与晚清学者可谓一脉相承。由此可以看出晚清学术与现代学术之间，不仅时间上相接，而在精神上也有所通。下面主要通过诸家对潘祖荫《攀古楼彝器款识》中邲钟的考释，探究文字辨识与考稽史传的结合。

同治十一年（1872）四月二十三日，潘祖荫《攀古楼彝器款识》二卷刻成，此著分别器物刻图，每器图后胪列各家考释，按此体例，以后有新得器物，或新释文，都可以增益。虽各家所释不同，皆求自圆其说，潘氏并不做是非评论，以使读者自我判断，所以后来各家评论不一便不足为奇了。前文已经述及，此著中张之洞考释二十篇，潘祖荫认为此书定可传承，一再催促吴大澂尽快刻图。书中所录彝器，最重要的莫过于邲钟，潘氏将其置于第一册之首。

邲钟是乐器之一种，潘祖荫在书中有一段案语：

> 此钟咸丰间河岸出土，为向来者著录家所未见，今所得此钟，四歌钟，三编钟，一款识，在鼓左右，字刻文细小，为款识所仅见，是古之韵文，详见各家释文中。②

---

① 阮元：《商周铜器说》（上篇），见阮元《积古斋钟鼎彝器款识》，商务印书馆，1937，第1页。

② 潘祖荫：《邲钟案语》，见潘祖荫《攀古楼彝器款识》，同治十一年（1872）京师滂喜斋，刻本。

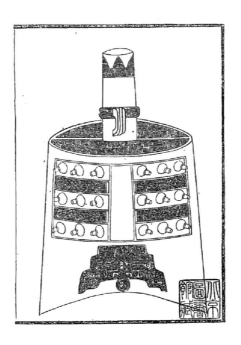

图33 国家图书馆藏《攀古楼彝器款识》邵钟刻图之一

资料来源：国家图书馆藏。

　　按，容庚《商周彝器通考》："清咸丰间，山西荣河县后土祠旁河岸出土，今所见凡十三器，铭文皆同。"① 可知传世共十三件。今上海博物馆藏有十件，英国和台湾各藏一件，尚缺一件不知下落。陈介祺名此器为邵钟，曾致鲍康札曰："台作吕，吕作吕。"他根据看到的拓本判断为前者，遂名，在为潘氏所作释文中又特别强调。此钟藏地上海博物馆介绍为晋大夫邵黛所铸，所以名之为"邵黛钟"。今查潘祖荫手札，以称邵钟为多，而其他各家多以邵钟称之。如果仅按照陈氏的方法从字形上分析，因《攀古楼彝器款识》一书中此字钩摹过小，丝毫之间未能全辨，又未看到清晰的拓本，对陈氏判断无从评定，本书径称邵钟，所引各家书札材料以原文为是，不做变更。

---

① 容庚：《商周彝器通考》，中华书局，2012，第499页。

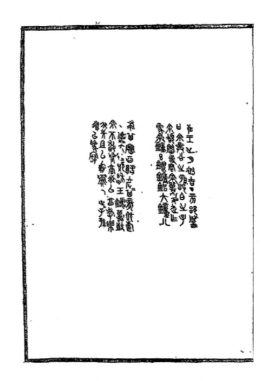

图 34 国家图书馆藏《攀古楼彝器款识》邵钟刻图之二

资料来源：国家图书馆藏。

潘祖荫所藏邵钟应不是一次而来，前述提到鲍康、董玉灿分别为其提供了非常重要的信息。同治十二年（1873）二月陈介祺曾致书吴云："伯寅所藏，惟邵钟二为至美。"① 《攀古楼彝器款识》成书时，潘祖荫已有四件刻入，致王懿荣札曰："十钟有四，尚缺其六，殊难满愿也。"② 该器有周孟伯、张之洞、王懿荣三家释文。同治十二年（1873）十一月十日雪夜，陈介祺复潘祖荫书云："新得邵钟二，甚精，当可以六邵钟名室矣。"③ 此时已有六钟。至十二月立春后一日，

---

① 陈介祺：《秦前文字之语》（致吴云），齐鲁书社，1991，第231页。
② 潘祖荫：《潘文勤公书札》（致王懿荣）（稿本），国家图书馆藏，第29通。
③ 陈介祺：《致潘祖荫书札》（稿本），国家图书馆藏，同治十二年十一月十日函。

陈介祺又致鲍康书云："钟已有十，可谓钜观，宜专刻（无字者亦必刻）一册。蒙之十钟，乃积累而成，不及此原来未失之十钟远矣。宜何如为十邾钟主人庆，唯望制簴同悬，它日或得登堂一叩之耳。"① 可知，三个月间又得四钟，十钟得聚攀古楼。陈介祺非常羡慕，曰："伯寅之邾钟，不可不珍重，真不易得。而字有可取，且字至小，亦可珍也。"②

欧阳修《集古录序》曰："故上自周穆王以来，下更秦、汉、隋、唐、五代，外至四海九州，名山大泽，穷崖绝谷，荒林破冢，神仙鬼物，诡怪所传，莫不皆有，以为《集古录》。以谓转写失真，故因其石本，轴而藏之。有卷帙次第，而无时世之先后。盖其取多而未已，故随其所得而录之。又以谓聚多而终必散，乃撮其大要，别为录目，因并载夫可与史传正其阙谬者，以传后学，庶益于多闻。"③ 说明金石文字的史料价值。今参《攀古楼彝器款识》，见周孟伯释文依据《左氏春秋·襄公十年》传季武子事迹，以邾为莒，与《左传》以郯为莱之例合，然据《春秋》，世自有吕地，邾伯乃翼侯之别子，以晋大夫多以伯俑，邾氏宜亦从其例也。王懿荣延其师之说，以为邾是莒字，该钟当是莒公孙以武事作钟祀于共公庙者，故得用四堵也，大钟既三字下是穌字。而张之洞从"翼、戴"两谥字考起，参考《史记正义》、《六家谥法》、《嘉祐谥法》、《春秋谥法》、《春秋释例》、《书谥例》、《释例》、《释诂》、《左传》、《集韵》、《说文》、《尔雅》、《释诂》、《广雅》、《诗》、《周官》、《古文尚书》、《泮水》、《毛诗》、《尚书》等。张之洞非常善于引经据典，从各种角度考证，细致而不厌其烦，释文最长，功底深厚，所以潘祖荫最为叹服，对张氏也另眼相看，以

---

① 陈介祺：《秦前文字之语》（致鲍康），齐鲁书社，1991，第 182 页。
② 陈介祺：《秦前文字之语》（致鲍康），齐鲁书社，1991，第 192 页。
③ 欧阳修：《欧阳修全集》（卷 42），中华书局，2001。

为在京师只有问张之洞才可放心。

陈介祺对该书中张之洞释文评价颇高，曰：

> 《攀古楼款识》释文，自以张说为长，以其博雅而聪颖，于理为近也。祺愧不博，又不能穷理。而窃谓古学之长，必折衷于理，博而不明，不能断也。辞赋之胜，亦必以理。汉学之杂，必择以理。……文人、才人，香涛足以当之。①

陈氏为何如此评价？其实在同治十一年（1872）致吴云书中就提出他的标准："释金文须先别古文文字、章法、体例、义理、句读，不仅别今古篆之异，及未见字与训诂之证也。"② 在他看来，张之洞的考释正符合这个条件。

张之洞善考辨，常左右时人的判断。如，潘祖荫曾致陈介祺书云："索盂鼎释文于王廉生，廉生函复之曰，盂鼎伪器不成文理，全袭酒诰，此香涛之说也，香涛以为毛鼎、齐侯壶即罍，及盂鼎皆伪器，盖未考其字耳。"③ 当然，王氏考证功夫较之张之洞、吴大澂等还是有一定差距。

在后人眼里，张之洞的这些判断类似疯狂，不足为据④。前文已有所言，张之洞有好辩之才，但其对毛公鼎、齐侯罍以及盂鼎皆判定为伪器，没有考其文字，不免空论，连对其恃重的潘祖荫也不以为然，鲍康甚至讥讽曰："张香涛学力过人，具有辨才，未免扬九天而抑九渊耳。"⑤ 光绪二十七年（1901）秋王仁俊抄录成《壶公师考释金文

---

① 陈介祺：《致潘祖荫书札》（稿本），国家图书馆藏，同治十三年六月八日函。
② 陈介祺：《秦前文字之语》（致吴云），齐鲁书社，1991，第 225 页。
③ 潘祖荫：《潘伯寅致陈簠斋书札》（稿本），国家图书馆藏，第 82 通。
④ 容庚：《商周彝器通考》，中华书局，2012，第 213 页。
⑤ 鲍康：《鲍臆园丈手札》（致潘祖荫），《滂喜斋丛书》，吴县潘氏京师刊本（同治光绪间）。

稿》，并注曰："从攀古楼潘氏恒轩吴氏天壤阁王氏藏器款识辑师说都二十事，一字不敢增损焉。"① 这些考释文字，后全部刻入《广雅堂金石札》。张氏的考辨曾得到过很多人的欣赏与反对，今日看来其凭个人天赋和学识的主观直觉判断，确有些空泛之弊，尤其是对于盂鼎等几件重器的判断，失之武断。

同治十二年（1873）六月六日陈介祺首次致书潘祖荫，附《邶戲钟释文》，逐字考释，最后陈氏曰："潘伯寅少农藏器凡四，以拓求之，三钟大相若一小，同治癸酉六月二十六日癸酉鲍子年夔守各寄二纸至，连日大雨蒸溽中释之，至骄字殊快意，文字谨严如此，犹是周初法度，吉金中不可多得也。俟见诸家释文当再订正。"② 第二年十月十三日，陈介祺又致书潘祖荫谈其对邶钟的考释："《周礼小胥》注，钟磬者编县之二八十六枚而在一簴谓之堵塞。按此则编钟编磬皆当八，余昔于齐地得无字编钟八，今匜宦主人得晋出大镈钟二，又无字编钟七，闻一伪字他售，当亦八也。邶钟是编钟亦当有八，其无字者乃铭不能容，故无之，当并重，去之则音不备。"③ 陈氏所依为《周礼·大胥》，此前各家尚未利用此文献。

对于邶钟的考释一直持续到民初，王国维继续对该器释文校注，除引《周礼·大胥》、《广雅》外，又以《周礼·大祝二》、《释名》等进一步考释，并对前人所释评曰："此书萃诸名士之说，而可采者殊无一二，其中周孟伯说尤为纰缪，张文襄说'翼、戴'二字差强人意，然非说金文乃说谥法耳。"④ 王国维对该书释文未加肯定。然而，

---

① 王仁俊：《壶公师考释金文稿》（稿本），国家图书馆藏。
② 陈介祺：《致潘祖荫书札》（稿本），国家图书馆藏，同治十二年六月六日函。
③ 陈介祺：《秦前文字之语》（致潘祖荫），齐鲁书社，1991，第38～39页。
④ 《王国维校注攀古楼彝器款识》，《攀古楼彝器款识》（刻本），潘氏滂喜斋，同治十一年（1872）。

对周氏考释，潘祖荫认为："孟丈之说俱有依据，妙在不人云亦云也。"[①] 而在致王懿荣书中，他提出："钟以龢字为确"，这和张之洞释为"乱"字不同，与王懿荣所释相合。而杨树达跋《邵鐘钟》赞同周悦让、张之洞所释。[②] 由此可见，释古字要做到无异议，恐怕不是一件容易的事情。需要指出，周氏考释各篇，都是王懿荣在其间联络，从潘祖荫致王氏书札中，会看到多札中有催促此事，该书释文也全由王懿荣抄写。

从上述晚清金石学者对出土器物的考释可见，在他们的视野内，器物上所承载的信息是历史原貌客观而全面地反映。因此，他们每每考证一件器物的来龙去脉，必然要与历史文献发生紧密地联系，甚至具体到文献记载中的某一个事件甚至某一个人。从邵钟的考释可见同光时期金石学家如何将文字辨识与考稽历史相结合，这是晚清金石考释的一个缩影。

第四节　《姜遐碑》再考察

金石考辨的基本条件之一是拓本本身的质量要好，关键要清晰，往往因为拓片模糊，产生了很多不同的考释结果。有时会惟《说文》是从，有时会因形近而混淆，还会因为推勘过程中的望文生义，以致误解文意。还要讲究拓本的完整性，这对于石刻的研究尤其重要。晚清石刻碑拓数量巨大，远远超过前代，石刻文字不同于金文，属于今文字系统，基本不需考证，异体字不会对文意产生根本的影响，所以考释文字在石刻研究中便为次要，主要工作是对碑刻所载史实的考

---

①　潘祖荫：《潘文勤公书札》（致王懿荣）（稿本），国家图书馆藏，第 29 通。
②　杨树达：《积微翁回忆录》，北京大学出版社，2007，第 200 页。

察。本节以潘祖荫对《姜遐碑》的研究，考察石刻研究中如何对待前人的研究成果，以及这种不囿前人成说的做法如何推进金石研究。

《翁同龢日记》咸丰十年（1860）载：

> 十月二十日，宋惠人、汪慕杜、洪张伯来翁同龢处，见伯寅所藏《茶录》、《姜遐碑》二帖，皆淀园散落者也，索直甚昂，且留之以待珠还耳。
>
> 十二月初九日，夜访伯寅，伯寅方忧贫，意甚不乐。
>
> 十二月十一日，古迹斋来取《茶录》、《姜遐碑》，余欲扣留，再与议直，五兄曰："还之可也。"甚矣！余之褊隘也，遂还之。
>
> 十二月十八日，晨访伯寅，告以还帖之故，伯寅疑余欲攘之，遂与辩论，一笑而罢。[1]

由日记内容可知，潘祖荫旧藏《姜遐碑》失于庚寅淀园，定为其所重者。琉璃厂古迹斋请翁氏观看，事后潘氏方知，其所怨亦情有可原。查《𬨎轩日记》知，咸丰八年（1858）潘祖荫任陕甘正考官，事毕回京途中，于九月二十三日抵樊桥驿，日记载：

> 毛季海赠《昭陵碑考》，系近人孙桂珊所著，《裴艺碑录》中凡再见，余亦多袭青浦《萃编》，且并未见《姜遐碑》，率以《萃编》文入录，余所得本较《萃编》多九百余字，张松坪本亦多四五百字，若松坪者方不愧笃志好古耳。[2]

---

① 翁同龢：《翁同龢日记》，见《陈义杰点校》（第一册），中华书局，1989，第84~91页。
② 潘祖荫：《秦𬨎日记》，光绪间刻本，国家图书馆藏。

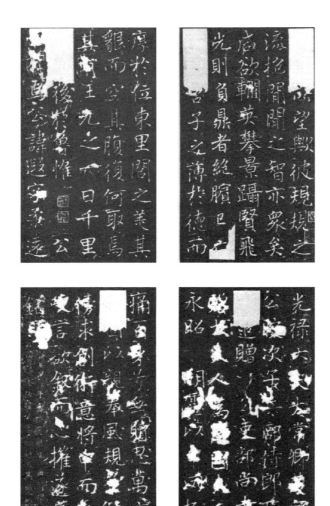

图 35 《姜遐碑》

资料来源：选自《中国书法艺术·隋唐五代卷》，文物出版社，2000。

据叶昌炽《缘督庐日记》光绪十年（1884）十二月二十一日载：

郑盦丈见示宋拓《崔敦礼碑》、《李卫公碑》、《姜遐断碑》。
《姜碑》，《萃编》著录仅二百余字，此可辨者犹有八百余字。《崔碑》亦校通行本为胜，询可宝也。《姜碑》，何义门旧藏，有叶九来跋。①

可见潘祖荫早已藏有此碑，并做过详细考证。

关于《姜遐碑》，宋田槩《京兆金石录》、明赵崡《石墨镌华》、明《醴泉县志》以及叶奕苞《金石录补》、林侗《昭陵石迹考》、毕沅《关中金石记》、朱枫《雍州金石记》、王昶《金石萃编》等皆有著录。《京兆金石录》作姜遶、《长安志唐会要》作姜远，并误。因此碑早年断裂，碑首及上截觅失，仅余下截，各家所考均为残拓，亦致考证结果大相径庭。

王昶《金石萃编》卷六十一，径名《姜遐断碑》，注："碑广四尺四分，仅存下截，高四尺二寸六分，三十三行，字数无考，正书，在醴泉县昭陵。"②并附《石墨镌华》、《雍州金石记》、《关中金石记》考证。

据罗振玉《昭陵碑录》三卷附《校录杂记》载："碑仅存下截，三十三行，每行存三十三四五字不等，正书，在醴泉县昭陵。"罗氏详细过录碑文全文，并附记："《醴泉县志》载九百余字，《雍州金石记》载二百余字，《金石萃编》载二百二十六字，罗振玉考九百六十八字，半字六。"又云："姜遐碑久佚，或云石存而漫漶殆尽，《萃编》所录仅二百二十余字，兹据浭阳端制军匋斋所藏明拓翦装本，而参以徐梧生监丞所藏旧装本，徐仅约二百字，然间有可补明本之缺者，较《萃编》所录增六百七十余字，可谓奇快矣。"③

---

① 叶昌炽：《缘督庐日记钞》（第一册），王季烈编，北京图书馆出版社，2007，第362页。
② 王昶：《金石萃编》，见《石刻史料新编》（第一辑，第2册），新文丰出版公司，1977，第1044页。
③ 罗振玉：《校录杂记》，见《石刻史料新编》（第二辑，第15册），新文丰出版公司，1977，第10575页。

由此可知，罗振玉以上各家最多者九百余字，王昶《金石萃编》仅二百二十六字，而基本考证也大多沿袭旧说。而据《輶轩日记》，潘祖荫所藏本，较王氏多九百余字。潘氏有无详考，今未得知，仅字数竟比后来者罗振玉多出二百余。

《语石》"唐十四则"言及昭陵碑刻，提及潘祖荫藏明拓本有二：《固文昭公崔敦礼碑》《姜遐断碑》，叶氏言："荒崖断碣，沉霾不少，安必异时之不复出也。"① 事实正如叶氏所言，后来《姜遐断碑》残缺部分果然被发现，陕西省古籍整理办公室编《昭陵碑石》载：

> 碑首及上截于 1974 年在礼泉县昭陵乡庄河村姜遐墓附近发现，昭陵博物馆将其与旧存下截相接，始成全碑。碑身首高二七九厘米，下宽一〇三厘米，厚三一厘米。额篆题"大唐故吏部尚书姜府君之碑"。碑文正书，共三十四行，满行七十字。碑下截因历代捶拓，字已磨灭殆尽；上截断为两块，碑首与碑身相接处亦已断裂，然因出土不久，文字大部清晰。②

经对释文进行核实，共全字一千八百九十六个，半字二十五个。

综各家所考，虽然参照均为残拓，惟潘祖荫所录最接近原碑，可见潘氏对藏本考证态度之认真。如其所言，此真"笃志好古"者也。姜遐两唐书皆未为其立传，其事仅附见于其祖姜謩传后。此碑所记姜遐事迹甚详，足以补史。又姜晞撰文并书碑文，杨震方评："此碑书法绰约，楷书中略带行意，体势规模唐虞世南，笔画圆柔而有力，大方而姣媚。"③ 潘祖荫眼力精到，对此碑书法当也颇有会意，故而益加

---

① 叶昌炽、柯昌泗：《语石·语石异同评》，中华书局，1994，第 28 页。
② 张沛：《昭陵碑石》，三秦出版社，1993，第 82 页。
③ 杨震方：《碑帖叙录》，上海古籍出版社，1982，第 122 页。

珍视。

　　本章强调了辨伪在金石鉴藏中的重要性，以沙南侯获刻石、邵钟、姜遹碑为例，论述了晚清同光时期的群体考释的特点，如何将文字辨识与史传考稽相结合，又如何不囿前说深入研究，当然在这几个方面还有许多例证，此时还有其他一些颇有新意的做法。

　　关于器物互考法的运用。晚清的金石学家对金石文字的考释，已经不仅仅局限于一器一物，很多时候会进行两器的互相对比考证，根据一件器物的文辞，推测另一件器物上原来未被认识或被误读的文字。或根据一件器物的铸造时代，推算另一件器物的时代，所谓断代的研究。如王懿荣曾致书潘祖荫解释潘氏所藏冗敦释文，同阮录《戊寅父丁鼎释文》① 进行比较，认为阮录将"𤰞"字误作"王、𠃬"二字，或拓本模糊，或原器剥蚀锈烂，均不可知，以冗敦证之，自己所释无疑，且文从字顺，昔人罔闻不可以道里计。② 且不说王氏释文及批评阮元是否合理，其以冗敦为证的方法，发展到后代，就是郭沫若《两周金文辞大系图录考释》中提出的标准器法。

　　关于文辞句读的重视。晚清的金文研究并不限于文字考释，而且要诠释词语、确定句读、分析段落，以便最后能通读全篇铭文。这些金石学家是在通读铭文的原则下考字、释语、句读、分段，也就是说，是随着对全篇铭文的通读而进行分段、句读，在必要时考字、释语。在这种条件下通释铭文时，就必须重视分段、句读。这样，铭文文意才能脉络清楚，层次分明，便于理解。其实，断句是整理古代典籍最基本的方法，晚清学者大多长于古籍整理，以此方法考释铭文，是很正常的现象。同治十二年（1873）八月二十九日，陈介祺就潘祖荫所

① 阮元：《积古斋钟鼎彝器款识》（卷一），商务印书馆，1937，第21页。
② 王懿荣：《诸家致潘伯寅潘绂庭书札》（稿本），国家图书馆藏。

著《攀古楼彝器款识》及金文拓各种，论三代圣人制器、文字、传拓、辨伪等，在谈及金文编目时提出"金文释文必定句读"①。不久，陈介祺又在致吴云书中提出他考释金文的标准："释金文须先别古文文字、章法、体例、义理、句读，不仅别今古篆之异，及未见字与训诂之证也。"② 陈氏明确提出要从章法、体例、义理、句读方面对金文进行考释，而不仅仅是文字的考释，这又是一个进步。

---

① 陈介祺：《致潘祖荫书札》（稿本），国家图书馆藏，同治十二年八月二十九日函。

② 陈介祺：《秦前文字之语》（致吴云），齐鲁书社，1991，第225页。

第五章　对书法篆刻艺术的影响

　　清代金石文化是思想文化变迁的产物，清代金石学者从艺术角度对金石文字进行的研究，源于鉴藏考证，尔后碑学兴起，引起书法的巨大变革。正如朱剑心所言："金石之文，可以订史，可以补佚，为文章之祖，百世之范，已如前述。而其书体之美，变化之多，尤为特色。自汉、魏以来，文臣学士，研习岁滋，摹揭日广，亦早成专门之学。虽古人临摹，惟重真迹。然世代绵邈，缣素莫传，惟有留于金石，得永其存。故自昔研究斯学，无不垂意于兹。"① 晚清金石学家大多同时为书法家，或者是书法家同时兼顾金石研究，由于长期从事金石碑刻的搜访、传拓、著录、考释研究，大部分人的审美趣味逐渐发生改变。篆刻同样受到金石文化的影响，不管专以汉印为宗，还是广泛取法，都有崭新的面貌。本章立足晚清金石文化对于书法篆刻艺术的影响，探讨金石文化对于书法观念的革新、实践表现的变化及启示。

---

① 　朱剑心：《金石学》，文物出版社，1981，第 11 ~ 12 页。

第一节 书法审美观念的改变

一 反对馆阁崇尚古法

科举考试作为选拔人才的重要制度，对清代的书法文化产生了重大影响，几乎所有进入士人阶层的文人，都要从小接受严格的书法训练，这种教育当然是按照馆阁体的标准进行的。虽然由于皇帝的不同喜好，清代馆阁体在不同时期呈现出不同的风格特点，有时宗董，有时从赵，但最终都会表现为字形方正、点画光洁、结体匀称、排列整齐的特点。它僵化而不自由，是对于书写者的禁锢，但不合此法，一般难登高第。而书法作为一门艺术，其自身发展的规律要求不断有新的创作生机。尤其是精彩纷呈的金石碑版被广泛传播后，晚清书法审美观念不断受到冲击，馆阁书愈加显得缺乏鲜活的生命力。到晚清，科举考试的弊端人所共知，很多有识之士包括朝中高官在内，纷纷表示强烈的不满，要求改革的目标之一便是馆阁体。翁同龢就说："一韵之失，一字之病，往往摈抑真才而不顾。"① 同治十三年（1874）十一月初二，李鸿章向朝廷提出变更科举考试方式的问题，说：

> 朝廷力开风气，破拘挛之故习，求制胜之实，济天下危局，终不可支，日后乏才且有甚于今日者，以中国之大而无自强自立之时，非惟可忧，抑亦可耻。臣愚以为科目即不能骤变，时文即不能遽废，而小楷试帖太蹈虚饰，甚非作养人才之道，似应于考

① 翁同龢：《瓶庐诗稿》（卷四），1919 年刻本，国家图书馆藏。

试功令稍加变通，另开洋务进取一格，以资造就。①

当时，李鸿章拟筹备海军，首要困难是人才短缺，而以馆阁小楷应试成为人才培养的弊端。对馆阁体书法，沙孟海喻为缠过了小脚的中年妇人，再想放松，却留着深刻的创痕，和天足截然两样。从现存大量的清代名人手札中可以清楚地看到，大部分入仕者很难彻底改变书风，这的确是对书法艺术的桎梏，同时也给人的思想开放带来不利影响。潘祖荫同样对馆阁体给予痛斥，致吴重憙书云：

　　写书字宜雅，非比殿试朝考字可厌可恶，吾兄最恶之。②

大家反对馆阁体，但从艺术的角度进行分析，找出理据并切身实践的是赵之谦。他在《章安杂说》中说："古人书争，今人书让。至馆阁体出，则让之极矣。古人于一字上下左右笔画不均平，有增减，有疏密。增减者斟盈酌虚、哀多益寡，人事也。疏密者，一贵一贱，一贫一富，一强一弱，一内一外，各安其分而不相杂，天道也。能斟酌哀益不相杂，其理为让而用在争，人不知为争也。今必排字如算子，令不得疏密，必律字无破体，令不得增减。不惟此，即一字中亦不得疏密，上下左右笔画不均平。使偏枯，使支离，反取排挤为安置，务迁就为调停。"③ 可以看出，赵氏赞赏"争"的风格，在于"一字上下左右笔画不均平，有增减，有疏密"。当然，汉字书法的结构和通篇的布局务必讲究疏密虚实，对字形笔画的实处和字画行间的虚处都要

---

① 李鸿章：《筹议海防折》，见李鸿章撰、吴汝纶辑《李文忠公全集》（奏稿，卷24），上海商务印书馆，1921年影印本，国家图书馆藏。

② 潘祖荫：《潘文勤公书札》（致吴重憙）（稿本），国家图书馆藏，第32通。

③ 赵之谦：《章安杂说》，上海书画出版社，1989，第七九则。

措置得当，这样整体上便有对比，有起有伏，既矛盾，又和谐。要想疏密得当，安排停匀，协调对比，变化统一，必须处理好"让"的问题。如果一味去"让"，难免如布棋、布算，不得疏密，不得增减，必然缺乏气魄与力量，这就是馆阁体为人诟病所在，最是书家大忌。赵之谦反对馆阁体，源于他对金石拓片的研习，在《章安杂说》中表明他所欣赏的是：

> 夏商鼎彝，秦汉碑碣，齐魏造像，瓦当砖记，未必皆高密、比干、李斯、蔡邕手笔，而古穆浑朴，不可磨灭，非能以临摹规仿为之，斯真为第一乘妙义。①

这些鼎彝、碑碣、造像以及砖瓦正是金石学家所搜集与研究的对象，在他们眼里，已经不再是幼稚、粗率、随便的，而是一种精到至极的真率表现，是技巧和意境的完美结合，看似平淡无奇、毫不经意，却蕴含着深刻的美与真，这也是晚清金石学家中有艺术追求者取法之所在。

金石文化的兴盛，给书法艺术的创新与发展提供了可能。在本书所述晚清金石文化圈中，开拓出新格的有吴大澂、赵之谦、陈介祺等，他们的笔下有不同于馆阁的金石趣味，后文将逐一述及，但是金石文化活动所带来的书法观念的变革是根本原因，他们普遍崇尚古法。其中以陈介祺最为典型，他在致友人的函札中多处提到他的崇古观：

> 古人之法，真是力大于身而不丝毫乱用，眼高于顶明于日而不丝毫乱下，乃作得此等字，所以道炼之至而出精神，疏散之极

---

① 赵之谦：《章安杂说》，上海书画出版社，1989，第九则。

而更浑沦。字中字外极有空处，而转能笔笔字字行行篇篇十分完全，以造大成而无小疵，非圣人之心孰能作之始哉，无大无小止是一心之理推之而已。①

古文字一篇中之气，一字中之气，一画中之气，岂今人所能伪哉。古人道理，大有不可以汉魏奇字与说文只订其偏旁例求之。②

古人之字只是有力，今人只是无力。古人笔笔到，笔笔起结立得住，贯得足，今人如何能及。③

陈氏将古人之书与今人之书对照，说明古人"力大于身"，古人之字有力而今人之字无力。吴大澂同样推崇古法，他认为古器文字笔力遒劲，有神采，一钩一画都有朴茂之气。他曾致陈介祺函曰：

三代阳识字最可爱，作阳文印仿之最佳。古人一字便有疏散气，今人摹古多失之工。④

汉人书体，大者如郙君开通褒斜刻石及各碑题额，小者如仓颉庙碑阴碑侧题名，更以款识字参之，无美不备矣。⑤

在吴氏看来，古人书体皆有可观，古人之字不论大小尽显疏散气，而今人所摹显得匠气。一直到三十六岁才考中进士的王懿荣，受馆阁影响较深，但他自言"好古成魔"，受家学熏陶，从青少年时代就对

---

① 陈介祺：《秦前文字之语》（致吴云），齐鲁书社，1991，第 259 页。
② 陈介祺：《致潘祖荫书札》（稿本），国家图书馆藏，同治十三年六月八日函。
③ 陈介祺：《秦前文字之语》（致王懿荣），齐鲁书社，1991，第 70 页。
④ 吴大澂：《吴窠斋尺牍》，见《近代中国史料丛刊》（第 72 辑），文海出版社，1966，第 90 页。
⑤ 吴大澂：《吴窠斋尺牍》，见《近代中国史料丛刊》（第 72 辑），文海出版社，1966，第 50 页。

金石古物有浓厚兴趣，其中进士后的第二年（1881）即编《南北朝存石目》，序中提及其师从及往来者众多①，受这些同好崇古观念的影响，其书法从碑意较浓的李北海、颜鲁公、柳公权、苏东坡、黄山谷等数家取法，重要的是他兼擅篆隶，其篆书学《天发神谶碑》，参以徐三庚的秀逸，隶书则取法礼器、乙瑛诸碑，已与馆阁之法大背。可见，对古法的推崇在晚清金石文化圈中几乎成为一种共识。馆阁体遭到金石学者的一致反对，但崇古时风之下尚有碑与帖的不同。到晚清同光时期，碑学主张的力量依然强大，是守住阁帖？是以碑取法？还是二者兼融？抑或二者皆非？对碑与帖的不同态度，体现出完全不同的书法审美观。

二　对刻帖的复杂认识

刻帖盛于宋，其后元、明、清三朝大部分书家都通过刻帖来学习书法，延至清代，这些屡经翻刻的本子早已笔法模糊，靡弱不堪。康有为说："今日所传诸帖，无论何家，无论何帖，大抵宋、明人重钩屡翻刻本。名虽羲献，面目全非，精神尤不待论。"②但这些刻帖传播太广，影响至深，在没有真迹的情况下，却成为界定艺术高低的标准。在金石文化兴盛的清代，人们的审美观念发生变化，刻帖当然也会受到诟病。潘祖荫曾致王懿荣书云：

> 弟欲即刻翁北朝石□□目录（即兄所箸）。恳兄为拟一叙，

---

① 王懿荣：《南北朝存石目》：始自壬戌，迄今辛巳，前后十九年中，探索借读，往返商榷者，为胶州匡鹤泉师、吴县潘郑盦师、江阴缪炎之师、潍县陈寿卿丈、诸城尹慈经秀才、会稽赵撝叔大令、吴县吴清卿太仆、光山胡石查户部，考订违合，剔抉幽隐，则大兴孙问蘷兵部、铜梁王孝禹工部、永明周晋季编修、会稽章硕卿大令之力为多。见《王文敏公遗集》（卷四），南林刘氏求恕斋刊，1923 页。

② 康有为：《广艺舟双楫》，见《历代书法论文选》，上海书画出版社，1979，第 754 页。

先引阮文达言晋帖之伪（语气平便不似弟之口气），须痛诋，引
申之（从兰亭、乐毅骂起），后言石刻之有裨史学而不赞其书
□□（书本不尽其可取也），中言包慎伯辈知北碑矣，而仍牵涉
阁帖兰亭，此犹桐城派之言古文宗由，溺于八股。①

　　按，潘祖荫原稿残缺，未具年月。据《王懿荣年谱》：光绪七年
（1881）春间，录成《南北朝存石目》②。此处所提王懿荣之著应是此
书，潘祖荫要为王懿荣刻印此书，请王氏自拟序文，查《王文敏公遗
集》卷四有此目录，王氏序言并未按此陈写。从潘祖荫对序文基调所
做的明确说明看，其要求对经过辗转摹刻的晋帖予以否定，因为已经
与晋风相去甚远，失去本来面貌，而对于北魏碑版石刻，认为其有利
于史学而书法并不尽可取，从这儿取法并学习书法亦非正途。潘氏这
段话，表明了十分明确的书法观，即斥魏晋阁帖、轻六朝石刻。为什
么潘氏以桐城派作喻批评包世臣呢？桐城派是清代影响最大的散文派
别，从该派地位最高的姚鼐看，他的文章醇正严谨，清通自然，简洁
明快，但是内容显得贫乏，形式拘谨，缺少风采。所以，桐城派被认
为偏于教化，思想比较保守。由此来看，包世臣在理论上欣赏北碑，
而取法却难以尽脱原有阁帖系统，以文比书，所以潘氏以为他与桐城
派相类。

　　阮元以阁帖"缺少隶古遗意，妍态多而古法少"③，由此倡导学习
篆隶碑版，影响巨大。那么他对于阁帖是不是一概否定呢？当时，
《兰亭序》是共同的考订对象，我们从阮元《王右军兰亭诗序帖二

---

① 潘祖荫：《潘文勤公书札》（致王懿荣）（稿本），国家图书馆藏，第 99 通。
② 王崇焕：《清王文敏公懿荣年谱》，台湾商务印书馆，1986，第 24 页。
③ 阮元：《北碑南帖论》，《揅经室集》（三集），中华书局，1993，第 596 页。

跋》① 中看出，他对《兰亭序》原本、搨本、临本、刻本看法不同，明确指出不同版本的特点，认为欧、褚临本已是本人笔法，不能以晋帖而论，特别提到定武本的多次翻刻问题，真本定武尚且离王羲之远甚，翻刻本更无足论。因此，阮氏所谓晋帖之伪，指的就是这种经过辗转摹刻的复制手法所产生的阁帖，而临本不可一概而论，可见阮元是有选择的批判。

潘祖荫承引阮氏对阁帖否定的观点，但尤嫌力度不够，强调要"引申之"，他从兰亭、乐毅骂起，同样是针对一再翻刻的阁帖，并非对"二王"一脉帖学全然否定。《潘祖荫年谱》同治九年（1870）条载：

> 兄是时始临孙过庭《书谱》，日数十纸，后遂以为常，退直余闲，濡毫不倦。②

从实践上看，潘祖荫摒弃失真的阁帖，而用力于孙过庭《书谱》，这和包世臣的做法有些类似，包世臣在理论上响应阮元，而他在实践上却并未深入碑版而是从馆阁体入手，再学苏轼及《兰亭》等刻帖，并且勤习《书谱》③，二人路数颇有相似之处。

梁启超《清代学术概论》说："包世臣一派专讲书势，则美术的研究也。"④ 其实包世臣所下的功夫远超一般人，从《艺舟双楫》中可以看到，他把眼光盯在笔锋、运毫这些技术细节上，便难以自如挥洒，好像裹脚妇人，所以在创作上无法同其理论相比，成就并不大，潘祖

---

① 阮元：《王右军兰亭诗序帖二跋》，见《揅经室集》（三集），中华书局，1993，第599页。
② 潘祖年：《潘祖荫年谱》，《近代中国史料丛刊》，文海出版社，1966，第61页。
③ 刘恒：《中国书法史·清代卷》，江苏教育出版社，1999，第192页。
④ 梁启超：《清代学术概论》，上海古籍出版社，1998，第58页。

荫在这点上看得非常准确。潘祖荫不仅对《书谱》下过功夫，对于晋帖也颇有会意。光绪二年（1876）潘祖荫作《宋故朝议大夫致仕赠光禄大夫黄公神道碑铭》跋，此碑为朱熹所撰并书于南宋淳熙十五年（1188），潘氏跋曰：

> 此与世所传朱子书皆不类，曾见《集注稿》墨迹却相似，殊有晋帖风致，自是南宋人书，非明以后所及，当亦时代限之欤？①

朱熹的书法初学汉魏，崇尚晋唐，主张复古而不泥古，独出己意，萧散简远，古澹和平，大有晋人风致。这里，潘祖荫以墨迹比较朱熹书法真伪，可见潘氏对于晋帖是深有体察的。潘祖荫及其金石同好也会经常谈论刻帖，如：光绪二年（1876）吴云致潘祖荫书云：

> 米帖，近时所刻惟徐紫珊②《英光堂》二卷，出胡衣谷③手，较为精美，特寄一分，以供清赏。④

可见，吴云与潘氏认可唐宋帖，虽然同样取法魏晋，但不若宋后的翻刻晋帖死板，有鲜活生动的一面。潘祖荫对于唐宋碑帖用功甚勤，尤其是中年后对深得二王笔法精神的《书谱》学习尤力，就不奇怪了。

实际上，在具体实践中不管是哪一路书家，几乎无人不在帖学里

---

① 金迪、顾霞：《潘祖荫金石跋尾三则》，《文献》2005 年第 2 期，第 190 页。
② 徐渭仁，字文台，号紫珊、子山、不寐居士。上海人。道咸时著名的收藏家、鉴赏家。辑有《春晖堂丛书》、《隋轩金石文字》、《法帖》。
③ 胡有声，字衣谷，浙江海盐人。诸生。精刻石，摹刻古人名迹，皆不失真。
④ 吴云：《两罍轩尺牍》（致潘祖荫），见《近代中国史料丛刊》（第二十七集），文海出版社，1966，第 572 页。

汲取营养，虽然时至晚清同光时期，两路截然不同的书写风格处于交融状态，但传统的帖学仍旧根深蒂固，大量文人墨客写的仍然是传统的帖字。所以从潘氏实践看，斥帖与取法并非水火不容，他所反对的也是摹刻失真的刻帖。与潘氏过从较密的赵之谦对传统的法帖不排斥也不拘前人成说，对"二王"法书，他同样认为是按照太宗好恶标准摹出，早已失却本来面目，与六朝古刻的自然形态完全不同，但他对红梨木板本的《兰亭》却情有独钟，《章安杂说》云：

> 余所见《兰亭》凡数十种。独吾乡王式庵都转家所藏七种最奇。其中唐拓一本，纸墨绝古而余无甚爱。最爱其红梨木板本，盖即《山谷集》中所称赏者，此真绝无仅有。字体较定武小十分之三而肥数倍。一展玩如神龙寸缩，老鹤山立。"恰到好处"四字不足言也。今其文孙□□携往复州，不可得见。每一忆及，尚觉腕下鬼跃跃欲动。①

查黄庭坚此跋，他认为这本《兰亭》"字虽肥，骨肉相称。观其笔意，右军清真风流，气韵冠映一世，可想见也。今时论书者，憎肥而喜瘦，党同而妒异。曾未梦见右军脚汗气，岂可言用笔法耶！"② 可见赵之谦之对帖不是一概否定，而是取其精华为己所用，眼光非同一般，所以赵氏的书法风格表现为不完全受当时北碑生辣雄强的时代风尚所影响，虽取北碑为形骸，而内在追求却是与此背道而驰的圆熟与媚趣③。金石圈中的陈介祺、吴大澂等对于刻帖早已不屑一顾，他们

---

① 赵之谦：《章安杂说》，上海书画出版社，1989，第四则。
② 黄庭坚：《跋兰亭记》，见刘琳、李勇先、王蓉贵《黄庭坚全集》，四川大学出版社，2001，第1582页。
③ 陈振濂：《书法学综论》，浙江美术出版社，1990，第64页。

认为法帖反复传刻，本来面目全非，内在意蕴全无。同时，帖学皆以"二王"为宗，皆率意挥洒，或情驰神纵，以崇古的眼光来看，是"俗软入骨"，所以他们更为关注与欣赏的是碑版，尤其是上古三代文字。

综上可知，金石学家们对于刻帖普遍反对，但对于充满金石意味的刻帖却并非一概否定，这明显受到金石文化活动的影响。今天看来，同光时期已经完全由碑学笼罩，但实际上"在艺术实践中，碑学家们几乎没有一人不在帖学里汲取营养来丰富自己的书法艺术"。[1] 刘恒认为清代后期《兰亭序》仍然受到广泛的重视，清代众多的丛帖中也大都刻有《兰亭序》，这是比较实际的，但认为"此时的书家已极少有人利用此帖来学习书法，偶见临写，亦是风雅游戏之举"[2]，则言过其实。唐宋书家的墨迹作品，毕竟离晋尚近，他们以晋人的墨迹为旨归，尚有十分可观之处，被一直归为帖学一类的作品，晚清金石学家同样十分欣赏并倾心学习。实事求是地讲，在当时的时代背景下，艺术需要远不及实际需求更具诱惑力，传统的帖学仍旧根深蒂固，大量文人墨客写的仍然是传统的帖字。

三　碑版研究范围扩大

金石文化的发展，形成访碑尊碑之风。捶拓技术的成熟，为书法研究提供了丰富的高质量范本。许多书法兼金石学者乐此不疲，对访得的各类书迹视为至宝，赏玩揣摩，从中领悟书法艺术的奥赜，同时加以著录和摹拓，一些罕为人知的古代杰作因之得以面世，也为学术界和书法界提供了第一手资料。但也不是对此不加鉴别，更不像康有

---

① 侯开嘉：《碑学论辩三题》，见《中国书法史新论》，上海古籍出版社，2003，第 142 页。
② 刘恒：《清代书家与兰亭序》，见华人德、白谦慎《兰亭论集》，苏州大学出版社，2000，第 483 页。

为后来所描述的："迄于咸、同，碑学大播，三尺之童，十室之社，莫不口北碑，写魏体，盖俗尚成矣。"①

承上一节潘祖荫致王懿荣的书札，首先看潘氏对碑版的态度。阮元曾说自己"二十年来留心南北碑石，证以正史，其间踪迹流派，朗然可见。近年魏、齐、周、隋旧碑，新出甚多，但下真迹一等，更可摩辨而得之"。② 他用正史来证明碑石的派别所在，大概与翁方纲专作鉴别的做法相类，并对于新出碑刻颇为欣赏，以为仅下真迹一等。与阮、包不同的是，潘祖荫认为北魏碑刻并不宜取法，他以为石刻可以证史，对于史学的研究有所裨益，这也正与彝器铭文相同，而对于其书法，则不尽可取。在书札原件上，这句话是以小字补在行间做进一步说明的。潘祖荫在这里反对的是北碑，而不包括唐宋碑刻。我们知道，晚清的金石学家往往还是书法家，他们研究的重要内容之一，是对书法艺术的本质、功能及源流等重大问题的考察，因此对秦汉以来碑石文字，非常重视其书法艺术价值。潘祖荫是个比较特殊的例子，他富藏金石和古籍椠本，但与同时期的金石学家相比，并没有取法六朝碑版，而是从唐宋碑刻入手，其书法也没有所谓的金石气，后文将做进一步论述。

与潘氏不同，陈介祺主张取法北碑，扬碑抑帖。从他的《习字诀》中可见，他对于北碑的观点紧跟阮、包，而且更加彻底：

> 钟王帖，南宗；六朝碑，北宗。学者当师北宗，以碑为主，法真力足，则神理自高。③

---

① 康有为：《广艺舟双楫》，见《历代书法论文选》，上海书画出版社，1979，第756页。
② 阮元：《南北书派论》，见阮元《揅经室集》（三集），中华书局，1993，第592页。
③ 陈介祺：《习字诀》，见崔尔平点校《明清书法论文选》，上海书店出版社，1994，第899页。

　　陈氏认为六朝碑版"法真力足"，这个观点和前述其崇古的观念是一致的。他甚至主张将书法的取法对象由此上溯到钟鼎金文，在包世臣北朝书法导源分篆的基础上，将金文大篆也纳入碑学理论体系中，以此开启摹写金文、以金文作书的风气，其金石好友吴大澂正是对陈氏的继承与发扬，而在金文大篆书法上卓有成就。

　　前述阮、包相继推崇北碑，包氏提出"以不失篆分遗意为上"的审美标准，碑学大播，赵之谦深受影响，读《艺舟双楫》长达五年①，下大力气研究北碑，踏实践行包氏的理论。当然在实践中，他也发现了包世臣的致命弱点。在《沈均初所藏旧拓文殊经跋》中说：包氏于书最深而受汇帖之敝。对包世臣所做该碑为西晋时物的判断，赵之谦并不附和，反而怀疑是隋人书，还列举了三条证据：

　　　　此刻即非隋石，总在齐周之间，必非西晋。不知包氏所见本曾有此一行否？余尝谓考金石必亲至碑下，虽得初拓足本，无为传信。此刻非见此本，则为晋为隋，争靡有已，又安知碑阴碑侧不尚有年月及他事可证耶？喜而愈疑矣。②

　　今天可知，文殊经为北齐人所书无疑，可见赵之谦治学之严谨，思考之精微，这也是他从事金石研究的结果。他积极大胆实践，要"调剂汉晋"、"度越唐宋"③，根本不在于哪一碑哪一帖，而是广采博取。因此，他认为六朝古刻妙在耐看，甚至会瞠目半日，曰：

　　　　见一波磔、一起落，皆天造地设，移易不得。必执笔规摹，

---

①　赵之谦：《致胡培系》，见邹涛《赵之谦年谱》，荣宝斋出版社，2003，第145页。
②　赵之谦：《章安杂说》，上海书画出版社，1989，第八十则。
③　赵之谦：《章安杂说》，上海书画出版社，1989，第一则。

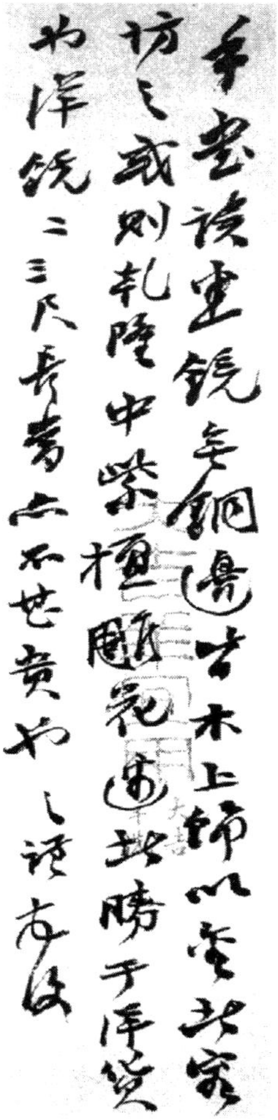

图 36　赵之谦致潘祖荫札之一

资料来源：选自《赵之谦信札墨迹书法选》，荣宝斋出版社，2003。

始知无下手处。不曾此中阅尽甘苦，更不解是。①

　　使赵之谦心动的石刻，还有虞永兴的《汝南公主墓表》。他先见石刻本，已经叹绝，后比较墨迹，觉得运笔如游丝飞絮，不可捉摸，

----

① 赵之谦：《章安杂说》，上海书画出版社，1989，第二则。

石刻钩摹甚工，而细审字字踏实，有非笔尖刀锋所能到者，变尽神气，仅下真迹一等。因此，他发出"永兴尚在，再书一本，亦必无此"的感慨①。由此我们发现，赵之谦不仅有艺术的眼光，更有求真务实的作风。所以赵之谦在对金石的研究中，选择碑版，但他更多主张碑帖兼学，二者不可偏废，最终形成潇洒沉静、方圆合度的独特风格。

由此我们看到，金石学家兼书法家们所重视的，一是六朝的碑版墓志之属，一是往上追溯的篆隶古刻。当然，也有重视唐宋碑刻的，如潘祖荫，他的碑版收藏往往取他人所无，诸如罕见的三代古刻，还有宋代一般人难以注意到的碑版，如蔡京的碑刻，并且从中取法，形成与他人不同的面貌，从本书研究的角度以及书法史的意义上看，比较特殊，这也正是晚清金石收藏与研究扩大的结果，当然也形成了更加多样的书法理念。

第二节　书法实践的深入探索

晚清金石学家的书法实践与金石研究的发展息息相关，从事金石收藏与研究要求有敏锐的感觉，能于细微处辨别真伪，这增强了他们对书法基本技法的注意。无论取法碑石还是三代古籀，都讲究精审，展示出多种多样的风格特点。在本书所研究的群体中，以大篆为法者，如吴大澂，精熟至用之作书札；以唐宋碑帖为法者，如潘祖荫得力于宋碑；既师碑又法帖的，如赵之谦、王懿荣、张之洞等，赵氏灵动秀美，王氏、张氏开张厚重。杂糅各体的，如陈介祺，篆隶楷兼融略显奇异。所以，从这个群体丰富多彩的书法实践中，也能感受到金石文化的繁盛。

① 赵之谦：《章安杂说》，上海书画出版社，1989，第五则。

一　重视基本技法

（一）　对于笔法的探索

笔法这个概念，古往今来多有论述。总体上讲，有广义和狭义之分，广义的笔法包括执笔方法和用笔方法，狭义的笔法仅指后者。同光时期出现对于广义笔法的普遍关注，比如张之洞、陈介祺、赵之谦等。虽然这些都是基础技法，但他们对此非常重视，识见卓荦，精准入理。

其一，关于执笔法。古人将执笔视为书法入门之必须，书论中多有具体经验的解说。比如包世臣论书就首重执笔，强调指实掌虚，五指齐力，有一套完整的技法规则。陈介祺对于执笔同样十分关注，但他突出强调的是书写过程中腕与指的问题，在《习字诀》中说：

> 运腕之要，全在指不动，笔不欹；正上正下，直起直落，无论如何皆运吾腕而已。
>
> 凡用手者，皆运腕乃得法，盖莫不然。手只用以执笔，运用全责之腕，运用吾腕，是在吾心，岂腕自运乎？运腕而指不动，气象、意思极可体会。能如此方是大方家数，方是心正笔正。手不动，方可言运腕，犹心不动然后可言用心也。
>
> 手之用力于指肚，如以手用力抓小物，五指齐力，一气合运，自手通腕，自腕通臂，自臂通身，手指不合一向管，执笔之病百出，其它更难言矣。
>
> 五指肚运齐力，再合起向上提，向上竖，心竖则手竖，手竖则字竖，字竖方有精神，入手自此，执笔定又无病。
>
> 运腕之妙，画家笔端有"金刚杵"之喻最精，然须正正当

当，卓尔直落，笔尖落处，又极分明，不懵懂。①

　　陈介祺强调的是腕要活而指不动，认为凡用手之艺皆应如此。他不止一次把这些体验函告金石友朋及弟子，当然这些法则书法史上多有论述，有与陈氏同法者，如明代徐渭、现代沈尹默等。也有不同意见者，如沈曾植就认为要用指。现代更多人主张把笔无定法，关键要看表现效果。陈氏还认真研究何绍基的用笔法，认为："中锋直立，运腕而指不动又不失乃得神，笔弱而指动则大逊。凡用手之事，皆以指不动为法，此近年所得也。"② 陈氏一再强调"指不动"，应与其特别重视"古法"有关，对于表现金文大篆书法来讲，他的方法是十分有效的。

　　与陈氏同样精审的还有张之洞。光绪五年（1879）十一月间，张之洞有数札与张幼樵③讨论其书法，张之洞认为张幼樵书病首先须从执笔解决，曰：

　　　　尊札病在执笔，昨已尽得其故，所以有上广下狭、上长下促之弊者，上三指分布太疏，附管太直，逼管太紧，腕骨着力太实。腕实，由管紧，管紧，由指直，消息次第，须体会了然，方得救之之法。以致筋络弦急不能进退，故左畔直画常向右，缘行笔至中半为手背大筋所掣引之，使右；右畔直画常向左，缘行笔至中半无名指尖为虎口下大肉所障遏之，使左，此下狭之故也。凡行笔取势时，有毛发阻遏，则势败而不行，贝字、八字常苦局促，

———————————

①　陈介祺：《习字诀》，见崔尔评点校《明清书法论文选》，上海书店出版社，1994，第896～897页。

②　陈介祺：《秦前文字之语》（致吴云），齐鲁书社，1991，第247～249页。

③　张佩纶（1848－1903），字幼樵，一字绳庵，又字篑斋。直隶丰润人，同治进士。与张之洞同为清流健将，有"二张"之称，名重一时。

亦由于此。每字上半笔势，必稍翘起，此自然之势，人人皆同。
故尚不觉，至下半时，笔为寸口所拒，即掌后诊脉处。不能舒长，
只好随便收煞，此下促之由也。波磔苦短，人字头苦平，亦由此。
宜令指稍进，腕稍退，则腕虚筋缓，惟吾所欲为矣。将指稍斜，
食指稍下，中指稍缓，则自然进，前肘退则腕退。结体不同，由
于用笔有异，用笔由于执笔，尽改虽难，略变尚可。①

这段精论，涉及腕、指、筋肉、脉络等生理因素，虽为救张幼樵
书病，然于今之学书者颇有启发意义，今人不重视甚至不知执笔重要
者多矣。

其二，关于用笔法。在金石研究影响下，人们对于北碑关注更多
的是其"质"的不同，引起对其精神层面的评析，但对用笔法很多人
不知所以然，可见大家对于这些被描述得十分神秘的六朝碑版认识水
平不一而足。陆维钊曾说："如对模糊剥落的碑板，不能窥测其用笔
结构者，其想象力弱，其学习成就必有限。"② 但在晚清金石文化圈中
的赵之谦、陈介祺等人看来，用笔之法正是最为关键的环节。

赵之谦对用笔方法始终十分关注，正是解决了用笔问题，才成就
了他。在致胡培系书中，赵之谦分析：

　　书学最小，然无师法，亦不能明。弟读《艺舟双楫》者五
年，愈想愈不是。自来此间，见郑僖伯所书碑，始悟卷锋。见张
宛邻③书，始悟转折。见邓山人真迹百余种，始悟顿挫。然总不

---

① 　张之洞：《复张幼樵》，见苑书义编《张之洞全集》，河北人民出版社，1998，第10135页。
② 　陆维钊：《书法述要》，浙江古籍出版社，1986，第5页。
③ 　张宛邻（1764－1833），名琦，字宛邻，号翰风，阳湖人，与包世臣为舅甥关系。

解"龙跳虎卧"四字，及阎研香①来，观其作字，乃大悟横竖波磔诸法。阎氏学此已三十年，其诀甚秘，弟虽以片刻窃之，究嫌骤入。但于目前诸家，可无多让矣。书至此，则于馆阁体大背，弟等已无能为役，不妨各行其是。②

为什么对于包世臣的《艺舟双楫》，感觉"愈想愈不是"呢？可见，用笔法不是从书论文字中读出来的，而是要具体体验到位才能有效，理论上的阐述与实际往往不是一回事，赵之谦札中连用四个"悟"字，足见兴奋之情。在致魏稼孙书中，赵之谦说出了自家毛病：

> 弟此时始悟自家作书大病五字，曰：起讫不干净。若除此病，则其中神妙处，有邓、包诸君不能到者，有自家不及知者。③

赵之谦已经找到了自己用笔的问题不在中截，而在起讫。要用柔毫表现篆隶碑版的金石气，起笔与收笔尤须注意。赵之谦从张宛邻书法中悟得了绝佳的转折之法，转折体现在点画的起止处或笔画拐弯的起承转合。张氏的书法在当时也很有影响，包世臣认为其书为能品上，从现存张宛邻的作品看，他学《郑文公碑》，方圆兼备，转折自然。赵之谦所悟到的是如何通过转折体现真隶互用、转折方圆的道理，他的书法中所呈现出来的流美率真、变化多端，正是对转折的灵活应用。要体现出金石味，笔画必须含有苍劲有力的质感，在行进中不能平直而过，包世臣就说："凡横、直平过之处，行处也；古人必逐步顿挫，

---

① 阎研香，即德林，字君直，汉军旗人，嘉庆二十五年（1820）进士，包世臣弟子之一。
② 赵之谦：《致胡培系》，见邹涛《赵之谦年谱》，荣宝斋出版社，2003，第145页。
③ 赵之谦：《致魏稼孙》，见邹涛《赵之谦年谱》，荣宝斋出版社，2003，第128页。

不使率然径去，是行处皆留也。"① 其实这种顿挫很不好把握，赵之谦
虽然从阎研香处悟得笔法，但在其作品中，仍旧没有选择表现斑驳的
效果。赵之谦被公认为是具有鲜明特点的碑派书家，而从客观上讲，
他对帖并没有完全排斥，而是默会四体合处，追求自己的艺术语言，
最终找到一种拙朴与流美、雄强与秀丽结合的风格，表现出自己的新
趣味。

与赵之谦相比，陈介祺对于用笔的理解不同。在《习字诀》中，
陈氏说：

> 取法乎上，钟鼎篆隶，皆可为吾师。六朝佳书，取其有篆隶
> 笔法耳，非取貌奇，以怪样欺世。求楷之笔，其法莫多于隶。盖
> 由篆入隶之初，隶中脱不尽篆法，由隶入楷之初，楷中脱不尽隶
> 法。古人笔法多，后人笔法少，此余所以欲求楷中多得古人笔法，
> 而于篆隶用心，且欲以凡字所有之点画分类，求其法之不同者，
> 摹原碑字而论之，为汉碑笔法一书也。②

看来，陈氏一切着意求古，溯源钟鼎篆隶。他认为北碑之妙也在
于其中含有篆隶笔法，意在将篆隶笔意寓于碑版楷书。其实，六朝碑
版书写随意，多有斑驳之态，富含铭石书意味，这是唐楷和刻帖所不
能及的。其所谓"法到隋唐古欲无"，说的就是六朝碑版以后古法的
丧失。所以，陈氏强调："得古人一笔，便多一法，一字有十笔，便
有十法，一笔有数写法，更多变化，诸法奔赴腕下，无一不善，必成
大家。"③ 这与赵孟頫"用笔千古不易"之理相通。

---

① 包世臣：《艺舟双楫》，见《历代书法论文选》，上海书画出版社，1979，第646页。
② 陈介祺：《习字诀》，见《明清书法论文选》，上海书店出版社，1994，第988页。
③ 陈介祺：《习字诀》，见《明清书法论文选》，上海书店出版社，1994，第988页。

最后，再看张之洞，他在具体指导张幼樵改善书法水平时，专函指出其用笔存在虚锋太多，入笔重而出笔轻，结尾处草草收笔的问题，要解决这个问题，须做到三义：实、到、留。他说：

> 实然后有血，到然后有力，留然后有味。用笔腹，勿专用笔锋，则实矣（力在笔腹，则墨下注，故实）。波拂，（波即磔，拂即掠）。稍缓起落，稍匀，则到矣（作波处用力在内）。钩趯稍短稍厚，每字末笔须经意，则留矣。①

这段话虽然针对张幼樵，但非有深刻体会者实不能言，对于书写者常见的用笔之病，有普遍的指导意义。张之洞对笔法的理解，已经超出了纯粹的技法层面，上升到有血、有力、有味的生命性意态的高度，讲求的是建立在艺术性基础上的生命感，实际上他提出了艺术的本质问题。金石文化的繁盛，恰恰为书法艺术的研究与发展提供了深入体验的更多条件。

（二）对于结字的探索

张之洞认为结字与用笔相同，他也是把两者放在一起讨论的，还是在致张幼樵札中，他说："执事丰润人，书诀即于两字求之。结体求丰，用笔求润。更有一捷诀，每字于字尾加意，自然丰润矣。之洞本不知书，书诀更不尽于此，今姑就尊札所不足者妄言之。"② 在金石交流与研究比较活跃的时期，大家对书法的探索更为积极。张幼樵为河北丰润人，张之洞巧妙用丰、润二字论结字与用笔，十分贴切，非

---

① 张之洞：《致张幼樵》，见苑书义编《张之洞全集》，河北人民出版社，1998，第 10137 页。
② 张之洞：《致张幼樵》，见苑书义编《张之洞全集》，河北人民出版社，1998，第 10137 页。

深识书者，不能道也。

陈介祺也对结字做了深入思考，他认为古人之法，字中字外极有空处，然而从点画到篇章却能十分到位，曰：

> 古人作字，其方圆平直之法，必先得于心手，合乎规矩，唯变所适，无非法者，是以或左或右，或伸或缩，无不笔笔卓立，各不相乱，字字相错，各不相妨，行行不排比，而莫不自如，全神相应。又作范须反书铸出乃正，是非规矩之至神，其孰能与于此。惜乎圣人所传学书之法，今不能知矣。①

类似观点在陈介祺的尺牍中还有数处，他把这些观点同时抄寄与吴云、潘祖荫等友朋商榷，这种古人作字之法，正是大篆一类书体自然而又不失法度的特征，是对传统帖学的反拨，所以在对金石的研究过程中，新的审美取向的产生是必然的。当然，金石研究带来碑学的兴起，造成书法审美体系、评价体系、创作观念、创作方法的一系列变化，从本书所述及的几位同光时期的金石学家的实践来看，当时的书写状态并不完全一致属于碑学体系，但影响是不容置疑的。

二　取法金石拓片

叶昌炽《语石》卷六云：

> 然吾人搜访、著录，究以书为主，文为辅。文以考异订讹、抱残守阙为主，不必苛绳其字句。若明之弇山尚书辈，每得一碑，

---

① 陈介祺：《致潘祖荫手札》（稿本），国家图书馆藏，同治十三年十月十三日函。

惟评骘其文之美恶，则嫌于买椟还珠矣。①

叶氏此语道出不同群体对金石拓片的不同态度，用意不同，方法迥然。事实上，有眼光的金石学家藏有大量彝器碑石拓片，并且质量相对普遍较好，展玩研究之际，不自觉便资于书法。如，吴大澂就曾致陈介祺曰：“斯相书如此富有，前人所未见，展玩十余日，自觉篆书亦稍进。”②

对金石拓片的取法也是多方面的，当碑版收藏风行时，取法偏重于石，多得益于秦汉六朝碑刻。以彝器收藏成为主流时，取法则偏重于金，多有摹写钟鼎等三代文字。兼之者则取法庞杂，显得风格奇特。当然也有受金石影响较小的，依旧喜欢从唐宋碑帖取法。

（一）吴大澂以金为法

吴氏治学素以考释古籀文字为先，所藏古器以三代钟鼎、彝器、古陶、古玺、货币为多，著成《字说》、《说文古籀补》等。《说文古籀补》以金文为主体，其对所收金文形义的释读与见解对于今天的古文字研究仍有借鉴作用，是古文字学领域的一部划时代著作。其自序曰：“爰取古彝器文，择其显而易明视而可识者，得三千五百余字，汇录成编，参以故训，附以己意，名曰《说文古籀补》。盖是编所集，多许氏所未收，有可以正俗书之谬误者，间有一二与许书复之字，并存之，以资考证。不分古文、籀文，阙其所不知也。某字必详某器，不敢向壁虚造也。辨释未当，概不羼入，昭其信也。”③ 该书所收字皆在小篆以前，吴氏学习篆书也坚持大篆胜于小篆，对金石拓本临习不

---

① 叶昌炽、柯昌泗：《语石·语石异同评》，中华书局，1994，第396页。
② 吴大澂：《致陈介祺》，见《吴愙斋尺牍》，国立北平图书馆金石丛编，商务印书馆，1938。
③ 吴大澂：《说文古籀补自序》，见吴大澂《说文古籀补》（刻本），光绪二十四年（1898），国家图书馆藏。

辍，于《毛公鼎》、《虢季子白盘》用力尤深。所作篆书屏，以商周钟鼎铭文为宗，结字古朴方正，更多注重古雅，强调理性与规范，而不像邓石如、赵之谦等追求笔画的率意，所以马宗霍曾认为："愙斋好集古，所得器最多，手自摹拓，而下笔却无一豪古意，其篆书整齐如算子，绝不足观。"[1] 我想，马氏只是看到了一面，他认为缺少古意，可能是因为吴氏所书缺少表现斑驳的震颤涩进之笔，过于光滑精整，显得整饬。但这种秩序感所显示出的静穆之美，却是他所没有看到的。

图 37　《吴大澂临钟鼎文》

资料来源：选自《书法丛刊》2013 年第 1 期。

吴氏对于自己的大篆也自视甚高，甚至以大篆书写手札，娴熟程度可见一斑。这些书札中的大篆，笔法自由，结体自然，大小参间，极富神采。

谢国桢《愙斋尺牍跋》曰：

---

[1]　马宗霍：《书林藻鉴·书林记事》，文物出版社，1984，第 243 页。

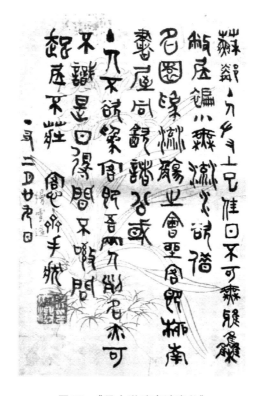

图 38　《吴大澂致李鸿裔札》

资料来源：北京师范大学图书馆藏。

　　愙斋先生所书尺牍，篆籀、行楷各体具备，纯朴郁茂，均臻极境。[①]

《清稗类钞》载吴大澂平时作札与人，均用古篆，书之娴熟，若以行草出之。其抚湘期间，有时判事亦作大篆，胥吏不能识，往往奉牍进质，吴氏乃手讲指画以告之[②]。潘祖荫得吴氏手札最多，不到半年成四巨册，曾面告吴大澂："老弟以后写信，还宜稍从潦草。我半

---

①　谢国桢：《愙斋尺牍跋》，国立北平图书馆金石丛编，商务印书馆，1938。

②　马宗霍：《书林藻鉴·书林记事》，文物出版社，1984，第 335 页。

年付裱所费已不赀矣。"① 可见对吴大澂篆书之重视。潘祖荫认为吴氏篆书：直春秋时王朝书也，本朝二百年篆书无及之者，盖皆不欲于款识中求之耳②。所评甚高。

（二）以石为法者较多

在碑学理论影响下，取法碑石的相对较多，即使没有像康有为所说的"三尺之童，十室之社，莫不口北碑，写魏体"那么夸张。本书所述圈子中，赵之谦取法碑石最为得力，而王懿荣、张之洞等不专以书法为追求，但其实也相当可观，受到金石影响，不再是标准划一的馆阁书风。

赵之谦于金石研究颇有会心之处，但他不紧盯三代钟鼎文字，更多关注古石刻。他曾整理、搜访古碑刻，装成《二金蝶堂双钩汉碑十种》，包括《赵廿二年上寿刻石》、《甘泉山元凤残字》、《杨瞳买山记》、《莱子侯石刻》、《南武阳功曹墓阙》、《沙南侯残碑》、《文叔阳食堂记》、《李禹表》、《陈德残碑》、《杨叔恭残碑》，赵之谦对之皆详细考证。还著有《国朝汉学师承续记》、《补寰宇访碑录》、《六朝别字记》以及选定《魏齐造像二十品》等，都是对汉魏碑石的研究，关于其如何从中得法，上文已论，此不赘述。综上可知，赵之谦形成其独特的风格是与对金石的研究分不开的。

王懿荣是受馆阁影响较深的，多年为考进士努力，书法也相对端庄稳健，浑厚丰满，但不失庙堂之气，与一般的士子书有较大不同。他虽然没有明确学习北碑，但多从碑意较浓的李北海、颜鲁公取得笔法，字形上则更接近苏东坡，从规规矩矩的馆阁体中脱离出来，写出了自己的面貌。据说，王氏在京城颇负博雅盛名，他在答拜访者时特

---

① 徐珂：《清稗类钞》，中华书局，1986，第 4044 页。

② 顾廷龙：《吴愙斋先生年谱》，哈佛燕京学社，1935，第 4 页。

制有三种"名片",对只通八股文者,用楷书;对稍通古今而无专长者,用隶书;而对专精汉学,又旁通金石文字者,则用小篆字体。此谐趣之举,在京城一时传为雅谈。

图 39 王懿荣书札

资料来源:选自浙江图书馆编《浙江图书馆馆藏名人手札选》,浙江人民出版社,2000。

(三) 陈介祺杂糅各体

陈介祺的崇古思想是随着其对古文字的逐步重视而强化的。他提出,藏器不必多,以真、古、精为上,同治十二年(1873)七月十日致潘祖荫札:

古人力足气足,有真精贯其中而充其颠末,法即在此,须以此求之。已有真器数十，有余师矣。如肯极力裁汰而不以为妄，则前所谓见器乃可定者，疑者过半，即真亦非古人佳者，审器自定之足矣。①

早在同治十一年（1872）五月二日，陈介祺就致书吴云曰：

窃谓今日当首以传三代文字为第一，考释次之，文字传，然后人得有以考订。②

我们看到，陈氏"真、古、精"的藏器标准，是为传古，要作垂久之念，要传古则必须摹刻精严，必求其似，必讲求钩法刻法，与原拓不爽毫发，方能得其古劲有力之神，而不流于俗软，所以必须得有学问、知篆法、肯耐心者相助乃克有成。要做到图拓一丝不走，这样即使器物不在也没有关系，倘若图拓不精，就谈不上流传嘉惠后之学者，陈氏是带着一份强烈的责任感坚守自己的崇古主张的。

陈氏认为真古器体现出的是力足、气足，这种真气是伪造不出来的。所以，表现在书法上，陈介祺强调取法乎上，钟鼎篆隶皆可为师。凡求字法，越古越好，必须对篆隶用心。前文已经说过，他认为由篆入隶之初，隶中脱不尽篆法，由隶入楷之初，楷中脱不尽隶法，它们有天生的联系。古人笔法多，后人笔法少，如果要使楷书中多得古人笔法，必须于篆隶用心，取法于篆隶后，方能有力，时代越近则力渐逊。在这种思想指导下，陈介祺特别强调篆隶意味，用笔力求古法，笔笔含有金石古气，所以在他的笔下，篆隶杂糅到楷行书中，由于字

---

① 陈介祺：《致潘祖荫手札》（稿本），国家图书馆藏，同治十二年七月十日函。
② 陈介祺：《秦前文字之语》（致吴云），齐鲁书社，1991，第213页。

体间的反差比较大，很难找到一种有效的办法使两者协调，所以其书体变得颇为怪异。陈氏曾云“昔年亦喜宗帖，今则不及碑矣。碑昔好博，今则不如古矣”。陈氏晚年颇痴情于古陶文、铜器铭文，此所谓“古”，即是三代及秦汉文字。陈氏在钟鼎款识铭文考释及与金石友朋函札交流过程中，做了大量的彝器款识铭文考释以及陶文、泉币考释，不自觉中形成了以楷书笔法写古文字字形的独特习惯。陈氏这种组合实践，不失为一种有益的尝试，他提供了一种创新的可能。

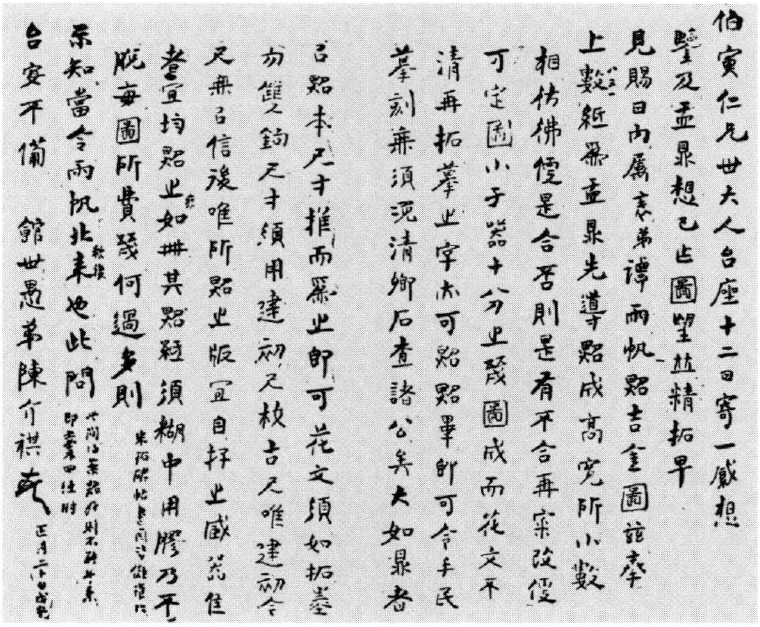
伯寅仁兄世大人台座十二日寄一緘想
鑒及壺鼎想已照圖望茲精拓早
見賜日内屬袁弟譚雨帆照吉金圖註秦
上數紙器壺鼎先導照成高寬所小數
相彷彿便是合否則是有不合再察改便
可定圖小子器十分之幾圖成而花文不
清再拓摹之字亦可照照畢即可令手民
摹刻兼須泥清鄉石查諸公矣大如鼎者
照本尺寸推而器之即可花文須如拓摹
為雙鉤尺寸須用建初尺校古尺唯建初今
尺無以信後唯所照之版宜自擇之感荷佳
耆宜均照之如冊其照難須糊中用膠乃不
脫每圖所費幾何過多則
示知當令雨帆北來此間
台安不備　館世愚弟陳介祺頓首

图 40　陈介祺致潘祖荫书札

注：选自《郑逸梅收藏名人手札百通》，学林出版社，1989。

（四）潘祖荫独取宋碑

叶昌炽《语石》载：

潘文勤师，人谓其学苏灵芝则怒，谓其学二蔡，则大喜。余

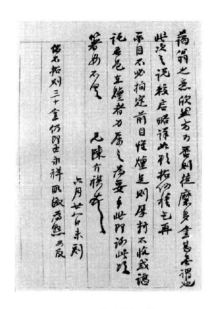

图41　陈介祺书札

注：选自陈介祺著《簠斋研究》，荣宝斋出版社，2004。

谓元长书，可比唐《魏法师碑》。元度书，则在薛曜畅整之间。[①]

　　书法需要传承优秀经典，一种书法的面貌绝不是孤立出现的，某种相似性可能来源于对一种风格的欣赏与习惯。苏灵芝为唐开元、天宝年间武功人，观其易州《铁像颂》等作品，笔力遒劲，稍有行书笔意。潘氏书也多带行意，给人的感觉是与苏灵芝相近。但时人评苏书比李北海端庄，较颜真卿隽秀，这种端庄与隽秀显得太过规整，为人所多见，俗气多了些，则易生俗书之弊。这种书风也把李、颜中的金石气息泯灭殆尽，对金石情有独钟的潘祖荫当然不屑一顾。然而，二蔡之书因为历史原因曾长期以来不被人重视，但书法艺术水平与书家为人恐怕难得一致，潘氏欣赏二蔡之书，并非刻意追求与人不同。

---

① 叶昌炽、柯昌泗：《语石·语石异同评》，中华书局，1994，第458页。

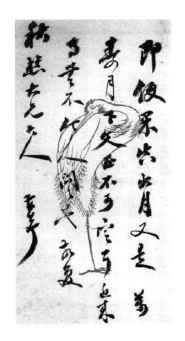

图 42　《潘祖荫致殷如璋书札》

资料来源：苏州博物馆藏。

　　二蔡指宋蔡京①和蔡卞②，京卞兄弟在历史上因品行不齿于人，书法亦遭唾弃，其实应客观看待。柯昌泗就认为："京卞之书，不以人废。"③北宋蔡绦《铁围山丛谈》卷四记载："鲁公始同叔父文正公授笔法于伯父君谟，既登第，调钱塘尉。时东坡公适倅钱塘，因相与学徐季海。当是时，神庙喜浩书，故熙、丰士大夫多尚徐会稽也。未几弃去，学沈传师……及元祐末，又厌传师，而从欧阳率更。由是字势豪健，痛快沉著。迨绍圣间，天下号能书，无出鲁公之右者。其后又

---

① 蔡京（1047－1126），字元长，兴化仙游人。宋神宗熙宁三年（1070）进士。先后四次任相，是王安石变法的得力干将，引起民愤，时称"六贼之首"。钦宗即位，蔡京遭贬，行至潭州卒。
② 蔡卞（1058－1117），字元度，蔡京弟，王安石婿。与蔡京同年进士。与兄不合，以资政殿大学士出知河南府。政和四年（1114）回朝，政和七年卒。
③ 叶昌炽、柯昌泗：《语石·语石异同评》，中华书局，1994，第461页。

舍率更，乃深法二王。每叹右军难及，而谓中令去父远矣。遂自成一法，为海内所宗焉。"① 鲁公为蔡京，政和二年封，文正是蔡卞谥号。可知，二蔡书法同启于蔡襄，经苏轼指点，后涉多家，终以二王为归宿。蔡京的书法艺术在当时即享盛誉，当时评曰："其字严而不拘，逸而不外规矩，正书如冠剑大人议于庙堂之上；行书如贵胄公子意气赫奕，光采射人；大字冠绝古今，鲜有俦匹。"② 甚能反映蔡京当时在书法艺术上的地位。米芾曾评价二蔡："鲁公一日问芾：今能书者有几？芾对曰：自晚唐柳氏，近时公家兄弟是也！盖指鲁公与叔父文正公尔。"③ 米芾此语有谀颂之嫌，但将之与柳公权相比，可见自非一般书家。

相比之下，蔡卞书法被关注较少。叶昌炽《语石》评："元长，书之狷者也。元度，书之狂者也。余所见元长书，以《□道士墓碑》为第一，《赵懿简碑》次之。空山鼓琴，沈思独往。刘彦和标举'隐秀'二字，为文章宗旨。以之品元长书适合。亦即刘子所谓客气既尽，妙气来宅。元度行草书皆称能品。《楞严经偈》，源出于孙过庭，而其流则为范文穆。重书《孝女曹娥碑》，使笔如剑剑气出。支道林养马曰：贫道爱其神骏耳，如卞书可谓神骏极矣。"④

潘祖荫独家收藏有蔡卞《充龙图阁待制新知洪州军州事熊公神道碑》，该碑字大于钱，结体在真、行之间，笔势飞动，妙极妍华，而绝无姚佚之态，《语石》对此做了重点介绍。虽然该碑下截断裂，每行有四五字损坏，但其余一波一磔，芒刃不顿，似新发于硎。潘祖荫认为是蔡卞盛年所书，首尾精神完密，如一笔书。一笔书本用来形容

---

① 蔡绦：《铁围山丛谈》，中华书局，1983，第76页。
② 陶宗仪：《书史会要》，见《中国书画全书》（三），上海书画出版社，1992，第44页。
③ 蔡绦：《铁围山丛谈》，中华书局，1983，第77页。
④ 叶昌炽、柯昌泗：《语石·语石异同评》，中华书局，1994，第458页。

草书如一笔写成的体势，潘氏用它比喻蔡卞此碑书法，与叶昌炽所评正合。今虽不见该碑，但从叶氏所评可知，应是佳作，也可见潘氏眼力之高。因此，叶昌炽又说：

> 文勤自书《马贞女碑》即师其笔法，而参以《盱江孝女碣》，是真能学蔡者，非欺人语也。①

前引叶氏评蔡卞行草书《楞严经偈》源出于孙过庭，可知蔡书与潘氏所宗实源于一处，审美情趣十分接近，因而能得心应手。

历史对一个书家的评价需要从艺术和非艺术两个方面考量，如果仅从非艺术方面就轻易否定了一个书家的艺术成就，从书法艺术本体的角度来讲是不公正的。蔡京在《宋史》列入奸臣传，历来为人所耻，而潘祖荫恰恰没有被历史的评论所影响，他从书法的角度学习蔡京、蔡卞，并学有所成，对于一位朝廷高官来讲，这是需要勇气与智慧的。

总之，晚清大批金石碑版文字进入书法取法的范围，本节所列各家使我们直观地了解了在金石文化的影响下，书法风格的发展变化。从艺术接受的角度来看，书家在接受一种范本进行取法之前，总有一种先在的审美期待，如果某种书迹在期待视野之外，那么这种书迹便难以引起书家的共鸣，更难进入取法范围。本书所述书家兼金石学家在既定的社会环境中，运用社会环境赋予的审美知识和审美风尚选择取法范本、进行艺术探索，给后人以极大的启示，其意义与价值在晚清书法史的研究中应给予充分关注。

---

① 叶昌炽、柯昌泗：《语石·语石异同评》，中华书局，1994，第459页。

三　金石笔法入画

清代的绘画自顺治至乾隆，一度鼎盛，以清初四王为代表的正统文人画，深受皇帝和上层社会所欣赏。嘉庆以后，内忧外患，上层无暇关注绘事，渐呈衰败之势。因此，嘉庆、道光、咸丰三朝，虽然画家数量不少，但有特殊造诣而能贡献于一时的画家却寥寥无几。那么，晚清金石文化在不断发展，影响到了多种艺术门类，在书法方面表现为形成了丰富多彩的面貌。和书法相关的绘画，影响如何呢？从艺术的角度看，晚清在诗书画印等方面全面发展的，赵之谦是最有代表性的一个。

赵之谦一向主张并积极实践以篆隶楷行等各体入画。曾说：

> 画之道，本于书。书不工，而求工画，如小儿未离乳先哺以饭。虽不皆受病，而瘠于弱必不免矣。古书家能画则必工。画家不能书，必有市气。①

张彦远《历代名画记》曰："书画同笔同法"。意为绘画和书法在运笔、用墨等方面往往有相通之处。赵之谦所说之意与张彦远相似，并且认为首先要写好字，画才不俗。当时诸家被后世传为大家者，如邓石如、何子贞乃至吴让之等，能兼通绘画者少。从书法来讲，邓石如、吴让之有金石味，何子贞虽号称学北碑，但实际上仍是写的颜字，他们的书作当中很少考虑与画意相参的。而赵之谦在书与画之间找到了很好的契合点，举几则赵之谦题画跋语：

---

① 　赵之谦：《章安杂说》，上海书画出版社，1989，第十四则。

题梅：

> 如飞白书，出以虚邪。①

题紫藤：

> 以草书法为之，尚不恶。②

题松树：

> 以篆隶书法画松，古人多有之，兹更以草法。③

题梅花：

> 以篆隶法画梅，则着墨自古，以梅画梅则匠氏优为之矣。④

经过观察物象，然后进行"传摹移写"、"骨法用笔"，是一种"随类赋彩"的深入体验。赵孟頫曾有一首诗写道："石如飞白木如籀，写竹还应八分通。若也有人能会此，须知书画本来同。"这和赵之谦的实践有异曲同工之妙。由此，我们想起赵之谦自称为稿书的行书，当时的所谓碑学书家多不善于此，而赵之谦唯于此独辟蹊径，突破北碑方板的樊篱。从这些题画文字中，我们似乎可以判断，他将北

---

① 中国古代书画鉴定组：《中国古代书画图目》（第十三册），文物出版社，2001，第325页。
② 中国古代书画鉴定组：《中国古代书画图目》（第二十三册），文物出版社，2001，第292页。
③ 中国古代书画鉴定组：《中国古代书画图目》（第二十三册），文物出版社，2001，第294页。
④ 邹涛：《赵之谦年谱》，荣宝斋出版社，2003，第154页。

碑书风为之一变正是取法于绘画。赵之谦曾为朱志复子泽作花卉折扇，题款："取北宗意象学南宗法，则凡派皆合，于是可悟。"① 从这句话中，我们完全可以肯定这个判断。

陈介祺同样对于绘画的笔法比较关注。同治十三年（1874）二月初一日复吴云书：

> 作画先求神韵，不讲用笔，似是第二义，有笔再谋局，再求自然之墨韵，便不为画稿渲染所缚，方可入古宋元之室。鉴别亦先求此，然后有真见也。…书画著录只可备考，与吉金释而不摹，同增后人怅惘。画尚是玩物非比文字，高逸者使人扩俗而不降志，故可珍也。②

赵之谦《章安杂说》载与王云西论画之"拙"、"野"：

> 画家拙与野绝不同。拙乃笔墨尽境。小儿学握笔，动则瑟缩。然瑟缩中书气能圆满。拙□也，久而瑟缩生野。及瑟缩者去，则偏佻浮薄。天质一变，不复能拙矣。天地间凡尽境皆同始境。圣贤学问，极于中庸。五岳宗泰山，泰山之高百里，而尺寸得于奇险可怖处。物莫大于海，行海数万里，见一片水流，不如浅涘飞瀑，具异像也。拙中具一切幻界。出即是始境，入即是尽境。出从拙出也，入则入于拙也。野者非是。今悍夫奋臂格路人，众避之，一旁观者屹不为动，彼悍夫气索。野遇拙类之。故酒狂疯汉，异如枯禅老衲；毒龙猛虎，异伏狮驯象。披发跣足，不如黄冠草

---

① 邹涛：《赵之谦年谱》，荣宝斋出版社，2003，第129页。
② 陈介祺：《秦前文字之语》（致吴云），齐鲁书社，1991，第260页。

履；蹑千仞之冈巅，以一观千仞之渊。日谈高深，所见有限。及历尽五大洲，出没火地冰洋，老倦高卧，□两相叩，一语立绌。故野可顷刻成就，拙则须历尽一切境界，然后解悟。野是顿，拙是渐，才到野，去拙路远。能拙且不知何者为野矣。王云西颇解拙妙，而未能了然野字之义，故书以示之。明如陈白阳拙，张平山野矣。国初如石涛诸人皆野。一智、八大山人以野见拙，笔力厚也。李复堂以拙孕野，气魄雄也。话秋岳颇到得拙字分际，而本领薄。金寿门拙是本体，宜取其古，不以拙观。姚大梅尚是野，才大能不俗耳，余人可类观。南北两家极至地位，无不归拙字。便是野，亦必得拙趣，然后成家，细绎自知之。[1]

就在著《章安杂说》的同年，赵之谦为月波作《梅花图》题跋云："月波仁兄索余写梅，将书《梅花赋》其上。为橅苦瓜法作此，少存铁石意耳。然骇怪极矣。非姚复庄，吾谁与语。"[2] 其实，这种铁石意，以及他的"拙"、"野"论，就是金石入画的表现，是在金石文化的影响下产生的。

第三节　篆刻艺术的借鉴出新

随着同光时期出土文物数量增多，金石研究给书法风格的发展变化带来了很大影响，同时对篆刻艺术也影响至深。收藏、摹刻、考辨的过程中，一些金石学者开始对文字的刻写产生浓厚的兴趣，治印成为他们研究之余的雅事。印章的用途从单一的实用目的转变为以艺术

---

[1]　赵之谦：《章安杂说》，上海书画出版社，1989，第十五、十六则。
[2]　赵之谦：《梅花图题跋　悲盦剩墨》（第六集），《赵之谦书画集》，天津古籍出版社，1996。

鉴赏为主，印信功能弱化，艺术装饰与鉴赏功能加强，且突破了主要由篆书入印的传统。各种字体和字体不同的风格均可用于篆刻借鉴取法，或直接摹刻入印，或在笔法、字法、章法变化上推陈出新。金石家不必尽能治印，而以治印名家者，莫不从事金石研究。从以潘祖荫为纽带的金石交游群体来看，篆刻只是一个副产品，大部分人并没有把主要精力转移到这方面来，而金石收藏研究对篆刻取法的影响是毋庸置疑的。

一　宗法钟鼎文字——以王石经为例

清初程邃①率先取法秦汉印，首创朱文仿秦小印，又博采皖派、吴派等各家之长，融会贯通，作品淳古苍雅，章法严谨，笔意奇古，影响深远。至晚清，随着收藏的扩大，取法不仅仅局限于秦汉，对于三代钟鼎文字亦有取法。吴云曾致书陈介祺讨论篆刻取法：

> 大抵治印之法，仿汉则必求章法整密，饶有书味为佳，若仿先秦文字则又必古致历落，如鼎钟彝器款识，一经兄指定未有不臻妥善。②

印学秦汉是公认的作法，陈介祺曾言：至汉印，人只知烂铜，而不知铜原不烂，得其力法，愈久愈去痕迹则自佳。可见，汉印章法严整，刻出书写的味道并非易事。而打破这种规整的面貌，实现突破，从先秦文字入手便是极好的选择。陈介祺正是给吴云指出了这样的道

---

① 程邃（1605-1691），字穆倩，号垢区，别号垢道人，安徽歙县人。善书画、诗文和金石考据，尤精篆刻。

② 吴云：《两罍轩尺牍》（致陈介祺），见《近代中国史料丛刊》（第二十七集），文海出版社，1966，第692页。

路，吴云曾致函陈氏："倘尊藏泥封与子苾先生处所收合刻行世，俾学者奉为楷模，则嘉惠艺苑，洵非浅鲜。"① 得此嘉惠者，是山东的王石经②。

陈介祺从京城归里后，王石经日夕过从，成其至友，一直相随三十年。陈氏富藏三代、秦、汉玺印，其万印楼所藏玺印七千余枚，还有大量吉金、秦汉碑石拓本以及宋元以来书画，王石经遍览藏印，赏奇析疑，艺业由是大进。陈介祺认为，凡作印，篆居其六七，刻居其三四。篆佳而刻无力，则篆之神不出。刻有力而篆不佳，显得野逸。如果篆刻不古，则秀气孱弱不足观。陈介祺率先倡导以钟鼎文入印，其弟子王石经、族弟陈子振皆是以钟鼎文入印的实践者。陈介祺说：

> 摹吉金作印，不可一字无所本，不可两字凑一字，不可以小篆杂。一难于形似，再难于力似，三难于神似，四难于缩小，必先大小长短同能似，然后乃能缩小，五难于配合，本非一器之字一体之书一成之行而使相合，非精熟孰能之。各字结构已定，难于融通，字外留空尤难，使而不散，须如物在明镜之中乃为得之，须笔笔见法，笔笔有力，乃能得神，不可好奇太过。③

所以，在陈介祺的指导下，王石经治印从不染时人，径直从陈氏所藏秦汉古印、秦权、秦诏版以及砖瓦文字入手，潜心研究临摹，深得秦汉印之精髓，下笔奏刀，不求古而自合于古。王石经成功取法秦汉印，也深得时人欣赏。同治十三年（1874）二月十三日，陈介祺向

---

① 吴云：《两罍轩尺牍》（致陈介祺），见《近代中国史料丛刊》（第二十七集），文海出版社，1966，第 670 页。
② 王石经（1831－1918），字君都，号西泉，酷爱金石文字，尤精篆刻。
③ 陈介祺：《致潘祖荫手札》（稿本），国家图书馆藏，同治十三年十月十三日函。

潘祖荫推荐王石经，书云：

　　舍亲王西泉石经，武生而能作篆隶，知古法，刻印尤得汉法，亦能作钟鼎，但迫促亦不多作，甚能鉴别，惟未尝学问耳。十钟主人大印、海滨病史印，即其所刻，仲饴相契也。①

　　看来，陈介祺对于王石经的篆刻比较推崇。同治十三年（1874）十二月陈氏又致书王懿荣，称王石经治印能知古意，并寄示《西泉印存》。此时，盂鼎自陕辇至都中，陈介祺闻讯十分高兴，于光绪元年（1875）正月十一日夜致书潘祖荫："已为属西泉子振作南公鼎斋、南公宝鼎之室、南鼎斋、盂斋、于鼎斋印及南鼎斋古彝器、古文字、盂斋先秦文字、两京文字、盂斋法化诸印，且一斋名作大小数印。尚未拟得稿，当促之，后便当有可寄。西泉似不让撝叔也。如有青田、田黄、寿山石、无钮无裂文沙丁者亦可，即寄，以省此间购买。兵燹后文墨事无易者，意欲为作斋名大额而无纸，且多乞数纸，恐写坏也。金文唯斋室二字，堂馆则无之。西泉不欲刻甚小者，盖汉玺印小字，字多者尤不易也。"② 陈介祺始终认为，王石经的篆刻比赵之谦好。

　　潘祖荫认为王石经的篆刻冠绝时流③，吴大澂则认为王石经的篆刻能"直由秦汉而上窥籀史，融会吉金古钵文字于胸中。"④ 光绪三年（1877）五月，吴氏求陈氏代购王石经印作，要求仿汉白文或钟鼎文，书曰："西泉先生刻印至佳，为近今所罕见。苦于远道无由寄石，敬求代购青田或寿山石印二方，请西泉先生赐镌'愙鼎斋古金文'六

①　陈介祺：《秦前文字之语》（致潘祖荫），齐鲁书社，1991，第14~17页。
②　陈介祺：《致潘祖荫手札》（稿本），国家图书馆藏，光绪元年正月十一日夜函。
③　潘祖荫：《潘伯寅致陈簠斋书札》（稿本），国家图书馆藏，第60通。
④　吴大澂：《致陈介祺》，见《郑逸梅收藏名人手札百通》，学林出版社，1989，第70页。

字，或仿汉白文，或仿钟鼎文（或作古吉金），乞酌之。一刻'恒轩藏石'……石之大小不拘，倘得尊书边款数字，尤幸。"① 可见他对王氏钟鼎文入印也十分看重。

光绪十一年（1885）吴氏为王石经《甄古斋印谱》题跋曰："奏刀不求古而自合于古，簠斋丈以为无一近时人习气，使㧑叔尚在，不知如何赞叹倾倒也。"② 对其篆刻给予充分肯定。第二年王石经携带该书入京，潘祖荫题曰："近今无第二人"。王懿荣、匡源、张士保、盛昱、吴重憙等先后为此书题跋，对其篆刻艺术给予了高度评价。

王石经曾为吴云刻治一方"论语春秋在此罍"白文印，潘祖荫对此印之章法尤其欣赏，认为"此章为西泉之最"③，致书陈介祺曰："属西泉刻'郑盦藏鼎'四字，必须如'论语春秋在在罍'者，务须白多红少"④ 王石经没有印论传世，他的白文印取法汉铸印，而别开生面，篆法平稳，笔意圆润，遇方不露圭角；刀法呈稚拙之趣，笔墨的徐涩却溢于印面，含蓄隽永。而朱文印喜以大篆而参合秦篆入印，明显逊色于白文印，可能他对万印楼中的封泥、朱文玺印不善取法，所以陈介祺批评说"惜读书少耳"，看来不是没有道理。今论王石经篆刻，就其摹古之功力而言，自无间言，而其终生以逼肖古人为求，纵使毫发无爽，却不能自抒胸臆，与时代相随，终不能与赵之谦等大家争妍。

二　取法各种金石材料——以赵之谦为例

晚清金石学的发展提供了可以为后世取法的丰富资料，善学者可

---

① 吴大澂：《吴愙斋尺牍》，国立北平图书馆金石丛编，商务印书馆，1938。
② 王石经：《甄古斋印谱》，西泠印社出版社，2012。
③ 潘祖荫：《潘伯寅致陈簠斋书札》（稿本），国家图书馆藏，第41通。
④ 潘祖荫：《潘伯寅致陈簠斋书札》（稿本），国家图书馆藏，第78通。

图43　王石经篆刻《论语春秋在此曡》

资料来源：选自《甄古斋印谱——王石经》，潍县和记书局影印本。

以广采博取。篆刻方面的最好代表是赵之谦，他于篆刻下的功力最大，"自秦篆及汉碑额、武梁射阳诸款识、秦汉章玺、古今名印，皆师之"。① 因此风格多样，而一般人更喜欢王石经清雅隽永、端庄大方的风格，所以当时他的地位并没有王石经高。然而，后来的篆刻艺术发展史把赵之谦之前划为明清篆刻时期，其后为近现代篆刻时期，认为他是一位具有划时代意义的巨匠。

同治二年（1863），魏稼孙为赵之谦辑成《二金蝶堂印谱》，胡澍为之作序曰：

> 吾友会稽赵撝叔，生有异禀，博学多能，自其儿时，即善刻印，初遵龙泓，既学完白，后乃合徽、浙两派，力追秦、汉。渐益贯通，钟鼎碑碣、铸镜造像、隶篆真行、文辞骚赋，莫不触处洞然，奔赴腕底。辛酉遭乱，流离播迁，悲哀愁苦之衷，愤激放

---

① 邹涛：《赵之谦年谱》，荣宝斋出版社，2003，第1页。

图44　赵之谦篆刻《二金蝶堂》及边款

资料来源：选自《赵之谦印风》，重庆出版社，2011。

浪之态，悉发于此。又有不可遏抑之气，故其摹铸凿也，比诸三
代彝器，两汉碑碣，雄奇罄厚，两美必合。规仿阳识，则汉氏壶
洗，各碑题额、瓦当砖记、泉文镜铭，回翔纵恣，惟变所适要皆
自具面目，绝去依傍。更推其法以为题款，直与南北朝摩崖造像
同臻其妙。斯艺至此，夐乎神已。①

这段文字非常清楚地说明了赵之谦篆刻艺术的形成与发展过程，
晚清金石学研究的进步为他的创作提供了丰富的营养。

晚清时期大量出土的秦汉权量、诏版、碑额、钱币、镜铭、六朝
砖瓦和碑版等具有不同的审美效果，赵之谦深谙印外求印之道，在研
习各派的基础上，把新出土的这些材料熔为一炉。在技法上，他充分

①　胡澍：《二金蝶堂印谱序》，见邹涛《赵之谦年谱》，荣宝斋出版社，2003，第111页。

运用冲、切、披、削等手段，将古印制作过程中的铸、凿、琢等方法进行还原，大大丰富了篆刻艺术的表现力和审美效果。吴大澂曾为王石经《甄古斋印谱》跋曰："近数十年来，摹仿汉印而不为汉印所拘束，参以汉碑额、秦诏版，而兼及古刀币文，惟会稽赵撝叔之谦为能，自辟门径，气韵亦古雅可爱。"① 吴氏在此指出，赵之谦篆刻成功之处在于师法汉印时，参以汉碑额、秦诏版等。现存的赵之谦印章中，有大量的仿汉铜印、汉镜铭、秦权、汉砖、六国币以及各种碑版，均十分精彩。对此，赵之谦也颇为得意，在他的印款中多次提到②，仅举几例：

朱文印"嘉禾老农"，款曰：仿汉铜印。

白文印"北平陶燮咸印信"，款曰：类《五凤崖石》、《石门颂》二刻。

朱文印"寿如金石佳且好兮"，款曰：刻汉镜铭，此蒙游戏三昧，然自具面目，非丁蒋以下所能，不善学之便堕恶趣。

朱文印"子重"，款曰：集汉吉金。

白文印"丁文蔚"，款曰：颇似《吴纪功碑》。

朱白相间印"赵撝叔"，款曰：从六国弊求汉印，所谓取法乎上仅得乎中也。

白文印"松江沈树镛考藏记"，款曰：取法在秦诏汉镫之间，为六百年来摹印家立一门户。

朱文印"郑斋"，款曰：拟汉砖。

朱文印"钱式"，款曰：以隶刻印。

---

① 吴大澂：《甄古斋印谱跋》，见王石经《甄古斋印谱》，西泠印社出版社，2012。
② 黄惇、吴瓯：《赵之谦印风》，重庆出版社，1999。本节所引赵之谦印皆出自此书，不一一作注。

图 45   赵之谦篆刻《为五斗米折腰》及边款

资料来源：选自《赵之谦印风》，重庆出版社，2011。

　　赵之谦取法如此广泛，其意在创新，脱去俗气。正如咸丰九年刻"臣何澂"白文印款："刻意追模，期于免俗"。类似意思的边款还有很多，可以很好地说明这个问题。

　　赵之谦在京师十年，一直和潘祖荫关系密切，曾为其刻印多方。如，白文印"吴潘祖荫章"、"潘祖荫"、"汉学居"，朱文印"八求精舍"、"吴县潘伯寅平生真赏"、"伯寅经眼"、"潘祖荫藏书记"、"翰林供奉"、"郑盦"、"龙自然室"、"说心堂"、"金石录十卷人家"、"如愿"、"面城堂"，等等。光绪八年（1882），为潘祖荫刻"赐兰堂"三字朱文印，这是赵之谦赴江西之后所刻的惟一印章，也是其一生中最后一方。这些印章，以朱文居多，而赵之谦的白文印则风格多样，好以切刀营造破碎之感，但王石经的白文印端庄大方，构思奇异，布局巧妙，其光洁整饰与赵氏迥然不同，这可能是潘祖荫更喜欢王石经白文印的缘故。

图46　赵之谦为潘祖荫刻《滂喜斋》及边款

注：选自《赵之谦印风》，重庆出版社，2011。

综上所述，晚清金石文化对于书法篆刻艺术产生了重要影响，因为收藏与研究金石，部分杰出的艺术家笔下表现出一种与以往不同的审美趣味，总体上表现为对拙朴厚重的金石气的追求，影响至今犹存，这些有益的探索值得今人学习。因为晚清同光时期金石文化群体组成人员比较复杂，他们在艺术方面的表现也千差万别，本章主要选取其中代表人物的某些方面展开分析，其他人物相对涉及较少。

余　论

　　清代是中国封建社会的最后一个朝代。中国历史上的文化、制度、社会现象以及传统文人的种种优点和缺点，到了清代都是一个总结。至晚清，中央政府内外交困，社会矛盾突出，形势十分复杂。在这样一个大背景下，文人士子们依然把大量精力投入金石文化研究，不仅使学术研究达到高潮，而且对民国及其后相关学科的发展与深入研究产生了重要影响。综合来看，晚清金石文化的繁盛有其独特的贡献与价值。

　　一是群体研究金石。晚清金石文化研究的中坚力量，分别来自高级官吏阶层、地方官吏阶层、一般文人阶层，不同研究者之间的交流形成了各个不同的群体，京城作为政治文化中心，是文人参加高级别科举考试的必到之地。时风所致，这些文人绝大多数对金石有浓厚兴趣，并且不乏颇有造诣者，身处京城，对金石有同样兴趣的高官便成了他们必要接触的对象，于是逐渐形成了一个以京城为中心的交游圈子。深居高位的潘祖荫酷爱金石，富于收藏，朝野闻名，因此在他的周围形成了一个很专业的金石文化圈。这个群体中有朝廷要员，也有普通士人，但都有深厚的学养，是因为同有金石之好，所以时而会首相聚，时而函札往来，拓片一起共享，书作相互酬答。这种群体内部的交流分享，不仅有助于金石文化的传播，而且在金石文化研究方面，也取得了斐然的成果。晚清金石文化在鉴藏、传承、考辨等方面都有新变化，到同光时期，在收藏品类、数量上又有新突破，在传拓技术方面有了新探索，在考辨中也有了新思路，研究方式也突破了自宋以来的对照《说文》以及推勘解释文本的方法，采用了对文辞的断句、文理研究等措施，还进行器物之间的比较研究，同时出版了大量的金石著述。实际上，支持完成这些著述的重要条件之一是金石同好群体以各种方式搭建成一个个文化圈。就是凭借这个圈子，很多金石学家搜集到了宝贵的原始资料，并最终转化为金石著述。否则，仅仅凭借一个人或者几个人的力量是无论如何也不可能够搜集到如此丰富的金石资源，更不用说考释这些金石。本书所研究的潘祖荫为纽带的这个圈子富有凝聚力，活动非常活跃，圈内成员以金石为媒频繁往来，通过金石研究与交流活动，在学术、仕途甚至生活等等许多方面都取得了支持与发展。这种变化是前所未有的，因此有充足的理由说明，晚清金石文化圈带来了金石之风，也实实在在地推动了清代金石学的繁盛。

二是开拓研究方法。清代中叶以前，金石研究一直沿着宋人的途径，无论考订还是著录皆本宋人成法，主要用以治经。自阮元开始注意金文本身，他认为商周二代存于今者有九经，器则罕有存者，只有铜器钟鼎之属，上面的铭文为古人篆迹，为古王侯、大夫、贤者所为，与九经一样重要。更由于他提倡以金文治经，并身体力行结合经史考释铜器铭文，学术思潮和风气才略有转变，逐步走向传世典籍与出土文献并重、经史与金文互证的研究道路，到了晚清则蔚然成风。同光时期，对金文的考释从范围上不断扩大，在方法上不断开拓，一些史书未见的金石文字被发现，相关的历史事实被揭示出来，对于史学的研究方法也在不断开拓，已经基本上越过了传统金石学的范围，突破了彝器款识学的藩篱。后来王国维于 1925 年提出"二重证据法"，其考释方法与晚清学者可谓一脉相承。

三是艺术审美变化。书法篆刻等艺术作为一种上层建筑，此时受到金石收藏与研究的影响，出现了新的审美风格。文人对于书法等艺术的态度也产生了各种各样的变化，表现为普遍好古，作品中有金石之风，虽然有的依然延续传统，有的努力不断创新，有的试图取得某种平衡，但艺术活动表现得比以往更加丰富多彩。从作品的角度分析，晚清书法与篆刻作品的变化是显而易见的。其实，无论形式的变化，还是观点的变化，反映出来的都是一种交流方式的变化。二十世纪初有甲骨文、汉代简牍、敦煌遗书三大发现，但对书法学、篆刻学影响较大的依然是晚清提出并积极实践的碑学理论。这对今天我们从事书法篆刻研究与创作提供了很好的启发，如果就事论事，只能看到书法篆刻自身，不置身于时代学术背景下思考文化，不通过积极有效的学术活动支撑文化，以丰富其内涵，就没有发展。

四是开启相关学科。对于考古学科是否来源于金石学，还有很多争论。但金石学对近代考古学科的影响则是不争的事实。同光时期的金石收藏范围的开拓，使以彝器、碑拓为主的传统收藏模式被打破，开始对大量的实用器具如兵器、玉器、陶器、泉币、镜鉴进行收藏研究，石刻方面对摩崖、造像、经幢、石阙等凡有文字图案者皆收藏、著录、研究。这些著述不仅有文字，还附有对器物勾摹的图案，甚至照相。当然，有些方法是基于收藏过程中辨伪的需要。在研究方法上，注意考察铭文产生即铸造的时代，进一步理解铭文的词语意义以及所记史实，于是就有了后来的标准器法。与考古学关系密切的尚有古器物鉴定学、古文献学以及文字学，虽然在晚清没有明确学科名称，但都有突出的成果。可见，晚清金石文化是一个承前启后的独特阶段，为近代考古学等相关学科的建设与发展奠定了一个良好的基础。

潘祖荫生平与金石交游纪事

  此纪事以潘祖荫生平履年为线索，罗致其重要事件，梳理与其相关的金石活动资料。所据材料，主要包括：《潘祖荫年谱》、《吴愙斋先生年谱》、《王文敏公懿荣年谱》、《左文襄公宗棠年谱》、《张文襄公之洞年谱》、《沈曾植年谱长编》、《莫友芝年谱长编》、《潘祖荫日记》、《李慈铭日记》、《缘督庐日记》、《郭嵩焘日记》、《翁心存日记》、《顾肇熙日记》、《过云楼日记》，以及金石友朋的诗文稿、日记等，同时参阅《簠斋研究》、《赵之谦研究》、《潘祖荫研究》等相关研究成果，谨示感谢。

道光十年庚寅（1830）一岁

  十月初六日，生于京都米市胡同。祖父世恩名之曰"祖荫"，字东镛，号伯寅，小字凤笙。父曾绶时年二十一岁。

   是年，翁同龢（叔平）（-1904）生。
   钱桂森（馨伯）（-1902）生。
   李慈铭（莼客）（-1894）生。

道光十一年辛卯 （1831） 二岁

十月，试周捉笔印，家人甚喜，予以厚望。

    是年，莫友芝（子偲）成举人。

    李鸿裔（眉生）（－1885）生。

    章永康（子和）（－1864）生。

    胡义赞（石查）（－?）生。

道光十二年壬辰 （1832） 三岁

正月，祖父世恩署工部尚书。

    是年，左宗棠（季高）成举人。

    陈庆镛（颂南）成进士。

    沈树镛（均初）（－1873）生。

    袁启豸（鹤州）（－?）生。

    丁丙（松生）（－1899）生。

道光十三年癸巳 （1833） 四岁

二月，随父母南旋，寓外祖父第。

    是年，董文涣（研秋）（－1877）生。

    王闿运（壬秋）（－1916）生。

道光十四年甲午（1834）五岁

正月，祖父世恩任军机大臣。

四月，随父母还京，受业于胡清绶。

是年，李文田（若农）（－1895）生。

陆心源（刚甫）（－1894）生。

谢维藩（麟伯）（－1878）生。

陈寿祺（恭甫）（1771－）卒。

道光十五年乙未（1835）六岁

是年，受业于沈庆蕃。

是年，吴式芬（子苾）成进士。

李佐贤（竹朋）成进士。

许瀚（印林）成举人。

吴大澂（清卿）（－1902）生。

高心夔（伯足）（－1883）生。

周家楣（云生）（－1887）生。

道光十六年丙申（1836）七岁

正月，祖父世恩充上书房总师傅。

是年，何绍基（子贞）成进士。

道光十七年丁酉（1837）八岁

正月，随父母奉祖母汪氏南旋。十月，回京。

是年，得见阮元，阮氏有文玩拓本笔墨之赐，中有齐侯罍拓本。潘祖荫得知金石，当始于此时。

　　是年，叶名沣（润臣）成举人。

　　张之洞（香涛）（－1909）生。

　　黎庶昌（莼斋）（－1897）生。

道光十八年戊戌（1838）九岁

闰五月，祖父世恩充武英殿大学士。

是年，受业于沈祖望。

　　是年，曾国藩（涤生）成进士。

　　仓景愉（少坪）成进士。

　　吴重憙（仲饴）（－1918）生。

　　王咏霓（子裳）（－1915）生。

道光十九年己亥（1839）十岁

九月初九日，母汪氏去世，时年三十三。祖父世恩作《三媳汪孺人小传》，称"孙祖荫年甫十龄，读四子书、《五经》、《尔雅》，间诵唐人诗。就傅之暇，亲为督课，一步一趋，务令循规蹈矩，不稍姑息"。

是年，杨守敬（惺吾）（-1914）生。

汪鸣銮（柳门）（-1907）生。

董文灿（芸盦）（-1876）生。

道光二十年庚子（1840）十一岁

是年，祖父世恩充会试正总裁。

九月，父曾绶顺天乡试中举人。

是年，钱世铭（警斋）成举人。

胡镢（菊邻）（-1910）生。

张预（子虞）（-1911）生。

道光二十一年辛丑（1841）十二岁

是年，父曾绶考取内阁中书，充国史馆分校、方略馆分校、本衙门撰文。

是年，潘曾莹成进士。

载龄（鹤峰）成进士。

陆润庠（凤石）（-1915）生。

道光二十二年壬寅（1842）十三岁

正月，父曾绶充协办侍读。

四月，继母陆氏来归。

　　是年，冯煦（梦华）（－1927）生。
　　瞿中溶（木夫）（1769－）卒。

道光二十三年癸卯（1843）十四岁

七月，继母陆氏去世。
八月，受业于王嘉福。
十二月，父曾绶补授内阁中书。

　　是年，杨沂孙（子与）成举人。
　　王必达（霞轩）成举人。
　　姚觐元（彦侍）成举人。
　　吴荣光（荷屋）（1773－）卒。

道光二十四年甲辰（1844）十五岁

是年，受业于陈庆镛，始治许氏之学。
八月，随父送母汪氏、继母陆氏灵榇南归。十月到苏。

　　是年，刘熙载（融斋）成进士。
　　宋晋（雪帆）成进士。
　　缪荃孙（筱珊）（－1919）生。
　　吴昌硕（俊卿）（－1927）生。

道光二十五年乙巳（1845）十六岁

二月，随父到京，受业于陆增祥。

十一月，父曾绶自编《陕兰书屋文集》。

是年，陈介祺（寿卿）成进士。

毛昶熙（煦初）成进士。

王懿荣（廉生）（-1900）生。

吴树梅（燮臣）（-1912）生。

道光二十六年丙午（1846）十七岁

五月，父曾绶充国史馆总校。

六月，师陈庆镛返里。

八月，应顺天乡试，挑取誊录，出仓景愉先生房。

九月，父曾绶充玉牒馆总校。

是年，张裕钊（廉卿）成举人。

谭宗浚（叔裕）（-1888）生。

道光二十七年丁未（1847）十八岁

三月，受业于钱世铭。祖父世恩充会试正总裁。

十月，父曾绶充国史馆复校。

十二月，父曾绶充文渊阁检阅。

是年冬前，受业于朱锡绶，教制举，授读书法，知骈文诗词门径。

是年，郭嵩焘（筠仙）成进士。

张之万（銮坡）成进士。

道光二十八年戊申（1848）十九岁

正月，祖父世恩加太傅。

三月初二日，父曾绶以玉牒告成加侍读衔。

十二月二十一日，祖父世恩八十生辰，潘祖荫得恩赏为举人，一体会试。

是年，侍祖父于圆明园读书。

是年，堂兄潘霨为潘祖荫藏《鹿角山纪圣碑阴》拓本题签。

是年，秦炳文（砚云）成举人。

孙诒让（仲容）（－1908）生。

王仁堪（可庄）（－1893）生。

张廷济（叔未）（1768－）卒。

张辛（受之）（1811－）卒。

道光二十九年已酉（1849）二十岁

三月，随叔母汪太夫人南归。四月，抵苏州，始与杨文荪、戈载、尤松镇、江湜等前辈文士订交。

三月十七日，高唐城外路遇反都途中翁心存，翁托带家信。咸丰二年后，潘、翁互相往来甚多。

八月二十六日，与汪氏于苏州完婚。十月初三日，挈眷北上。过邹县，谒亚圣庙。观《莱子侯》、《赡族封田石刻》、《汉食堂记》。十一月，到京。

十一月底，伯父曾沂致书父曾绶："凤笙虽少年而读书作事眼明心细，加以精研阅历，吾乌能测其所至耶。去北五十余日，桂际眼边觉得少一人，未免黯然。"桂际为潘曾沂所憩书斋名。潘祖荫回苏时，潘曾沂闭关谢客，虽至亲莫得见，惟潘祖荫常在侧。

是年，孙廷璋（莲士）成举人。

陶浚宣（心云）（ –1915）生。

王颂蔚（芾卿）（ –1896）生。

叶昌炽（鞠裳）（ –1917）生。

阮元（芸台）（1764 – ）卒。

张穆（石舟）（1805 – ）卒。

梁章钜（芷邻）（1775 – ）卒。

道光三十年庚戌（1850）二十一岁

正月，宣宗帝崩，文宗继位。

六月，祖父世恩奏请开缺，奉谕以大学士致仕。

八月，考取国子监学正学录二十四名。

八月后，潘祖荫兄弟与孙廷璋游，或题诗僧舍，或访碑荒冢，颇得其乐，时逾三载。

九月，受业于吴增儒。

是年，师陈庆镛返京，仍从其学。

道光间，刻祖父世恩《思补斋笔记》。

是年，陆增祥（星农）中状元。

俞樾（曲园）成进士。

尹耕云（杏农）成进士。

钱桂森（馨伯）成进士。

周星誉（叔云）成进士。

邵亨豫（汴生）成进士。

袁保恒（小午）成进士。

徐桐（荫轩）成进士。

丁立诚（修甫）（-1912）生。

沈曾植（子培）（-1922）生。

盛昱（伯兮）（-1900）生。

沈曾桐（子封）（-1921）生。

沈霞西（复粲）（1779-）卒。

咸丰元年辛亥（1851）二十二岁

是年，请业于曾国藩，教治《说文》，先看段注第十五卷及小徐通论，并熟读部首，复治《毛诗故训传》。

是年，父曾绶补内阁汉侍读京察一等。

是年，常与族人仲父曾莹、季父曾玮、堂叔希甫、堂兄弟祖同、祖桢、祖谦、介繁、诚贵及师吴增儒游宴，多次同游。

是年，李鸿裔（眉生）成举人。

陈奂（硕甫）成举人。

咸丰二年壬子（1852）二十三岁

四月，中进士。

五月五日，授职编修。

是年，章永康（子和）成进士。

桂清（莲舫）成进士。

李鸿藻（寄云）成进士。

倪文蔚（豹岑）成进士。

王闿运（壬秋）成举人。

廖平（季平）（–1932）生。

潘曾沂（功甫）（1792–）卒。

咸丰三年癸丑（1853）二十四岁

四月，朝鲜李尚迪来，以笔相问答，询以彼土金石文字及郑麟趾、申叔舟诸家之书，获赠《陈真兴王北狩碑》、《唐平百济碑》及《桂苑笔耕》。

九月十六日，与陈庆镛、阮福、林昌彝等祭顾祠。

秋，以友人程穉蘅《见古阁图》向师陈庆镛索题。

十月，充武殿试受卷官。

是年，张德容（松坪）成进士。

朱学勤（修伯）成进士。

吴凤藻（蓉圃）成进士。

马恩溥（雨农）成进士。

麟书（芝畬）成进士。

张謇（季直）（－1926）生。

刘喜海（燕庭）（1793－）卒。

咸丰四年甲寅（1854）二十五岁

正月，朝鲜李尚迪弟子吴庆锡来，与孔宪彝、叶名沣、阮福为文酒之会，获赠《唐平百济碑》、《刘仁愿纪功碑》、《红流洞石刻六种》、《真鉴禅师碑》、《兴化寺碑》、《文殊院记》等朝鲜古刻拓本。由此广搜拓本，始编著《海东金石录》，后又作《两汉碑表》，皆佚。今有《刘仁愿纪功碑跋》。

二月，集癸丑所作词为《涟漪阁琴意》，已佚。又自序旧作《芬陀利室词》。是月，充国史馆协修。

四月二十日，祖父世恩逝，谥文恭。

六月，充实录馆纂修。

八月，随长辈侍祖母送祖父灵柩南归。临行之际，友人程穉蘅作《归读图》，孔绣山为之序。

十一月，奉父之命回京供职。

是年，黄绍箕（仲弢）（－1908）生。

徐同柏（籀庄）（1775－）卒。

王筠（贯山）（1784－）卒。

咸丰五年乙卯（1855）二十六岁

正月初三日，与杨泗孙、师陆增祥访翁心存，翁时任吏部尚书。

二月，辑《洪文安公年谱》，移寓贾家胡同。

四月，《海东金石录》成，共二十四卷，潘祖荫自为序，又请师朱锡绶作序，已佚。

九月，充各直省乡试磨勘官。

十月，充教习庶吉士。

是年，费念慈（屺怀）（-1905）生。

包世臣（慎伯）（1775-）卒。

咸丰六年丙辰（1856）二十七岁

正月，充功臣馆纂修。

三月，充会试同考官。是科总裁为工部尚书彭蕴章、工部尚书文全庆、左都御史许乃普、内阁学士刘琨，业师陆星农、同年彭泰毓亦是同考官。在闱中作诗唱和，有《题画兰》。

五月，补翰林院侍读。

九月，充咸安宫总裁。

十一月初七日，得命在南书房行走。是月，寓澄怀园。

是年，翁同龢（叔平）中状元。

徐昌绪（琴舫）成进士。

董文涣（研秋）成进士。

沈秉成（仲复）成进士。

孔宪彀（玉双）成进士。

谭钟麟（文卿）成进士。

吴式芬（子苾）（1796-）卒。

咸丰七年丁巳（1857）二十八岁

正月二十四日，和御制《对鸥舫雪望诗》二首、《昆明晓泛诗》一首。

二月，移园寓，与许仁山寓邻。

三月十三日，与南书房诸臣同游春雨轩、淳化轩、澄心堂、畅和堂，看玉兰并分体赋诗。二十一日，和御制《观书五古元韵》。二十三日，和御制《皇长子周岁之喜有作元韵》。

四月初二日，署日讲起居注官。初八日，和御制《四月初七日雨诗元韵》、《端午日拜角黍之赐》。

闰五月二十一日，召对于勤政殿之后殿。二十二日，升授翰林院侍讲学士。

八月初三日，召对于东书房。

九月初七日，召对于东书房。

十月，父潘曾绶北上至京。自贾家胡同还米市胡同旧宅。

咸丰八年戊午（1858）二十九岁

正月十七日，和御制《上元》，越二日，《幸园元韵》。

正月二十五日，跋朝鲜友人吴庆锡所赠《朝鲜南海县锦山摩崖岩画》拓本。

正月，在崇朴山斋见阮文达所藏全拓本。

六月二十二日，充陕甘正考官，翁同龢充副考官。

七月初六日，出都，至十月回京。是役往返百余日，成《秦輶日记》一卷，所载途中访碑等活动甚多。

七月初八日，访高碑店尖《安童碑》，乾隆时为某大府磨刻己文。

七月十三日，次正定府，行馆有《唐李宝臣纪功颂丰碑》，高丈余。

七月十六日，发平定州过新兴镇山麓，巨石上造像甚多，惜未及摹拓。

七月二十二日，抵介休县，北五里拜郭有道祠墓，有《蔡中郎碑》，一郑谷口书，一傅青主书，至原碑则不可得见。

八月初一，早发潼关三十五里，憩华阴庙，观《唐宋题名》及《后周华岳颂》，韩择木《祭华岳文》至《袁逢碑》则不可得见。

八月初三日，抵西安省城。初六日入闱。试后，翁同龢留任学政。

九月十九日，离陕回京。

九月二十二日，至蒲州府，晤李小湘、章子和、高桂坡（大奎），子和谈及贵州有《姜伯约碑》，在仁怀厅，夜郎君济二大碑在大定府，郑珍有考，为之神往久之，小湘以首阳各碑见赠。

九月二十三日，发坡底，次高安镇，抵樊桥驿，毛季海赠《昭陵碑考》，系近人孙桂珊所著，《裴艺碑录》中凡再见，余亦多袭青浦《萃编》，且并未见《姜遐碑》，率以《萃编》文入录，余所得本较《萃编》多九百余字，张松坪本亦多四五百字，若松坪者方不愧笃志好古耳。

九月二十九日，抵霍州，阅《霍州志》，录梁中靖《再访古碑记》。得见几碑，如《西福昌寺碑》（许敬宗撰）、《敕修应圣公祠堂碑》（郑翰撰，李执方书，开成二年正月十八日）、《新修女娲庙碑》（裴丽泽撰，张仁愿书，天宝六载十一月十六日）、《金重修女娲庙碑》（王纲撰）、《重修应圣公神祠碑》（仇守中撰，王纲书）、《宋重修应圣公庙碑》（阎光庋撰，张仁艺书，乾德五年）等。

十月初二日，发介休，介休绵山岩沟有开元古碑，《隶书志》云剥落不可读。

十月初五日，发王胡镇，至腰镇地有《北齐白显墓碑》，已泐。

十月初九日，抵正定，至大佛寺即龙藏寺，该寺有《龙藏寺碑》。

十月十四日，抵都，十七日复命，即署国子监祭酒。

十月十七日，郭嵩焘来访，二人同直南书房，多有往还。

是年，康有为（南海）（－1927）生。

陈庆镛（颂南）（1795－）卒。

叶名沣（润臣）（？－）卒。

咸丰九年己未（1859）三十岁

春，莫友芝进京会试，得王少鹤赏识，见祁淳甫，与潘曾绶父子及王子怀、尹杏农、杨绁芸，何子贞、孔绣山、林颖叔、李笠仙、王壬秋、高碧湄、李梅生、刘子重相识。

四月十五日，与考试差。十七日，和御制《宿斋蒙恩微雨诗志感畏元韵》，又御制《三坛礼成还园述闷元韵》。二十日，充殿试收掌官。

五月十五日，充教习庶吉士。十七日，移园寓于近光楼，自撰联句，作《张文节公遗集序》。

五月十七日，李慈铭入都，五六月间，作诗投赠潘曾绶。

秋，莫友芝向潘曾绶借观《天发神谶碑》、《国山摩崖》、《葛祚碑》、《瘗鹤铭》等碑拓，并为其陔兰书屋题诗。

十二月十九日，补授大理寺少卿。

是年，高心夔（伯足）成进士。

孙家鼐（燮臣）成进士。

张丙炎（药农）成进士。

周家楣（云生）成进士。

陈倬（培之）成进士。

李文田（若农）成进士。

胡澍（荄甫）成举人。

沈树镛（均初）成举人。

赵之谦（益甫）成举人。

陆心源（存斋）成举人。

咸丰十年庚申（1860）三十一岁

正月初二日，和御制诗《太和殿宴请诗以纪事元韵》。

二月，与沈兆霖、宋晋充各直省覆试阅卷大臣。

三月，充先农坛从耕大臣。

三月，存申衙前汪氏义庄四十箱藏书丢失。八月中，澄怀园藏书亦荡然无存。

闰三月二十三日，具《奏保举人左宗棠人才可用疏》，称"国家不可一日无湖南，即湖南不可一日无宗棠"，"与左宗棠素无认识，因为军务人才起见"，请饬"酌量任用，以尽其长，襄理军务，毋为群议所扰，庶于楚南及左右邻省均有裨益"。

春，为翁心存题戴醇士所作《药洲访石图》。

四月，请莫友芝考释所藏《红崖古刻》，莫氏提出"三危禹迹"说，认为水书文字为史籀、李斯前最简古之文字，并作《红崖古刻歌并序》，此为学者研究水书之开端。

六月十四日，莫友芝致书潘祖荫，承命考证《锦山摩崖》，谢赠《国山碑》，求刘喜海书，呈书法四纸并《杨叔恭》三纸。

六月二十三日，莫友芝致书潘祖荫，求其书法，以作出都后纪念。

　　六月二十八日，莫友芝致书潘祖荫，拜《三巴昺古志》、《吴郡金石目》之赐，再求书法。潘命作四小纸，莫亦完缴始行。

　　六月，莫友芝致书潘祖荫，谢承示《国山碑》、《杨叔恭碑》、《徐市题名》拓本，十年梦寐求之，求观《葛祚碑》拓本，为小儿绳孙求小品吉金文字。又致书求刘喜海书及姚觐元编《三巴昺古志》。

　　夏秋间，请章永康转致莫友芝，属为《红岩碑》题跋，因实需悬挂，如无暇作诗，随便题跋数语交去亦可。

　　七月初四日，莫友芝致书潘祖荫，寄上对联，并求其书法直幅。

　　七月十九日，与尹耕云为高心夔饯行，邀翁同龢、钱桂森、李鸿裔作陪，五人书并箴潘祖荫之过，良友之言，不可多得。

　　九月，李慈铭为潘祖荫题朝鲜郑谦斋山水画。

　　十月二十日，翁同龢在厂肆见潘祖荫旧藏宋拓《茶录》、《姜遐碑》断本旧拓，皆淀园散落者，拟买归，而索价甚昂。

　　十二月初九日，翁同龢夜访，潘祖荫方忧贫，甚不乐。

　　十二月初十日，赠翁同龢钱大昕《戊戌日记》一册。

　　十二月十一日，古迹斋来翁同龢处取《茶录》、《姜遐碑》，翁再与议直不成，遂还之。

　　十二月十八日，翁同龢晨访，告还帖之故，二人辩论。

　　　　是年，孙诒经（子授）成进士。

　　　　欧阳保极（用甫）成进士。

　　　　翟云升（1776 - ）卒。

咸丰十一年辛酉（1861）三十二岁

　　正月十四日，翁同龢为潘祖荫题朝鲜郑谦斋山水画。

五月二十八日，顾炎武生日，与张祥河、姚承舆、杨宝臣、孔宪彝、孔宪毂、王拯、王宪成、王轩、董麟、董文焕、翁同龢、张茂辰十三人至顾祠祭祀。

七月十六日，翁心存、翁同龢父子同观潘祖荫所藏《萧敷敬太妃墓志铭》并题跋。

七月十七日，文宗崩。

十月初三日，翁同龢送《五礼通考》一册。

十月初五日，与许彭寿合疏请重议文宗显皇帝升祔大礼。

十月初九日，穆宗即位。

十月十五日，翁同龢为潘祖荫觅《历代君鉴》、《帝王图说》未得。

十月十六日，与张之洞访杨泗孙，遇翁同龢，商量编书事宜。

十月二十日，充磨勘大臣。

十月，上疏密陈五事，曰：勤圣学、求人材、整军务、裕仓储、通钱法，嗣又疏请免钱粮、汰厘捐、严军律、广中额，并附片请撤各省团练大臣及劝厘捐委员金安清等，请饬两江总督曾国藩严密查参。

十一月初一日，孝贞皇太后、慈禧皇太后养心殿垂帘听政。

十一月十九日，跋张星鉴《仰萧楼文话》。

是年，端方（匋斋）（－1911）生。

钱世铭（警斋）（1815－）卒。

同治元年壬戌（1862）三十三岁

正月，补光禄寺卿。

二月，兼署都察院左副都御史，充各直省复试总司稽查大臣。

三月，南书房、上书房诸臣编《治平宝鉴》成，合词进呈。草奏得赏。

四月二十八日，与考试差。四月二十九日，充殿试弥封官。

六月初三日，密陈陕省营务废弛回民叛逆状，请命将如多隆阿等以剿甘肃撒匪为名，由潼关商雒两路进剿。初七日，疏参署淮扬镇总兵龚耀伦纵寇肆掠，请饬查明惩办。十一日，派阅考试汉御史卷。十八日，奏请于江苏、安徽、山东、河南之交，添设四界镇以制捻匪，复附片奏参署浙江金衢严道、江允康，西安县知县丁寿辰劣迹及严通州、泰兴等处江防。二十八日，为苏常殉难绅民奏请恤典。

七月初八日，充山东正考官，杨泗孙为副考官。

八月初，抵山东省城。

闰八月初七日，跋方朔《枕经堂金石跋》，时奉命典试历下，匆匆作跋，曰："金石之学，我朝为盛，著录之多，难以枚举。顾考证之难也，以欧阳公之学，而《西岳袁逢碑》不知集灵宫，此刘原父所以云欧九不读书也。嘉定钱氏拜字瓦伪造也，翁覃溪、王兰泉、阮文达皆以为真。李崧残字，后唐石也，钱竹汀以为汉石。若《金石萃编》之误，尤不一而足。至近时所出八濛立马勒铭，荫尝疑其不类，今见小东先生是跋，适与鄙见相合，精审如是书，安得不传乎。"该书有宋祖骏、宗稷辰、沈兆沄书后，吴隐跋，该书内容多涉书法。

闰八月二十一日，到都复命。

九月二十二日，疏参陕西藩司毛震寿拥兵养寇、贪婪诸状，请饬查办。又附片奏请安插里胁难民及掩埋疆场尸骸。

十二月初十日，请李慈铭代阅桂文灿《孝经集证》、《群经补正》。

十二月十五日，疏参统兵大臣胜保养寇纵兵、贻误大局，请旨严密查办。又奏请治前署江南提督曾秉忠之罪。二十二日，疏参直隶督臣某持禄养交、事多坐废，请旨早予罢斥，另简重臣以重畿防。又附片奏保前任提督郑魁士、傅振邦、已革副将吴再升，请旨起用。

是年，谢维藩（麟伯）成进士。

吴重憙（仲饴）成举人。

杨守敬（惺吾）成举人。

翁心存（二铭）（1791－）卒。

同治二年癸亥（1863）三十四岁

正月，署宗人府府丞。

四月二十日，奏请减江苏赋额。

四月二十四日，属董文焕题李尚迪《松筠庵雅集图》。

四月二十五日，杨泗孙回籍前告诫潘祖荫好名之念太重，当以韬晦为妙。

五月初九日，访赵之谦，始订交，此后多有往还，尤多为其访书、刻印。

七月二十七日，编《文宗显皇帝诗文全集》，刊刻进呈，翌日获赏一部。

九月初十日，赞助赵之谦双钩《二金蝶堂双钩汉刻十种》成，十种具体如下：《赵廿二年上寿刻石》、《甘泉山元凤残字》、《杨瞳买山记》、《莱子侯石刻》、《南武阳功曹墓阙》、《沙南侯残碑》、《文叔阳食堂记》、《李禹表》、《陈德残碑》、《杨叔恭残碑》。赵之谦对每件碑刻作详细考证，并作序文一篇。

九月十七日，派出定陵。十月十二日，出都。十六日，还京。

十月二十日前，刻王星诚《西垲残草》。

十二月二十日，慈禧皇太后赐"居安资深"扁额。

十二月除夕，沈均初夜访赵之谦，告知得汉《熹平石经》。

是年，赵之谦、胡澍、沈树镛、魏锡曾汇合于北京，皆嗜金石，奇赏疑析，晨夕无间。赵之谦为沈树镛藏六朝造像选定二十品，合为一册，每种题签并跋。

是年，张之洞（香涛）成进士。

许振祎（仙屏）成进士。

陈奂（硕甫）（1786 - ）卒。

孔宪彝（叔仲）（1808 - ）卒。

同治三年甲子（1864）三十五岁

正月初一日，赵之谦将沈树镛得汉《熹平石经》事由补款于去秋为沈氏所刻"汉石经室"印侧，又刻"如愿"朱文印，款曰："均初求《熹平石经》一年，风雨寒暑，几忘寝食。"

正月，纂《东瀛贞石志》，搜采尤富，墨本皆毁于庚申，仅存目录。

二月，赵之谦刻"吴潘祖荫章"白文印，为潘氏刻印当始于此。

三月，补都察院左副都御史。

三月三十日，招王轩、董文涣、定丈、王宪成、张丙炎、李文田、张之洞、秦炳文、许宗衡陪李尚迪饮。席间，出示新刻《西垆诗草》，并请秦炳文绘《春明饯春图》，请诸君题词。

四月，与考试差。五月，派考试汉誊录大臣。

约是夏，赵之谦致书魏稼孙，慨叹金石学不祥。称同辈中如潘祖荫，贵矣，然无子女。荄甫仅有子。树镛去岁失一子，今岁又丧偶。兄亦失二子。可畏可畏。

七月二十四日，署理工部右侍郎兼管钱法堂事务。

九月，派拔贡朝考阅卷大臣，各省磨勘大臣，顺天乡试复试阅卷大臣。

十月，以都察院带领引见人员，未递排单。奉上谕都察院堂官著交部议处。

十二月，得御书"敏则有功"扁额。

是年，李文田入直南书房。同值南书房的文人学士中，李、潘被公认为"硕学"。二人以考订文字相切磋，称莫逆交。

是年，致书师朱锡绶，言朝鲜使臣来京索师诗句，朱有诗覆之。

是年，章永康（子和）（1831－ ）卒。

同治四年乙丑（1865）三十六岁

春，何绍基至苏州，寓吴云两罍轩，跋吴氏所藏李邕《麓山寺碑》宋拓本、颜真卿《争座位帖》宋拓本。

二月二十四日，派各省乡试覆试阅卷大臣。二十五日、二十九日派补复试阅卷大臣。四月，派会试覆试阅卷大臣，散馆阅卷大臣，朝考阅卷大臣。

三月二十三日，翁同龢借潘祖荫藏《瘗鹤铭》拓本，对勘王蓉丈《瘗鹤铭》，内未字石字均失势，知为覆刻本。

四月二十二日，赵之谦致书陈子馀，称寄来一对、一扇，已求潘祖荫书。

四月底，李慈铭将南归，潘祖荫拟为其刻《霞川花隐词》，李赠潘诗集及《萝庵小志》副本。

五月二十二日，赵之谦致书胡培系，称北朝碑近二年甚少，觅得

《离堆记残石》、金《天王神祠记》二种，讲书法师承问题，对《艺舟双楫》愈想愈不是，但见郑僖伯所书碑始悟卷锋，见张宛邻书始悟转折，见邓山人真迹百余种始悟顿挫，见阎研香作字悟横竖波磔诸法，于是所书已与馆阁体大背。

五月，应王彦侗之请，潘祖荫为其父王筠专著作《说文句读书后》。

六月，派拔贡补行朝考阅卷大臣四川等省。

八月十二日，穆宗毅皇帝将诣东陵，派随扈大臣。二十三日，工部奏派恭送梓宫随营办事及查看桥道堂官二员御章钤出恒祺、潘祖荫。二十七日，军机大臣传旨南书房，随扈派出许彭寿、潘祖荫、孙怡经。

八月，赵之谦出都，走陆路返浙，途经山东，小住数日。赵之谦同治元年十二月入都，居京三年，声望颇著，深受大学士祁寯藻、吏部尚书毛昶熙、大司空潘祖荫引重，恒置诸宾席之首。二十一日抵济南，见古董肆甚多，金石无知者，有单片拓片，但价格十倍于京师。并发现唐拓武梁祠画像下落。

九月十六日，随驾出都，每日至行宫侍班。二十日，同子久侍郎恭送梓宫，步行二十七里，酉刻奉移隆恩殿。二十一日，行迁奠礼，奉梓宫由隆恩殿至芦殿。二十二日辰刻，梓宫奉安，地宫午刻行虞祭礼。二十四日，卯刻，至燕郊，午刻至行宫侍班。戌刻，还京。

十一月，署礼部右侍郎。

是年，汪鸣銮（柳门）中进士。

吴昌硕（俊卿）中秀才。

同治五年丙寅（1866）三十七岁

二月，卸署工部礼部侍郎，派查估太平储仓工程，偕芗生（灵桂）相国。三月初七日，署疏刑部右侍郎。二十七日，署刑部左侍郎。四月，派盘查三库。

五月十三日，与李文田邀翁同龢、姚正镛、张丙炎、张之洞、王必达、董蓉舫、董文焕、孙毓汶同坐。

八月十三日，赵之谦致书陈子馀，言及印结部费须一千七百余金，与潘祖荫商，拟出京筹款，潘首助百金，毛煦初亦助五十金，宋雪帆复助百金。

秋，属董文焕题《秋夜校碑图》。

十一月，赵之谦校滂喜斋丛书《求古录礼记补遗》毕，作记一则。

十二月，补工部右侍郎兼管钱法堂事务，仍兼署刑部左侍郎。

是年，许瀚（1797 - ）卒。

江湜（弢叔）卒。

孙廷璋（莲士）卒。

同治六年丁卯（1867）三十八岁

二月二十八日，与董文焕等同坐，云山左福山新有《刘充碑》出。

四月，派查勘福陵工程。四月二十三日，带吴景萱起程。六月初二日，回京复命。是役成《沈阳纪程》一卷。

四月二十日，董文焕作《送伯寅少司空姻丈奉使盛京估修陵工》。

五月，吴大澂入都，京卿彭祖贤邀之到馆，课其弟祖润读。作《恒轩日记》，师友往还最密者，李虎峰而外，潘祖荫、彭祖贤、许玉瑑、顾肇熙、刘廷枚、张人骏等人。

八月二十五日，与许宗衡、姚振镛、张丙炎邀董文涣、宋祖骏、方鼎锐、王轩饮。董文涣有诗赠之，发"秋心异往年"之叹。

九月，赵之谦入都后得叶名沣《桥西杂记》稿本，潘祖荫为谋付刊。

十月初六日，往西陵照料庄顺皇贵妃。初十日出都。十三日，至慕东陵，演奉安事宜。十五日，奉安礼成。十七日，回京复命。

十月十七日，董文涣出都在即，绘《投笔度陇图》，索潘祖荫题咏。

十一月，刻《求古录礼说补遗》，临海金城斋撰，赵之谦得于台州，又刻龚自珍《泰誓答问》。作《求古录礼说补遗序》，称赵之谦方纂《国朝汉学师承续记》，网罗旧闻，不遗余力。

十二月二十九日，董文涣送手札求潘祖荫题签。

是年，常与翁同龢、董文涣、朱学勤、李文田、景其浚、钱桂森、张丙炎、许宗衡、孙毓汶、孙楫、姚振镛、黄云鹄、王轩、汪朝棨、吴质轩、方鼎锐、林天龄、章鋆等诗酒之谈。

　　是年，孙诒让（仲容）成举人。
　　曹元弼（谷孙）（－1953）生。

同治七年戊辰（1868）三十九岁

正月初三日，获董文涣赠《张江陵全集》。

正月初六日，潘曾绶向董文涣索《松穆馆诗》，潘祖荫为题手札签。董氏将出都，托潘祖荫代售书籍。

正月二十七日，赵之谦致书胡培系，称竹村《仪礼正义》版在京师，尚未刷印，闻之即往求刷印而价值太昂，欲与潘祖荫商之。潘祖荫已出资刻《金城斋遗书》、《龚定盦大誓答问》。欲续刻陈仲鱼所集《埤苍声类》、翟晴江《尔雅补郭》等书，近况甚窘，不敢再索。

正月，赵之谦来京，为潘曾绶作《岁朝清供》轴。

二月十二日，赠董文涣诗，邀董、孙毓汶饮于宅。次日，董赠以《蒙古游牧记》。

三月，进《楹帖联珠》四册，派各省乡试覆试阅卷大臣，又派补覆试阅卷大臣，派管理火药局大臣兼署吏部左侍郎。

三月，撰《东岳庙掸尘会碑记》文。

三月二十七日，内官传旨，撰拟对联及写《说文》以进。请吴大澂、汪鸣銮、许赓扬代写代校。（吴大澂《恒轩日记》）

四月初三日，呈进篆写《说文》四函，《艺文备览》四函。

四月，派会试覆试阅卷大臣，殿试读卷大臣，朝考阅卷大臣。闰四月，调补户部右侍郎，兼管钱法堂事务，派优贡朝考阅卷大臣。

四月，吴大澂中进士，潘祖荫为受知师。

五月十六日，赠翁同龢新刊经说二种。

七月，派考试教习阅卷大臣。八月，磨勘弓刀石大臣。

秋，见曾国藩，获赠萧秀神道及东碑两种拓本。

九月五日，赵之谦致书胡培系，称作客都门忽忽一载，幸贫而能存，竹村《仪礼正义》于八月间始设法假版刷印三十册，潘祖荫得数册，得见宋本《庄子》，价颇昂，未能归架。复见翁覃溪校定《大戴目录》手稿，似已刻其文集中者，此公好为谬论，深恶之。《师承续记》首篇，拟重作一通。

十月，派考试誊录监考职阅卷大臣。

十一月，仓场侍郎衍秀、毕道远奏派员承修驳船，奉上谕著派魁龄、潘祖荫。

十二月，充经筵讲官。

是年，刻长洲陈硕父先生《公羊逸礼考征》。

是年，洪钧（陶士）中状元。

黄自元（敬舆）中进士。

同治八年己巳（1869）四十岁

二月初五日，为父曾绶六旬称觞。

二月二十一日，调补户部左侍郎三库事务，是日，武英殿灾。

三月初八日，莫友芝致书潘祖荫，谈搜讨萧梁石劚，获临川二柱未显之迹，增识《始兴东碑》千字，宋墅敏侯之石，曲阿文帝之陵，已有所闻，乞过录所藏永阳昭王萧敷、永阳敬太妃两墓志，同函寄有拓片以易。

三月，赵之谦为潘曾绶作《夹竹桃图》，为潘祖荫刻"滂喜斋"朱文巨印，并致书潘祖荫详述盖巨印之法，凡三纸之多。

春，贾君及查丙章出陈寿祺遗稿，潘祖荫刻《陈比部遗集》并作序。

六月二十一日，转户部左侍郎管三库事。七月，派拣选云南知府等员大臣。

七月，刻释湛然《辅行记》并撰序。

八月，直隶总督曾国藩发表《劝学篇》，要求士子重视义理、考据、辞章及经济之学。

九月十五日，派修阜成门城墙工程。十七日，派勘估武英殿工程。

九月三十日，吴大澂为潘祖荫篆书寿屏四幅。

十月初六日，派考试御史阅卷大臣。十月初六日，四十寿辰，翁同龢来贺。

十月二十三日，翁同龢为潘祖荫藏《渝关望海图》题诗。

十一月二十四日前，致书董文涣，赠忆昔长古一首。

是年，师朱锡绶来书言困状，潘祖荫急为谋之，而师已卒矣。

同治九年庚午（1870）四十一岁

二月二十七日，翁同龢为潘祖荫藏《瘗鹤铭》拓本题诗。

三月二十九日，邀翁同龢、尹耕云、孙楫、钱桂森、孙毓汶小集，出示所藏宋拓小字《麻姑仙坛记》，有跋定为唐石宋拓。

四月初五日，尹耕云持示宋拓《争坐位帖》，肥泽可掬，而潘祖荫示唐石《麻姑小字记》，较之停云刻有天渊之别，翁同龢称一日获见鲁公双迹，叹己藏秦氏本不足道。

八月，派宗室乡试复试阅卷大臣，复核朝审大臣。

九月，刻王象之《舆地碑记目》并撰序。

秋冬之际，寄赠莫友芝《肥城麃孝禹石刻文》、《安张仁宪碑》、《京畿金石考》拓本。景鉴泉赠莫氏《东平刘曜碑》。《刘曜残碑》、《麃孝禹碑》六月新出于山东。

十月初十日，邀翁同龢、徐桐、李鸿藻于家中午饭，出示新得诸碑及宋拓《云麾碑》。

十月，充武乡试副考官，正考官为同郡庞宝生（锺璐）尚书。二十二日，赐文宗显皇帝圣训，派勘估固伦公主府第工程。

十月二十三日，潘祖荫弟潘祖年生，父潘曾绶命名曰祖年，字西园，号仲午。

闰十月初四日，得王翚《富春山长卷》，有恽南田题。

闰十月十八日前，寄赠莫友芝《麃孝禹碑》拓本。

十一月，获赐御笔"直良功顺"四字额，七言联曰：钟镛律应钧天奏，黼黻文章复旦华。是日，兼署吏部右侍郎。

十一月二十日，赠翁同龢宋拓小字《麻姑仙坛记》。

十二月十七日，从韩泰华处得宋刻《金石录》，即《敏求记》所称冯研祥家本也，乾隆间为扬州江氏所藏，递归赵晋斋、阮文达，最后入韩泰华。潘祖荫从韩氏得此书，即仿冯氏刻一印，曰"金石录十卷人家"，以前流转之家相承皆用此印。

十二月，莫友芝致书潘祖荫，言秋冬所获拓本，顿忘漂泊之苦。《梁石》小篇，迄今直未下笔。扬局刻《隋书》未完，仅《广陵通典》、《述学》二三小件，金陵局则《史记》下至《晋书》皆已就，可向湘乡索也。《舆地纪胜》惟见岭南伍氏刻本，邗江岑刻独所未闻。吴门覆刻《通鉴目录》、《近思录江注》，差皆佳本。义兴、溧水两石，久欲手为善拓，今已索然，意外搜剔，益所不及。

是年末，始临孙过庭《书谱》，日数十纸，后遂以为常，退直余闲，濡毫不倦。

是年，吴熙载（让之）（1799－）卒。

同治十年辛未（1871）四十二岁

正月，充会试知贡举。

正月，翁同龢借潘祖荫所藏《韩勑碑》，墨浓，微掩字，似明拓。

正月二十日，翁同龢在宝文斋书肆为潘祖荫访《宋史》一书。

二月，派乡试复试阅卷大臣。

二月二十八日，应张之洞邀，与翁同龢、李仁叔、赵之谦、胡澍、许振祎、倪豹岑同坐。

二月，刻赵之谦所访胡仁圃《虞氏易消息图说》并作序。

四月，派会试复试阅卷大臣，散馆阅卷大臣，朝考阅卷大臣。

四月十七日，以董文焕返都访之。是月，往来颇密，赠董《钱竹汀先生日记》。

四月二十日，李慈铭赠《殿阁词林记》。

四月，赵之谦为潘祖荫刻"八求精舍"朱文印。

五月初一日，在龙树寺设宴，意在年轻举子，张之洞操办具体事宜，到者：无锡秦谊亭（炳文，画）、南海桂皓庭（文灿，经）、元和陈培之（倬，经）、绩溪胡荄甫（澍，经）、会稽赵㧑叔（之谦，经，金石）、会稽李莼客（慈铭，经、诗、骈文）、吴许鹤巢（赓飏）、湘潭王壬秋（闿运，经、诗、古文、骈体，辛酉科）、遂溪陈逸山（乔森，诗，壬戌科）、长山袁鹤洲（启豸，诗、壬戌科）、黄岩王子常（咏霓，经、诗、骈文，丁卯科，庚午科）、钱塘张子虞（预，诗，丁卯科）、朝邑阎进甫（乃烑，金石，戊辰科）、南海谭叔裕（宗浚，骈文，辛酉科）、福山王莲生（懿荣，金石）、瑞安孙仲容（诒让，经，丁卯科）、洪洞董研樵（文焕，诗）共十七人。约而不赴者：镇海黄元同（以周，经，庚午科）、秀水赵桐孙（铭，骈文、舆地，壬戌科）、宜都杨惺吾（守敬，小学、舆地，壬戌科）、海丰吴仲饴（重憙，金石）、许静（后汉书、古文，字及郡县俱不详）、黄岩王子庄（棻，经、小学，丁卯科）；欲约而不及者：长沙黄镜初（耀湘，经）、钱塘潘凤洲（鸿，经，庚午科）、归安施峻甫（补华，古文，庚午科）、仁和谭仲修（廷献，诗、古文，丁卯科）、黄岩蔡竹孙（篪，诗、古文，丁卯科）。

五月初九日，赵之谦为潘祖荫刻"吴县潘伯寅平生真赏"朱文印。

五月十九日，以张德容藏《沙南侯获碑》拓本示翁同龢。

五月二十九日，与翁同龢奉敕影写《星凤楼帖》中草书，以真字音释于旁，因雨住东华门外酒家。

五月，向董文涣借观《文潞公集》、《王无功集》，求观晋中新刻本。董氏赠之晋产唐碑四种，金、明碑拓本二种。

六月二十日，请董文涣题所藏《沙南侯获碑》双钩本，称潘祖荫有斋名"小脉望馆"，酷好金石"汉碣结习性所耽"。

六月，派优贡朝考阅卷大臣。

六月，刻同治六年所得《桥西杂记》并作序。九月，赵之谦作《桥西杂记跋》。

六月，赵之谦为潘祖荫双钩《沙南侯获碑》并作跋。六月二十日，董文涣为该本题诗。同年七月十七日，赵之谦又考订史实，为之再跋。此本今藏北京大学图书馆，内有胡澍、王懿荣、张之洞、江标、翁同龢诸家跋。潘祖荫付梓时，所用并非赵氏双钩本，而为吴大澂重新钩橅上版。

夏，赵之谦为潘祖荫刻"伯寅经眼"朱文印。

七月十四日，属董文涣题《藤阴书屋勘书图》。

七月十七日，作《半岩庐遗诗跋》。

七月，派承修贡院大臣。

七月，为张德容《二铭草堂金石聚》作序。张德容《二铭草堂金石聚》后序称：咸丰间有以梁永阳昭王及王妃墓志求售者，因力不足，乃归于潘祖荫，墨缘各有主，好而有力始能聚。

八月初四日，赠董文涣自刻书《陈珊士遗稿》、《太誓答问》、《求古录礼说补遗》、《湛然辅行记》各一部。次日，董以《太华冲虚图》

属题诗，至十一月初七日方成。

八月，派勘估太庙工程。

九月，充武会试副考官，仍与庞宝生尚书偕。

九月，赵之谦为潘祖荫刻"潘祖荫藏书记"朱文印。

十月初六日，到胡澍斋中避寿，招饮数友，有胡澍、吴大澂、许玉瑑、顾肇熙、杨文莹、赵之谦等。至中旬，顾肇熙与吴大澂六次赴潘祖荫处，为其整理书籍，编订书目。

十一月初七日，为董文涣《太华冲虚图》题诗。

十一月十一日，曾国藩致书潘祖荫，言所索新出汉梁碑各种，其阳湖汉碑及金陵新渝宽侯碑尚须徐为访求，至萧秀神道及东碑两种，七年秋间曾经拓出在京奉赠，现无存，容得便补拓再寄。

十一月十五日，潘祖荫在家中举行消寒会，到者顾肇熙、鹤巢、价人、秦谊亭、胡荄夫、赵撝叔、董文焕、张之洞、陈乔森、王懿荣、吴大澂。

十一月二十一日，为赵之谦作《悲盦居士诗剩跋》："大集捧读三日，自口至心惟有佩服而已，觉二百年来无此手也。石门数诗尤有功世道，再去温州诗人事世情都道尽矣。荫交撝叔近十年，未见其与近之诗人唱和也，今见其所为诗，则非今之所谓诗人也。"

十一月，赵之谦作《十一月十五日消寒第一集呈潘司农〈集陶诗〉》。

十一月，派考试恩监生阅卷大臣。

十二月二十八日，赵之谦为潘祖荫刻"翰林供奉"朱文印。

十二月，请吴大澂、顾肇熙、许赓扬抄录黄丕烈跋，着手编辑《士礼居藏书题跋记》。

十二月，赵之谦为潘祖荫刻"潘祖荫"白文巨印。

是年，观南宋明州本《集韵》，撰观款。

赵之谦为潘祖荫刻"郑庵"朱文印，为潘祖荫作《积书岩图》轴。

潘祖荫与赵之谦、胡澍访求古籍，得宋元刊本甚多。今藏国家图书馆有《潘祖荫致函胡澍六册》，多涉此期为潘氏访书访拓等事宜：

"假《守山阁丛书》中《籀史》来一看为感，即缴也，至恳至恳。"

"至厂肆不？见《关中金石记》及《三巴耆古志》各一部为要，如有《粤西金石略》及《复斋碑录》、《东观余论》亦妙。"

"欲假《三长物斋丛书》中之诗文集（后五函除集古金石录己见外）及痴草（是否此名记不起）一观，以为消遣之资云尔，史君印章乞一催之。（装订之书亦乞催之。）"

"《南史》乞一问，志书中有宋元志否？望为一查。"

"偶得大戴礼校本二册，不知为何人所校，望将孔刻大古礼付下一观为荷。"

"丛函三种附上，（有能抄书人否。愿抄者即可，不必工也。祈示。）自编书目（后。）寻书之吃力，难于登天矣。昨得元刻二种，甚佳甚佳。"

"《大戴礼记》（元里正甲午郑元佑序，有首页，缺次页，可留，开价来。）《潜夫论》（明刻本，见《爱日精庐藏书志》，可留，开价来。）（不要）《金陀萃编》（元陈基刻本，缺陈基戴洙序，疑是嘉靖再翻矣。）《荀子》（元刻本，宋讳一字不缺，双线，可留，开价来。）《左传》，文章正宗，不要。"

"兄处丛书除守山阁、三长物斋皆见过，他有可借者否？乞示其名，古鉴连日不提，自系价不谐也。益甫、六皆想均无书来。"

"《时文正宗》，弟处现在并未印，不知何人印以牟利，兹奉去旧存一部，金石拓本近有所闻否？"

"合二书而已，百金，许君自为计诚得矣。其如吾力不及何，相距尚远，只好以原物还之耳。费神。谢谢。似此看来一百年买不成也，一笑。"

"苏诗，宋讳一笔不缺，乃元初刻也。谈价如未送去，送去再商可耳。"

"法帖释文，于宋讳无一缺笔。明日多半住城内，今夜只好连夜颂还，选鉴一事不拘，明后日一商。侯碑何处有全耶。苏诗再商。"

"苏诗事一时高兴，意在嘉泰本，施顾注即毛宋翁吴故物也。此则胜固欣，然败亦可喜耳。《荀子》弟肯出三十金。"

"城北处仍归无庸议可耳。望与㧑兄留意，不拘何处何时。板刻除宋商邱本、王文诰本、冯星实本不用外，随意。觅苏诗一分为感。"

"刻从人假来沙南侯碑，能枉过一看否？出价面缴也。"

"前所云刘宠碑、之罘刻石、阳主题字近有消息否？祈示知。"

"前王莲生农部道及福山新出土石刻四种，之罘刻石、阳主题字、刘宠碑、永康舍小记，未知拓本已寄到否？如晤时，望转询为荷。再止观节本，弟已同益甫说欲刻之，并望尊兄为录一清本也，此恳。"

"宝文尚书春秋，胡传纂疏，元刻，未知尚存否？又《虞斋考工记解》，均乞取来一看，并一问其价也。"

"《文选》系张伯颜本，拟以六金，《书疏》弟新得一本，与此同价，（连日奉阅此本名正德时犹存也，此系明印。）十六金想必难谐。"

"《竹汀日记》一册，望为细校，以便即付刊也。"

"石谷画，有人出三十六金（如不成，明日当送缴），未知可以脱手否。看来多亦不能矣。"

"刘曜碑奉赠，无盐人非太守也。跋者误，欧、赵、洪、娄皆著录。"

"前携去墨妙亭碑考一本，已函致湖州太守否？但恐又成画饼耳。六皆何日行？闻初三往拓圣庙祭器，望为留一分也。近日有所见闻否？"

"《名臣言行录》，望为取来，其价当即交去也。"

此间，尚有请胡澍题签"壬申消夏诗"、"元人集"、"舆地碑记目"、"李光弼碑"、"易州铁像颂"、"吉金所见录"、"钟鼎款识"、"啸堂集古录"、"志雅堂杂抄"、"越三子集""宛羽书巢""佞宋斋""临顿里中一百部，眠琴馆里三十厨"等。代请史君刻"蝇须馆""伯寅藏书""八囍斋""金石录十卷人家""佞宋斋"等印。

是年，王懿荣任京秩。时笃好旧椠本书古彝器碑版图画之属，散署后必阅市时有所见，归与黄夫人相对语，夫人曰：明珠白璧异日有力时皆可力致之，惟此种物事往往如昙花一现，撒手便去，移时不可复得，后来纵或有奇遇，未必即此类中之此种也。好极力怂恿购之以为快。以故裘葛钗钏往来质库有如厨箪。（《清王文敏公懿荣年谱》）今见中国国家图书馆藏《潘文勤公书札》致王懿荣书中，有搜访金石古椠者：

"今日如得暇，清秘阁一卣亦祈一询之，他处尚有真物否？"

"定国所得黄氏书，先就所知四种开列。"

"前面谈曾云见延陵簿上尚有一二种书，犹记之否，望示其目。"

"昨所云新出梁碑，听之未明，祈示。及又阳湖新出一种，亦祈示。及拟即函致湘乡师索之，又于氏梅花喜神谱，肯让人否，若能成，当以王错墨迹奉报，何如。"

　　是年，莫友芝（子偲）（1811－）卒。

同治十一年壬申（1872）四十三岁

正月，派拣选盛京司员大臣。

正月，刻《炳烛编》并作序，称：颂阁学士归自江西，持其乡李鬷斋方伯《炳烛编》示余，则方伯之孙用光所手辑者。

二月十二日，翁同龢托潘祖荫请赵之谦书太夫人神道碑。十七日，以油纸碑式送赵之谦。二十七日，潘祖荫送神道碑文。二十八日，翁同龢送赵之谦六十金润笔。

二月下旬，吴大澂得一秦铜器，文极细而多，奇古不可识，王懿荣定为秦器，遂连两书与沈树镛，以为数千年物，忽发奇光，显晦自有一定，可知世之隐没不彰者正不在少耳。

三月十三日，陈介祺在何绍基《东洲集》中得知吴云收集金石书画甚勤的消息，给"别来二十余年"的吴云去函，求索其金石著述。

三月十四日，与张之洞招顾肇熙、吴大澂、许赓飏、秦炳文、董研秋、陈乔森、王懿荣、李慈铭，当日秦、陈、吴均绘有看花图。

三月，刻张洵《张文节公遗集》并撰序。

三月，与秦炳文、吴大澂、张之洞、董文焕、李慈铭等于极乐寺赏花。

三月底，赵之谦以国史馆誊录议叙知县分发江西，因而南归，此后再未回京。此前，约去冬今春，赵之谦为潘祖荫刻"金石录十卷人家"朱文印，并为潘氏《滂喜斋丛书》第一集十六种书端。还为潘刻"如愿"朱文、白文各一，"面城堂"朱文印，"汉学居"白文印等。约此时，赵之谦为王懿荣刻"福山王氏正孺藏书"朱文印，"王懿荣"白文印。赵、王二人约在同治八年在京相识，大访碑刻，当年四月赵归故里，同治十年初再次入都后，二人常有来往，潘祖荫招饮，亦多同席。

春月，吴大澂为潘祖荫画《藤阴老屋勘书图》。李慈铭为潘祖荫题《东堂喜雨图》、《文宗御画马石刻本》、《藤荫老屋勘书图》。

春间，潘祖荫始为《攀古楼彝器款识》作图及商定释文。

四月十八日，吴云致书陈介祺，称"忆乙巳年都门聚别，忽忽二十又七年矣"。"忽于本月十二日奉到三月十三日手翰，亟取展读，勤拳之谊，溢于言表，欢喜之情，真出望外"。"十年以来，专注者惟《两罍轩吉金图释》一书，其中颇有所发明，或希冀可以传后，目录排比已定"。并精拓两罍寄陈氏，附永始铜鼎拓本。

四月二十三日，作《攀古楼彝器款识序》，称性嗜金石，然汉石在世有数，无从搜牢请益。比年来专力吉金，每有所得，摩挲研思，略辨瘢肘，必加推按，至没字而后已。相与商榷者莱阳周孟伯、南皮张孝达、福山王正孺、吴县吴清卿。图状释文，先成此集，后有所得，随时坿焉。计今日所有，止数十器，诚不可谓多，然无智取，无豪夺，又皆慎择详审，必不使一作伪者厕其中，以是为无悖于考古证经之意而已。并提出"七厄"、"三蔽"之说。

四月，《炳烛编》刻成，又识：是书属陈倬编定，继又属胡澍、赵之谦悉心校正，缮清本者徐鄂，助刻赀者李文田、吴承潞。鄐斋之孙用光、用宾、用中，实能宝守此书，皆可纪也。四月，为董文焕四十岁照相题诗。

五月十六日，吴云复陈介祺书，收到陈氏齐侯罍诸释，汉永始鼎拓本，求《廿八将李忠后人墓门题字》，己藏卷册立轴约三百种、秦汉六朝以来碑碣造像三千余种尚未编目，乞山东韩敕、礼器后碑一观，寄己辑吉金图释及吉金拓本四种。

六月，鲍康解职夔州知府，旋入都，归隐臆园，自号臆园野人。自此，不再问闻世事，唯日与潘祖荫、王懿荣、吴大澂、胡石查等金石同好往来，并与陈介祺、吴云等频传书札。

夏，与诸名士销夏联吟，首唱六律：一揭铭、二读碑、三品泉、四论印、五还砚、六检书。张孝达、李㤗伯、严汝成、胡甘伯、王正孺、陈逸山皆有和作，刻《壬申销夏诗》。

七月初五日，招集胡澍、陈彝、谢维藩、许赓飏、陈乔森、张之洞、吴大澂、顾肇熙、严玉森、王懿荣及李慈铭共十二人祭郑玄生辰。

七月，刻歙县曹念生《啖橄榄馆稿》，并撰序。

八月十四日，与吴大澂谋刊胡澍遗著，未成。

八月，派复核朝审大臣，以校阅方略，奉旨赏加二级。

九月初二日，陈介祺致书吴云，求其代购长锋羊毫笔，并附近刻自作书额拓请正。附笺数十纸，论金石古文字及记有丧二事，所涉事项繁杂，考释、鉴藏辨伪、传拓、摹刻、书法、篆刻等无所不包。三个月间，陈介祺作致吴云书，附笺如下：碑则二杨碑（册）、郭有道碑真本、柳诚悬神策军纪功碑，山东新出土河平碑（李山农运至历），想已有拓本，刘曜残碑出东平，礼器后碑，未见，容切访之。六朝石近颇得数十种。敝藏吉金文字，今年吴仲饴为录目一本。古碑以录文为要。刘燕翁海东金石苑极精，惜未刻，今不知所在。昔见其录文，大纸稿片，多于萃编，亦无存矣。录文宜先断目，唐书成再及宋以后者。

九月，恭逢穆宗毅皇帝大婚典礼，赐太和殿筵宴，赏给头品顶戴。

十月初二日，会朝鲜正使朴珪寿，朴氏年六十余岁，张之洞、谢维藩、顾肇熙、王懿荣在坐。朴氏言其弟瑄寿著《说文解字翼征》十四卷，取钟鼎文字以证《说文》，多驳许君旧解，所据为薛氏《钟鼎鼎款识》及阮文达《积古斋钟鼎款识》，间引冯云鹏《金索》、苗夔《说文声订》等书。

十月十四日，陈介祺致书鲍康，建议其刻刊刘喜海《古泉苑》，怂恿鲍康在李氏《古泉汇》、刘氏《古泉苑》的基础上再著一古泉力作，还谈摹刻古文字当精审，还教如何鉴古辨伪。

十月十六日，吴云致书陈介祺，称来书用竹纸写，已命工托裱，看到藏目一册，印集十二本，读之咋舌，收藏之精且富，固一时无两。又刘喜海所藏唐龟符等，以及竹坨、冬心各楹对拓本。称南中手民拙劣，无一可以入目。然而眼界过高，倘不肯降低心相从，必欲如从前之精益求精，转恐有因噎废食之患。大约刻金器首重篆文，此外皆可从略也。

十月，以《沙南侯获碑》二幅送吴大澂处，属为题跋。又致书吴氏，托双钩此碑仿《小蓬莱阁金石文字》。此间，潘祖荫、张之洞、吴大澂、王懿荣多函商《沙南侯获碑》刊刻问题。从此碑的刊刻看，虽然吴、王绘图、写样，考释，但最后仍由潘、张主事。

十一月十七日，吴大澂致书沈均初，称自夏至今，搜罗吉金拓本，积有百数十种。潘祖荫宋板之兴，遂移好于彝器，所得三十余种，精品居多。为之绘图摹款，陆续付梓，将来可与《长安获古编》并传于世。认为莲生鉴别吉金，为吾辈中第一法眼。阮、吴诸录，惜当时滥收拓本，真赝杂出，删不胜删。朝鲜进贺使来京，诗酒之会无虚日，吴大澂乞得《真兴王北巡碑》，乃百年前旧拓，原字尚未凿过，近来东人携带送人者，与此绝异，可贵。同信乞昌鼎旧拓。

十一月，刻戴熙《古泉丛话》并撰跋。

十一月，派查估地坛工程。

十二月初六日，陈介祺致书鲍康，谈金石著述，建议诸同道以《说文》为本，摹吉金古文字附于后，为字学统编，成一著作。

十二月，赐御笔"文摘锦绣"扁额。

冬，奉命办理御制诗集，时间紧迫，请吴大澂等协助。是年，潘祖荫因时求吴大澂书画，赠其一卣为酬。

是年，得邵钟四及史颂、匽候诸鼎。刻《丧礼经传约》、《越三子集》、《亢艺堂集》、《西凫草》，作《亢艺堂集序》、《西凫草序》。

是年，鲍子年先生题潘祖荫九种拓册：汾河岸崩出铜器，无算率无文，只一钟重百余斤，钲间暨鼓，左右悉有文，但刻画甚浅，复锈蚀不可拓，寻管香之地桂岩，以贱直得之，载至都，潘伯寅购以重资，剔视得百七十余字，所谓齐镈是也，刻入款识。余乞其墨本，装池藏之，伯寅先后尚得邾钟入陈寿卿，释为邾八钟，大小不同而文悉同字，仅大三分许，精整无匹，寿卿叹为攀古楼款识之冠。余既乞得寿卿十钟之全角者，复向伯寅乞齐邾各钟全角，九纸装成两册，属胡石查为题识，偕同志传观，叹赏老年眼福，岂浅鲜哉。

是年，吴昌硕游历杭州、上海、苏州等地寻师访友，先后结识俞樾、杨岘、任颐、潘祖荫、吴云、吴大澂等，获观诸人收藏，酿界大开，受益良多。

是年，曾国藩（涤生）（1811 - ）卒。

胡澍（甘伯）（1825 - ）卒

同治十二年癸酉（1873）四十四岁

正月初七日，吴大澂致书王懿荣，游厂竟日，得一觯，字甚深，满身无颜色，致潘祖荫两书未见复。（《愙斋赤牍致王懿荣》）

正月十四日，吴大澂新得秦诏版。提出"吾辈所见吉金，将来汇成一书，精选，不为识者所笑，不见原器不刻，图工而说少，亦藏拙之道也"。

正月二十六日，穆宗亲政。

二月初三日，召见于养心殿。

二月初七日，吴大澂保管沈树镛遗藏，时有传闻，沈母张太夫人痛子早逝，以所藏碑帖等殉之，实乃为避麻烦。时潘祖荫等皆信以为真，致书吴大澂，称均初事极惨伤，太夫人痛子焚书，尤令人心恨，岂独文字之劫乎。

二月二十四日，陈介祺致书吴云，称潘祖荫所收，惟部钟二为至美，史颂鼎亦佳，搜访甚力。钟有刻图及文。询南中收藏家张叔未、叶梦渔、夏松如、姚六榆、吴康甫、朱筱沤、韩履卿、严眉岑、文后山、怀米山房等，新藏家知其人者，均乞一一示及。

二月二十七日，遗失户部行印，部议革职留任。

二月，刻《宋四家词选》、《管子校正》，并分别作序。

三月，派查估贡院工程。初四日，扈跸东陵，途中遇雨，有《行帐听雨诗》及《定陵恭记》一首。

三月二十九日，举行极乐寺看花会，到者有潘祖荫、张之洞、吴大澂、李慈铭、谢维藩等，因秦炳文、胡澍已于去年先后离世，赵之谦、董文焕已出京，顾肇熙又有盘山之游，故参加者不如往年之盛，加之花期将过，海棠半落，当日游人稍稀。

三月，赠李慈铭《古泉丛话》。(《古泉丛话》李慈铭跋)

春间，吴大澂为潘祖荫钩摹《沙南侯获碑》，张之洞、吴大澂、王懿荣分别考释，潘祖荫作《沙南侯获刻石释文跋》曰：“右《沙南侯获刻石》足本，荫所见凡五本，惟此本字最多。石始见于徐氏《西域水道记》、翟氏《隶篇》。道光间刘燕庭方伯、吴子苾阁学皆得之，惟所见俱止前三行，无所考证。此石世无精拓本，今且日益泐。后三行又向未著录，兹属吴清卿编修钩摹付梓，并以同人考释附焉。诸家释文，言人人殊，非得精搨，末由定也。”

四月十一日、五月六日、五月二十一日，吴云分别致书陈介祺，称剞劂一事，因不可草率，然必精益求精，转至因噎废食，应刻之书需早付梓。言及《古泉汇》寄到即为友人攫去，《书画鉴影》仅书名足以动人，《十钟山房印举》尤愿先睹为快，以及己著《两罍轩古印考藏》十卷，先将印稿三册奉寄备采。谈到南中古物不独金器为有力者收括殆尽，即碑帖书画磁玉等类稍可入目者价便奇贵。特别问到毛公鼎拓本，查寄示收藏目录无此器，祈示知其踪迹。附寄庚罴卣拓本十分，秦度残字拓本二十分，又双钩《化度寺》残字十六册，双钩《温虞恭公碑》四册共二十分。

五月二十五日，陈介祺复鲍康书，并寄赠四耳敦、兮甲盘、齐归父残盘、许子妆簠拓四种，秦诏版七种，属与潘祖荫共赏之。

五月，为鲍康《观古阁泉说》作序。

五六月间，得齐镈，请吴大澂图全角，并为释文。

六月，张之洞外放四川学政。

六月，兼署吏部左侍郎。二十三日，召见于养心殿。

闰六月六日，陈介祺复潘祖荫书，二人始通函。经鲍康介绍潘祖荫此前多次致书陈介祺，赠其新刻丛书及新获彝器各拓，而陈氏因老妻长子相继去世，心绪致恶，故迟复答。六月潘祖荫又通过宋雪帆寄手翰，陈介祺于是复函，并附对潘藏邵钟所作《邵钟释说》，赠金文三十二纸。同时，望潘祖荫拓邵钟全角四纸赐寄。

闰六月十二日，陈介祺致书鲍康，云"《印举》恐须八九月乃成，甚望得瞿木夫《古官印考证》一看"，"大著《泉说》先缴，外二纸，杂说所见，乞勿示人为企"。并寄"键仔妾娟"、"淮阳王玺"等所藏名印拓，属分赠潘祖荫、王懿荣等人。

闰六月十八日，致书陈介祺，附《攀古楼彝器款识》及金文拓各种。

夏，与李慈铭、王颂蔚诸君联吟，辑刻《癸酉销夏诗》。潘祖荫有诗三首《齐子中姜镈歌》、《盂鼎歌》、《凫伯庭中新植海棠闰六月重作花赋柬》。

七月，赐御笔龙字及御笔七言对一联。

七月初十日，陈介祺复潘祖荫书，七月初九日奉闰月十八日手复，并款识图说册，金文各种，奉簠、簋、鼎、卣、尊、壶、盘、铎、匜等共三十纸。附笺谈潘氏《款识》序言，清真雅正，是心知其意者。然而吉金出土，一毁于锄犁，再毁于争夺，三毁于销镕，四毁于刻字，不仅传世古之"七厄"矣。"三蔽"立论极是，须实践之。叙求十分，以示同人。书求十部，由子年兄缴直。又言，叙中云藏器不多，夫多不如真，真不如精，古而精足矣，奚以多为。得可存者十，不如得精者一。已有真器数十，有余师矣。又问尊刻不著尺寸斤两何耶。

七月二十九日，陈介祺复书吴云，称因候《两罍轩彝器图释》迟复，直言指出《两罍轩彝器图释》若汰删十余种，则更增重。寄所考《四郳钟释文》、《秦量诏版释文诗记》及新刻《传古小启》，并瓦量、诏版、泉范及鼎彝拓数十种。潘祖荫所刻《攀古楼彝器款识》，绘图甚精，张之洞说为佳，是文人通人之笔，潘祖荫自叙尤佳。附笺中谈南中拓手张叔未能拓浓墨，校古器仍当用古尺，该函罗列有大量金器之名及相关考释。

七月，鲍康作《续泉汇序》，认为潘祖荫鉴别独精，收藏宏富，虽不甚藏泉，顾促其著谱甚力。

八月五日，陈介祺首次致书吴大澂，谢其为长孙陈卓婚礼赐联，表达互赠金石拓片之愿望，请其洗剔精拓《沙南侯获刻石》及敦煌、仓颉、石门颂诸汉代刻石等。

八月初六日，充顺天副考官。

八月初八日，陈介祺接潘祖荫书并所刻《款识图说》十册。

秋间，吴云致书潘祖荫，由吴大澂寄到《攀古楼彝器款识》、《齐镈钟图释》各一册，伏读再过，仰见鉴别精严，考证详确，自序一篇阐前人未发之蕴，尤为推勘无遗，此必传之诣也。是书详答潘祖荫所询张叔未用白芨拓铭之法以及剔字之法。还奉邾公钟拓、泉范等拓本。由吴大澂《观古阁丛稿》《泉说》二册，读之窃深向往，海内同志甚少，南中几于歇绝，得执事为之提倡，吾道不孤，亦斯文之幸也。

八月中后，吴云致书陈介祺，称《彝器图释》之删汰能直言，感幸无已。内中庚鼎商盘二器乃从《二百兰亭斋金石记》中摹出，叹为真鉴。又谈拓本与古器鉴定，观拓本十可得其七八，然一二必与原器参观并审方无冤屈遗滥。又感叹沈树镛谢世可惜，何绍基病逝前对作品的态度是学者精神命脉所在。

八月二十九日，陈介祺复潘祖荫书，八月八日奉手书，并款识刻十册。附方鼎残片、天君鼎、伯鱼鼎、旁肇鼎器、瑟仲狂卣器、父丁罍、龚妊残甗、伯贞残甗等共十三纸，又论三代圣人制器、文字、传拓、辨伪等。

八月，吴大澂奉旨外放陕甘学政。临行前，潘祖荫致吴大澂，乞所藏拓本一套，"明日奉使后，若有所得，祈随时见寄为荷。兄处亦复如是。先此订定。"

九月十一日，吴大澂手拓古器款识及所绘图册，乞李慈铭题跋。十三日，李慈铭为题五律二首，有"当代论金石，潘陈古癖推。翰林谁继起，吾子擅清才"句。

九月十四日，召见于乾清宫。二十七日，派阅孝廉方正卷。

九月后，寄陈介祺喜对一付，贺陈介祺长孙完婚。

秋，王懿荣应顺天乡试，中式副贡第一名。

九月，刻王守基《盐法议略》，并撰序。

十月，派承修朝日坛工程。

十月初二日，陈介祺致书吴云，并奉赠李佐贤《书画鉴影》一部，建议吴云将所存古泉书并拓，寄潘祖荫转鲍康，采入将刊之《续泉汇》中。

十月十一日，陈介祺复潘祖荫书，九日接潘祖荫九月十三日、望日、十九日、二十一日四函，称盂鼎自无可疑，尤望早成全图，并精拓其文，多惠数十纸为企，还对潘藏金器提出鉴定意见，并称拓器乃文人伏案余事，非躁者所耐，汪岚坡之图未甚合法，张玉斧双钩亦未甚善。清卿至精，只欠一古。还认为分字编各说文家言，可延友为之。以拓为贵，不必定收其器，重刊各金文书加释亦要事。又附虢未编钟、楚公受钟、龙姑簠等拓本。

十月十八日，王石经、丁绍山、何昆玉等至琅琊台等地采拓三月，是日归还。陈介祺致书潘祖荫，述琅琊台刻石情况，并寄精拓四纸，属与鲍康分存。索国子监石鼓精拓，求大号羊毫笔，细审潘祖荫所寄寰簠拓本，竟是伪作，都中刻铜墨盒诸人逐利所为，惟多致真拓，玩其每笔之篆法与通篇自然之章法，勿徇好奇急获之见，而平心察之，自易易耳。

十月，赵之谦为李文田所藏汉《西岳华山庙碑》补阙九十六字成，为题记一则，时李氏督学江西，赵之谦访之，李出示此本并属其补摹，世称此为顺德本。

十一月，派考试汉荫生阅卷大臣。

十一月十五日，陈介祺致书潘祖荫，称"新得邿钟二，甚精，当可以六邿钟名室矣。闻宁寿古鉴载内府藏十一古钟纯庙时补铸，其一未知是一时所作，文字相同否？人间则吾兄获古之福，即此已为未有矣。斯物出有年，今始因君子而彰，亦文字之盛矣。叹羡。"又讨论金石文字，说明邿钟的传拓与释文。附上庙形古乳簠、伯鱼簠器盖、伯乔簠、城虢遣生簠、矢伯鸡卣、舟万父丁小卣、父乙子孙觚等拓本共十五纸。

十二月十八日，吴大澂首次致书陈介祺，称轺车所历，流连古道，偶访汉唐碑碣，以弇山尚书《金石记》所载，按图而索，十不存五。

自遭回劫，古刻销磨不少，按临郡邑，有司呈送碑拓，类多常品，纸墨粗恶，不足以呈鉴赏。《沙南侯刻石》及敦煌、仓颉、石门颂各种，当觅良工精拓续寄呈。

十二月十八日，刻《艺芸书舍宋元本书目》，并作序。

十二月十九日，陈介祺复书潘祖荫，十六日奉十一月手书三缄，并大刻款识、羊毫大笔十、邰钟拓、石鼓各拓之赐。祝贺新春新年，余详子年书中。还提到油浸可剔子母印锈，未试于器。

十二月，为刘喜海《海东金石苑》作跋：《海东金石苑》，荫从燕庭丈处假得之，失于咸丰庚申秋八月，曾手录其目及跋语。子年丈与燕庭丈交最深，搜刻其遗书，因取去刻之，古人之谊也。惜不得《清爱堂款识》一并刻之耳。又燕翁《泉苑》稿本目录亦在荫处，非其定本也。

十二月，以磨勘被议降二级调用。

是冬，吴大澂视学关中，袁小午侍郎出示盂鼎，吴大澂以文义绎之，定为成王时物，南公之孙盂所作也。

是年，致书陈介祺，欲将金文考据题咏有见必录，另辑成编。自乱后家所有书尽亡失，十三年来搜聚无几。拟不论佳丑尽行采录，但分朝代及诗文两门，其有已入金石专书者不录。

是年，刻祖父潘世恩《有真意斋文集》，刻绩溪胡氏《尚书序录》、《卦本图考》、《说文管见》、胡甘伯《素问校义》。撰《花影吹笙词钞序》。

　　　　是年，胡义赞（石查）成举人。

　　　　梁启超（-1929）生。

　　　　秦炳文（砚云）（1803-）卒。

　　　　沈树镛（均初）（1832-）卒。

何绍基（子贞）（1799 - ）卒。

同治十三年甲戌（1874）四十五岁

正月，奉旨赏给翰林院编修，仍在南书房行走。

正月初五日，吴大澂致书陈介祺，称前年丞惠潘祖荫刻图，因无人摹绘，遂力任其役，本不工画，偶尔为之，拟悉照原器，不用双钩，较为省事。惟文字粗细不等，若坟起处，悉用墨填，需凸文画作阳文，凹文画作阴文，又恐刻手不精，易于粗俗。谓绘图有二法，一仿博古、考古，除雷文细笔用单线外，其余不论凹凸皆有双钩；一照全角拓本，依器绘图，近有刻板代拓印成挂幅者，仿此为之，亦是一格，若钩勒精工，俨然缩本，墨拓则出前人各图之上。又言筱坞前辈拓寄数分，纸墨不佳。又言近雇拓工来署，教以先扑后拭之法，将来即遣往拓盂鼎及各处汉刻，如有精本，续寄。又谈到前年购得中多壶，时适潘祖荫属廉生至厂肆访之，力索不得，遂秘藏之不敢示人。又称三代彝器人名见于史传者，率多附会。

正月十三日，吴云致书潘祖荫，收到年前祀灶日所寄吉金墨拓二十四种，得知又收到四枚邵钟，共八枚，非常之喜。"乞将八钟各拓一分见寄，拓纸稍宽，各题数语于上，俾哀小屏幅四帧，悬之斋壁，晨夕相对，胜古人卧宿碑下者多矣。"称陈介祺收藏之富，复绝今古而犹孜孜不倦，好古成癖。称陈氏欲将己藏及众友所藏佳器据拓本汇刻，合古今拓本，摹文重刊，加以注释。约潘祖荫共同辅助，以成盛举。

正月二十一日，陈介祺致书潘祖荫，云近未接来函，忽传以科场磨勘被议，当不以暂退悻悻。又寄精拓琅玡台秦刻石四纸。

正月，吴云致书潘祖荫，昨奉新正十一日手翰，并新得金器拓本三纸，其双鱼富贵洗款识篆文甚精，盉諁为青绿掩，淤渍酖两旬已有四字可辨，闻之喜甚，必再渍多时，以坚硬棕帚刷之，其字自显。古器諁由亲手洗刷出之者，必更得意宝贵也。言及吴大澂于腊月二十八日学院署中递来一信，据称古器一无所得，陕中伪刻最多。又言近日吴中亦有仿造者，其人类多认识，然止能仿汉代刻款，若先秦铸款一望而知其伪，故若辈不为也。还谈及古泉，并未专力于此，箧中所蓄刀币及汉唐以来约六七百种，无甚新奇可喜之品。谈及金砚云《古泉考》。

二月十三日，陈介祺致书潘祖荫，新正二十二日得去腊十九日、二十九日手书，二月二日又得正月十九日书，兼于子年书中，闻已承恩命，复直南斋。赠秦瓦拓一百九十七纸，知左相以盂鼎相归，驰羡不已。附笺内容颇多，主要谈金石文字，有各家所藏器物之真伪、如何捶拓、盂鼎辇运及释文，介绍王石经篆刻，咨询赵之谦爵里，荐同邑拔贡曹鸿勋，乞令其应试后留京处馆，协理金石文事，以补衣食。乞邰钟、史颂鼎、匽矦鼎、季怠鼎、伯矩彝、季保□、子作父癸彝、伯寰卣、父辛卣、卫父卣、戉卣、王盉、召中鬲、仲弛盘、父辛卣、鱼父癸壶、郑楙朱宾父壶、龙爵、父壬□爵、作父乙爵、作乃父丁爵等。同日，陈介祺致书鲍康，称盂鼎之归伯寅，自胜留置书院。

二月二十二日，陈介祺致书吴云，称潘祖荫竟蒙左相以盂鼎相赠，可谓踌躇满志，并详论盂鼎。称三代以前文字，非吉金无可见，秦汉以后之篆与用柔毫之法，则必以斯相为宗。又谈近熟读琅玡刻石及瓦字，颇有所得。自去冬十月命工拓秦瓦及齐地所出瓦，旧存关中秦汉瓦，仅得四五分，以一分自题自存，以二分请同邑拔贡曹君鸿勋代录，一寄伯寅，一寄吴云。虽不足二百纸，亦殊觉日月之劳，装为四册，翻阅相念，当时时不忘文字之惠。又论及古文字书法及秦书八体。附笺乞吴云藏器目录。

二月，万柳堂补栽新柳，会诸名士于夕照寺，绘图征诗，刻补万柳堂印。刻《春秋左氏古义》并撰序。

二月，吴云致书潘祖荫，接二月初五日手翰并承惠赐邵钟拓纸八叶，又谈及与簠斋论剑士印。附金砚云《古泉考》手稿四卷，交小婿朱平华孝廉带呈。

三月二十三日，陈介祺致书潘祖荫，三月二十日奉手书多书，并金文如瓦文数，赠古兵拓三十三纸，称古器易磨易损，磨则纸糊再拓，损则须静细者善护之。"吾兄笔墨虽多，不可焦急，读来书似不及去年之暇豫，何耶？"

三月晦，陈介祺致书鲍康，称近又遣工往拓琅玡秦刻，所藏金文册目释，今抄出二册，乞致伯寅，余续寄。又言诸君子处收敝藏各拓，尚望均时寄一目，以便检寄无复。

四月十二日，陈介祺致书潘祖荫，寄《金文册目释》一册，其一册尚有数页未毕，再有北便即可寄。与促饴同录止此，近中所见未曾装册者，尚未录也。余详子年书中。

四月十三日，陈介祺复潘祖荫书，收到二月二十日赐书。论方尊、虢季子伯、井钟等。

四月，刻许宗衡《玉井山馆笔记》，并撰序。

四月，题《华山庙碑》顺德本，称"平生得见宋拓华岳碑凡四本，眼福厚矣，此本在四明本上"。

五月十一日，陈介祺复潘祖荫书，五月朔奉四月望后各书，并金拓等，并寄《簠斋藏金文册目释》。又询孙渊如藏古兵、小松题箧支奔戟等。

五月二十四日，吴大澂致书王懿荣，言及在秦访拓古刻，所获甚富。"昨由襄城拓工送到西狭、耿勋、郙阁颂，各检一本寄呈赏鉴。耿勋额甚难拓，西狭额及题名均已全拓，差可当意。尚有拓工寄售

《西狭》十分，亦均有额有题名，常纸墨拓，亦尚精好，已寄胡子英代售，都中金石家想必争先快睹也。"

五月二十六日，陈介祺复潘祖荫书，五月二十五日奉四月二十九日、五月二日后手书七函，知偶有不适，想近履已元复矣。论摹刻金文、辨伪等。称刻金文第一必求其似，必讲求钩法刻法，与原拓既不爽毫发，又能得其古劲有力之神，而不流于俗软，乃可上传古而下垂久，方为不虚此刻，必须有学问知篆法肯耐心者相助乃克有成。又谈作伪等。

五月二十七日，陈介祺致书潘祖荫，对潘氏谋刻簠斋论金石书札一事，建议合致鲍康、吴云、吴大澂、王懿荣及潘氏各家书札，一同删定，以存往还之雅，就正海内，并论鉴藏，称古器不畏残破而须护惜，文古即佳。称古文字不是奇，因其学问识见心思，能尽一已，以通天地万事万物，而制为文字以明之，是以多奇。二十八日又书称古人之文无一字无法度，不可不逐字逐句求之。望勿视为一艺之小事，而重为存古文之真之大举也。

五月，刻《小谟觞馆集》，并撰序。为师朱锡绶《疏兰仙馆诗集》撰跋。

六月初六日，陈介祺复潘祖荫书，六月二日奉五月二十三日书，时举荐曹鸿勋得应允，称曹君鸿勋于书启，能写未必能作，若属代笔，则尚能摹仿。若属监拓，或可细心检点爱护，发纸收拓，当副所托，可讬则能熨贴，久之则考据亦可学习，聪敏于文墨事为近，当不至终为门外汉。

六月初八日，陈介祺致书潘祖荫，有辨史颂鼎、匽矦鼎、至鼎、舒鼎、伯睘卣、卫父卣、子执旂卣、申卣、戌形卣、曼子卣、子孙父辛孙卣、季良父簠、龙爵、父癸甗、吕大叔斧、仲弛盘等器物言。又评《攀古楼款识》释文，自以张说为长，以其博雅而聪颖，于理为近也。文人、才人，香涛足以当之。古文字一篇中之气，一字中之气，一画中之气，岂今人所能伪哉。古人道理，大有不可以汉魏奇字与说文只订其偏旁例求之。

六月十三日，陈介祺致书吴云，称"伯寅兄书来，屡言吾兄因病减兴，前书已言其无妨，似不必以为意。""养病以安心为主，以移动心为方，移心莫善于文字，安心莫善于淡泊，心气得养，形病之小者不足久为累矣。文人结习至耗心血之语，似是求传自己之弊。游咏文艺，大可涵养性灵，不急躁，不驰骛，与古人相契，不可有至乐耶"。

六月，奉旨开复侍郎，任内革职、留任、处分，以三品京堂候补。

七月十一日，陈介祺复潘祖荫书，七月九日得五六月得惠书，并鼎图全拓，知已入直。谢赠秦瓦拓，叶铎角卣，俟有好拓手，再各乞数纸。讨论叔同父□、姑氏□、鲁士□父簋、佳廿一季戈、林字器、何馈石等。时，潘祖荫已始刻同陈氏、王懿荣论金石书札，订为《簠斋丈笔记附手札》，并寄"簠斋"二字小印二式，以版样询示，陈氏复云"祺往来简牍皆信手不成文理，属蒙付刊，已悚愧无地，敢再冀精刻耶"。"摹刻金文，必须神似，必须一器一版，此最要"。陈氏尤其关注盂鼎辇京事宜，称"收古器至盂鼎，似不必再过求"，属潘氏须从速择京差妥运。

七月二十七日，陈介祺复潘祖荫，中旬曾复二书，并爵文拓四十五种，想已至。二十一日奉四日手书，知近与煦堂往还，得见各拓，并云有宗周钟，未见究不敢信。称"尊藏金文册目已录副谨缴，惜未录释文，又未注陈已释，又不得见所未见之拓，为闷闷耳"。"仲饴之拓，已多见于见赠者，盖未专以此为事也。刻金文专任贵及门京宦，似不易易，向习何书，易改古文从己，甚难力追上去"。

七月晦，陈介祺致潘祖荫书，《金文目》原本，想已察入，录副一本加注奉览，企未释者予以补释，不朽之作，固在传真，尤严去伪。

"顷得瞿经孽兄来书，即当作复求寄。翁叔均有续考证，当附刻。近见各印，亦当并续，但摹刻不失真为难耳。"

七月，吴大澂拟续关中金石记，潘祖荫之前曾贻书劝作甘肃金石志。

七月至八月四日，致陈介祺七书，言及"今年除请假四十日外，无日不与翰墨中涓为缘，实亦向来所无之事也。子年丈、廉生诸君，皆已两月未见，仲饴亦然，他客及应酬，更不待言矣。""日来彝器无所见闻，秋深后或可望盂鼎西来，然器未抵都，总未可必也。"讨论子中姜镈。

八月初八日，陈介祺致书潘祖荫，询盂鼎至否，求释□仁母钟。附张允勷寄伯高父甗拓一纸。

八月初九日，吴大澂致书陈介祺，承惠琅玡石刻精拓并碑侧一纸，真从来所未见，"为之者"三字旧藏各本皆已漫漶，忽如拨云雾而见天日，可喜可宝。

八月十一日，复陈介祺书，得书具悉，前交世兄笺纸拓本，又金文煦堂所藏目。昨又交世兄钟拓等，想可先此达览。少暇惬将三钟洗刷，其余则计无可施，看来仍须清醮也。拓本已寄，现仍是模黏一片也。盂鼎尚无消息。又谈有人以尊来，价直百金，其字则不伪，无力得之。

八月十五日前，致书陈介祺，初四日交世兄寄一函，想已达钧鉴，称"碌碌无足述者，摹刻金文，尚无头绪，俟谕到再定凡例，大约总在中秋间。秋间有扈跸南苑十数日之役，接以慈禧万寿，又逼岁除，恐楮墨无闲矣。盂鼎事昨得季高丈手书云：秋凉即遣人携来，当不至有中变矣。到后刻一图并拓原形奉呈。苦尚未觅得其人耳。"又书称"兹高丽笺制成，先寄呈贰百幅，余俟续呈。日来彝器无所见闻，秋深后或可望盂鼎西来，然器未抵都，总未可必也。《延煦堂金文目》，仅有一草本，尚未觅得写手为之。近事多，又有扈跸十日之行。接办万寿一切笔墨，恐无暇日摹刻金文，亦尚未动手，蹉跎岁月，良可惜也！”

八月十五日，潘祖荫复陈介祺书，得七月晦日书，并金文目二，释一册，询无圈者是否均须一一注明。称须自南苑归来，延廉生、仲饴来，将丈之目释及刘、许、李目释，一一核笺，并将原拓对过，许、刘、李目有等字，再将无释者释之，其疑者不释可也。日来少暇，便洗刷一镈二钟。镈似有字矣，笔画太细，青绿太厚，字不尽出，则针无可旋；又坚而滑，不受针醋，则不敢渍矣。其上字在影响中，细审之，疑前所得一镈五钟，皆同时出土。大镈，吾丈既疑之，此一镈七钟，字竟纤细渺茫之甚，非此字尽出，不能定彼一镈也。前五钟大半为本家寻氏铲平求字耳。后又为醋浸，其青绿成块者，字在其中，铲平者无迹，醋浸平者尽水银沁色，可闷亦可笑。然其为有字则断然者。又询问东华门外所见凫尊之真伪。

八月十九日，致书陈介祺，十五日复一函，又《金文目》二册，《盂鼎考释》一册奉缴，计已达左右。拓呈近得古金及丙申角。景剑泉以重直卖角而买颜家之仇十洲卷于何伯瑜家矣。侄所藏金文拓本，得便即寄呈，俟钤印或识数语，即照刻。盂鼎尚未来，左丈当不致欺人也。又云“诏版一，亦叶氏物，已经火矣。闻之河南来者云：小午以八百金得一鼎新出土者，四五百字，未知确否？想甚秘之，无从访也。其说得之古董铺胡子英，子英闻之任道镕之子云：先还千二百金，后则辗转得之也。或曰：亦曰毛公鼎。十九日。”“永寿石未得，乞赐。三代砖、北砖，均乞赐。附拓本八封。得一盘，与丁小农之盘款同，特字不可见耳。拓以呈上，以为何如？”“《盂鼎考释》一册先缴。邵钟，字之最完好者，因拓，昨日为小奚碎之地上，怅怅！”

八月二十一日，陈介祺复潘祖荫书，十五日接到所寄七函，并高丽、日本笺各二百，潘氏自制笺四百，《古泉丛话》十册，称"所赐过厚，则心不能安。千里而遥，又无一日不相念，尤愧所学无以副厚期也。"又言及盂鼎图、邻钟释文、齐侯罍释文、肥城卣、父戊盘、于氏壶、丁未角、子孙角、柬豆、铎、内城肆卣、阳识爵、卡仓簠等，以及介山马氏、张叔未等各家藏器。

八月二十四日，王懿荣病中致书陈介祺，称"潘事求速而不求细，故效力者亦畏之，而卒无当于事，此等事真不能如此办法也。"

八月二十七日前，致书陈介祺，称中秋复函，想先此达览，前后得齐镈二，钟十，其器无不被铲数十处或数处以求字，子中镈即铲去一层者，或平或不平，但余青绿厚处，当可想是铜练凝结处，亦无法。南苑归来，将尽拓全角以呈，应是面面有字，非尽虎额纹，但花纹亦间其中，是以难辨耳。又称，洗刷既久，或稍清晰，亦未可定，全角亦较易看。所得钟镈，除邹钟外，拓全分呈鉴。俟洗刷得多字后，当再拓以呈。至剔之一字，已无法，今之所谓剔者，若吴清卿、胡石查，皆以意刻字耳。字文不清，针亦难施也。其镈钟平处不多，惟其字画为锈凝结，两面相同，计无所出。侄惟日以清水洗之百遍而已，连洗十余日，青绿去，水银出，字终不出，是洗刷之法，又不可也。若有良法，示知为妙。

八月二十七日，扈跸南苑。

八月二十七日，陈介祺致书吴云，称盂鼎未至，左相已诺，专弁北来。

九月二日，陈介祺致书潘祖荫，复书未缄，二十七日又得月二日、十日、十一日、中秋、中秋后五书，并金石拓、笔记刻四十，论彝器鉴藏，称传古首在别伪，次即贵精拓精摹精刻以存其真。又言"吉金器名印，以隶书为佳，必不可以今篆相并，故隶别之，但隶必须不熟，有古碑法，不能则不如坊工宋体字矣。印泥宜绿色，石黄入蓝即绿矣。

绿且淡，隶能古则印可大，否宜小。纸小即不大方。”《防损器》、《拓事目》请与王懿荣审定。今见《滂喜斋丛书》有《簠斋传古别录》，包括剔字之法、拓字之法、拓字之目、拓字损器之弊、去古器之锈。

九月初五日，回京，途中有《南苑杂事诗》并《与南斋同直诸公唱和诗》。

九月初六日，编途中唱和诗六十余首为《南苑唱和诗》，并撰跋。

九月十四日，致书陈介祺，承询先祖墓碑，因先祖奉先曾祖遗训，戒子孙不得立石求传志，故未刻。祭文碑文亦未刻。文集去年刊成，板均毁于乱。诗集南中重刊，明年春夏闻可竣事。年谱亦重刊成，当于明年一并寄呈。剔拓各事，刻时当附集后低一格，何如？谈及丁小农器、盘等。又书，谈仕进之艰难。又书称，钟、镈前已寄全份，未入醯，亦无从针试，字仍未出。又言及《金文目》、小农拓本、盂鼎释文、十二钟以及拓纸等事宜。

九月十五日，王懿荣致书陈介祺，谢寄赐齐刀拓本六十八纸，称尚有刀币数十品可拓，奈人事牵扰，苦不得暇，容再寄呈。特别言及如寄书潘祖荫，希勿道及，恐以事见委，不能应命。

九月十六日，王懿荣致书陈介祺，称“旧藏东武彝器文字拓本六册被敝师郑盦先生易去，现在收集新拓，真如新发户，力求振作，亦稍稍几数百种矣。稍愈将写目呈阅。请不必示人，穷搜不足敌豪取。”

九月十七日，陈介祺作《集古印隽》题跋。《集古印隽》为王石经集陈介祺藏印，兼及吴式芬、李璋煜、叶志诜、刘喜海、鲍康、李佐贤、潘祖荫、吴云等各家所藏而成。

九月十八日，左宗棠致书潘祖荫，称“盂鼎托筱坞阁学拟以小车运致。适秋霖大作，野潦纵横，虑或损坏，故不迟迟。旬内稍霁当可启运。属题首锲，因东南瀼源顿塞，西北转馈正殷。日事筹维，并无想一落纸，贻诮方家。俟所事渐定，当有以报命也。”

九月二十三日，陈介祺复吴云书，附笺论古人作字及摹钟鼎文作印语。称古人作字，先得于心手，合乎规矩，字字相错，各不相妨，行行不排比而莫不自如，全神相应。摹吉金作印，不可一字无所本，不可两字凑一字，不可以小篆杂。一难于形似，再难于力似，三难于神似，四难于缩小，五难于配合，本非一器之字，一体之书，一成一行，而使相合，是非精熟之至，孰能为之。各字结构已定，难于融通，字外留空，尤难于疏而不散，须笔笔见法笔笔有力乃能得神。

九月二十五日前，致书陈介祺，盼切邢钟及觯、角、瓠拓本。言及寻氏所出大钟凡三，其一售於陕人，陕人刻字而以七百金售予翁玉甫，拓本从玉甫中丞得之，彼秘之甚者，阅后如不留，仍祈掷下。又言及鲍康处有陈氏函两册，抄后同前二册先行付刻。

九月二十五日，致书陈介祺，称收购商妇甗、毕姬鬲，廉生、春山辈久斥其伪者，应是燕翁故物收之，共得燕翁器共十事，拟其斋曰十燕草堂。欲求赐书一匾，及七言小联。又商讨刻金文一事，包括摹文、刻字、标目以及题名等，以及具体人选。提及盂鼎亦无信。

九月二十五日后，致书陈介祺，称十二钟字竟无计可施，笔画已平，无从下针，醴渍者并字失矣。近得二者，当是精品，幸其字未损，的是至宝。盂鼎尚未来。

九、十月间，吴云致书潘祖荫，承寄新得吴方尊盖拓本，即积古斋所藏之吴彝，洵墨林快事。寄上董止敦卿鼎拓本一，惠敦盖一，齐侯匜一。又一书，称"簠斋欲刻古金文，此甚盛事。至渠收藏千种，尊处八百种，合之敝藏六七百种，已共有二千四五百种，不可谓非吉金中之大成也。"又附秦量拓本六分，龟鱼符拓本四分。

十月初十日，慈禧端佑康颐昭豫庄诚寿恭钦献皇太后四旬万寿，赐宁寿宫听戏，恭进《万寿赋》册。

十月十二日，陈介祺致书王懿荣，书二十纸，附论释古文字、以古字作印、古人作字、金文与《尚书》互证四则若干纸，亦附于十三日致潘祖荫书。书中谈金石事外，还就王氏体虚多病，述以己见，主阴阳之观，并属调理治愈之法。还称为传古不得不以售拓为计，谓"年来所费过多，不能不思借此以传古人。又销秦石拓，又为族弟子振销《古玺印文传》，殊近鄙卑。所冀古人知我，而同好者又知其甘苦而恕之，且有以大偿其期望，则自问亦可无愧"。

十月十三日，陈介祺复潘祖荫书，月四日奉九月望前后三手书，加附笺共二十纸。书中论鉴别、考释古文字、古人作字、《尚书》与金文互证、摹吉金作印等，颇有精赅之言，认为《尚书》惟吉金古文可以定之，吉金古文亦惟《尚书》可以通之。是日夜，陈介祺致书王懿荣，并寄是日午后新得古圆玺、二戈拓，及陈佩纲《古玺印文传》五册，请赐题，属致潘祖荫一，奉赠一，其三代寄吴大澂。

十月三十日，陈介祺致书潘祖荫，月十七日奉九月望后三书共一缄，并毕姬鬲拓、金甫拓等。称十燕草堂似未见燕藏十器之意，俟酌定。联则乞内制蜡笺，当并呈。有欲书之语，示下尤妥。承欲赐刻年来论古文字往还尺牍，唯有悚愧。略与廉生言之，不删则必不可。论及武祠新出何馈石、伏生冢石，今示欲得之。又言及邰钟数量，以便子振摹印奉正。

十月晦，陈介祺致书王懿荣，书十余纸，附寄藏钟文字十一纸、《簠斋藏古册目》（十六册）录稿。《秦前文字之语》，其非语金石文字者概可删，并谓"乞与贵伯寅师商之，并相约以识古字论古文为语，不涉人赏玩色泽语也"。还谈古文字著述，认为"字学各书，必以字聚，一字一册，以《说文》为次，以金文居首，得一书即分字剪人之，一拓同。于考释最有益，易贯通，积之富且久，自可于羹墙间遇之，若古人之诏我矣"。书中还云所寄镜印拓为京师刻铜墨盒子者所伪。十一月一日，又附书二纸，释古文字，云"伯寅金文册、子苾金文册、敝藏金文册、煦堂金文册，均不可不录释，汇为一书"。

十月，吴云致书潘祖荫，得报盂鼎已从关中起行，将可到京，不胜抃舞。又称陈介祺为当代传人，而刻意求工，转致因噎废食，即如汇刻先秦文字一端，若照薛、阮二书之例，选择器之字多而精确者，得好手影摹刻之，再得我二人相助为理，此书一出亦足继往开来，决为必传之作，乃必欲依许氏说文部目创例成书，条件既繁，诠证匪易，穷年累月，不知何日得成，来谕谓其刻古金文一事竟不能成，想亦指此也。

十一月十五日，奉旨以侍郎候补。

十一月十九日，陈介祺接潘祖荫十月书四缄，附金文拓多种，称盂鼎年内可至。

十一月二十四日，致书陈介祺，称"盂鼎已到常新店，即日可以入城，丈念之最切，敢以奉闻，当先以精拓寄呈耳。"又询陈氏所藏鲁字园足币，如有多者，肯赐一枚，因都门绝少此品。又得一晋熏器，拓以呈。

十一月二十四日，吴大澂致书王懿荣，言及石门访碑"甚苦，亦甚乐"，拓三份，分寄王懿荣、陈介祺，自留一份，并言"此事颇不易，幸为秘之，恐纷纷索拓，无以应命"。明春二三月间属石门拓工张懋工往拓，所费较巨。又接潘祖荫寄示拓本三十余纸，当以己藏各拓本为报。又闻盂鼎已入都，想必有精拓本。

十一月二十五日，吴大澂致书李慈铭，谈西北访碑之事，言及潘祖荫好古之兴不浅。

十一月二十七日，吴大澂致书陈介祺，称"前月游石门，访得永寿刻石数行及郙君开通褒余刻石尾段残字。""西狭颂五瑞图耿勋碑，约遣石门张懋功于明春二三月间往拓。"称"尊藏毛公鼎为冠首，其次莫如盂鼎"，又谈藏器编目非一两年所能脱稿，有志乃成。再及自都门厂肆招来邢姓刻工，属刻彝器图。

十一月，吴云致书潘祖荫，悉盂鼎指日可到，已收到吴大澂盂鼎拓本二纸，为左宗棠所赠者。认为鲍子年鉴别器物真赝"未见其器不能遽定"为卓见，而不同意陈介祺辩论古印"一看打本便说某真某伪"的观点。

十一月，左宗棠自关中辇致盂鼎。鲍康致书潘祖荫，称前晤方元仲，谈及盂鼎，知李山农曾遣人挟重资往购，而袁小午已谈价在先，遂以六百余金得之。因过重不能辇致。都下左公保闻之，始有人送入关中书院中天阁之议书院，乃康昔年肄业地，阁上祀有至圣画像，但人尽可登，日久恐椎搨致伤，非若焦山古鼎，有寺僧宝守也。曾告小午，宜妥筹位置，此事在足下，失之意外，令人怅怅。簠斋书来，每乞精拓，云：尚有数字非得精拓不能定，惜乎未归，秘藏亦足见物各有主耳。又跋盂鼎拓册：鼎乃嘉道间岐山出土，初为宋氏所得，置密室不以示人，周雨蕉明府侦知之，遽豪夺去。余曾乞其打本请观，则不可。诡云：已送归南中文。凡二百九十有五字，陈寿卿叹为史佚之作，其心醉如此。刘丈燕庭辑《长安获古编》，亦以未得是鼎及虢季子白盘为憾也。雨蕉逝鼎复出，左季高相国购以重资，拟舁送关中书院，尚未辇致。一日，伯寅以旧装拓本作长歌纪事，并属余一言，余念鼎文考证诸家已备言之，可弗赘，独鼎之自出，余所深悉，辄率识于右，且三十余年乞一见，不可得者，今幸归宝藏。他日诣攀古楼，沦茗焚香，借二三同癖，摩挲叹赏，一偿夙愿，不图垂老，犹有此眼福，其愉快讵减于伯寅耶？

十一月二十八日，邀翁同龢、徐桐等南书房诸友观盂鼎。

十二月初二日，陈介祺复潘祖荫书，前月十九日得十月惠书四缄，金文多种，既感奇文之饱饫，又见每拓之不遗。云盂鼎应精拓、作图摹刻，属作图用洋照法，并谈洋照传古之佳。附笺谈古器物，论古文字，传拓用纸及印泥等。

十二月初四日，陈介祺致王懿荣，书十八纸。时潘祖荫始刻《秦前文字之语》，但仍未删订，陈氏云"伯寅欲不改恶札即刻，悚愧之甚，是令不敢作札矣"。还荐王石经，称其治印能知古意，并寄示《西泉印存》。又寄北魏、隋铜像拓九种，隋铜坐机拓十种，寄近得残瓦拓十五种，三份，属分赠吴大澂、潘祖荫。

十二月初五日，同治帝载淳亡。

十二月十八日，王懿荣致书陈介祺，称盂鼎已至，然亦未得潘祖荫之精拓，因"其拓手皆十二三岁顽童，前有书云，纸厚则晰，纸薄则破，故拓未如意乃不赠人。"

十二月，吴云致书潘祖荫，佩服潘氏"鉴别彝器不能仅据拓本别其真伪，惟大出大入者，则一见便知"之见。又悉潘祖荫教家童拓邾钟而为损碎，爵有阳识者亦碎，不胜惋惜。遂分析原因，教以昔年张叔未所教拓古器之法。计期盂鼎应入都，此器质厚，虽有登登之声亦不损伤，望以精拓见寄。又赞叹盂鼎入藏，非有金石奇缘者不能也。

十二月，刻臧寿恭《春秋左氏古义》，并撰序。

是年，谭宗浚（叔裕）成进士。

陆润庠（凤石）成进士。

冯桂芬（景亭）（1809－）卒。

张德容（松坪）（1820－）卒。

宋晋（雪帆）（1802－）卒。

马恩溥（雨农）（？－）卒。

光绪元年乙亥（1875）四十六岁

正月十一日夜，陈介祺复潘祖荫书，去腊九日得十一月书二缄，除夕得前书二缄，唯初四日所寄之书，竟尚未交廉生转呈。附数笺，言盂鼎已至，真三千年来之至宝。还云已属西泉、子振为刻南公鼎斋、南公宝鼎之室、南鼎斋、盂斋、盂鼎斋等诸印。所藏圆首足币化止有二，已分一与子年，再得即当分赠。谈丙申角、子孙父丁瓠、太康器、涅金镈化、共字垣字泉化、重一两十四铢泉化之真伪。袁筱坞闻移驻巴里坤，汉唐各石当可得精拓，沙南侯获尤企切。又询破碎郘钟之存弃，属求善拓而稳妥者，不可再假手馆童。又劝潘祖荫力汰所藏可疑者。

正月十六日，致书陈介祺，请西泉及子振刻印，而西泉必刻一方若"论语春秋在此罍"者，此章为西泉之最，章法同者乃可感耳。金文册先寄去首函六册。又请陈氏写扁之事，如不欲写十燕草堂，即写攀古楼或八邠钟斋。请子振篆壶天二字。

正月十九日，陈介祺致书王懿荣，称拟为潘祖荫荐一监拓可托之人，为之守护收支，不计工值。

正月二十日，光绪帝载湉即位。

正月二十日，陈介祺致书潘祖荫，询盂鼎想已作图，望并精拓早见赐，附有表弟谭雨帆照吉金图，拟为盂鼎先导，照毕令手民摹刻，藏器佳者及宋拓碑帖书画宜均照之，可令雨帆秋后北来。

正月二十二日左右，致书陈介祺，时匡鹤泉为其物色杞伯敦，掖县宋永福所藏，即得郭休碑者，请陈氏详示。望陈氏作缘，购赢季尊、豚卣。时潘祖荫已收得叔未藏史颂敦、曹秋舫藏卫姬壶、姚六榆藏颂敦及盖、祖辛觯。又言方元仲郘钟拓本九纸，求之三年而得，无一不伪。恳西泉、子振刻章经交廉生交去润敬。用汉法者必须西泉，摹古文者无过子振。

正月二十六日，陈介祺致书吴大澂，论西人照法有益于中国艺文之事，并寄缩照吉金图五、款四、印一，又子振兄刻印、王君西泉刻印，所照数纸期吴、潘同鉴，还属转告鲍康、王懿荣、石查诸人，期望照各家所藏金石拓本。此信由王懿荣自京转递，吴大澂接到已至八月间，于九月一日复函，谈金石摹刻。

正月二十六日，致书陈介祺，作将各函共三件先交傅足，又将应缴之款面交廉生，并付一函，详述缕缕其所求者，当已由廉生代达，如求印钵朱墨等等。又，瞿经孳一款，近来无一钱，只好俟后。金文各册，须廉生为觅妥便，否则，遗去可惜也。沙南碑当可先到，馀一有妥便即寄。另，拓法剔法已刻，月底可有矣。再寄。仍用大板，以小者本子太厚也。

正月二十九日，致书陈介祺，久病不愈，今日闻有人便，兹以拓本六百纸寄呈。

二月初三日，致书陈介祺，称近得史颂敦、卫姬壶、祖辛觯、颂敦、史颂敦盖，到时精拓呈上，近无拓人，此事真难料理也。恳西泉、子振刻章，当经交廉生交去润敬。又称用汉法者必须西泉，摹古文者无过子振。又谈隽叔簠不佳，而非伪，因无簋，愿出百金，恳为作缘，往返路费应若干，当交廉生寄去。约此时，潘祖荫又致书陈介祺，称为得杞伯敦，不惜典质也。去年为人刻书七十余种。

二月初十日，致书陈介祺，称子振印鬼斧神工，西泉胜于赵撝叔多矣，二者皆近今未有。洋照法大栅栏有数家，直极昂。廉生移居，一切事须不便也。又称自腊后为债所迫，兴趣索然。两罍轩印妙极，但器定非罍，其器应在陈乞以后，罍字即田字之误释耳。盂鼎及图已寄，尚须若干图，刻坏极，拓手亦坏极，无可如何也。

二月十二至十四日，陈介祺致书王懿荣，漫谈金石事，附新装缩照五器小册，并寄王石经所作"剑泉"印、陈佩纲为潘祖荫所作"壶天"朱白二印，及致西安苏亿年书、何昆玉书，属代为转交。

二月十四日，陈介祺复潘祖荫书，二月十一日夜得手书七缄。具复所询。称杞伯簋文字非至佳，质制俱逊，掖宋向五启福藏，老聋倔强，可与尊卣各酌一价，觅人转询，勿求之过急。所示史颂敦、卫姬壶、祖辛觯等皆佳，可入藏。所拓盂鼎图唯耳未合，拓手似门外汉。对《秦前文字之语》，吴云、吴大澂已索，始未意如此，不曾斟酌，有许多笑柄，唯存交迹而已。

二月二十日，孝哲毅皇后升遐。

二月十六日，访翁同龢，赠之盂鼎拓本。

二月二十七日，致书陈介祺，患春瘟，耳底脓水不止，一耳已聋，乞假十日。

三月初二日，致书陈介祺，三月朔得手谕具悉，病尚未愈，俟神识稍定后再容详复。又称尊、卣两器，如二百金内外，愿得之。言及南中之器，尽付子虚，天下固无此称意事耳。南中有一蔡姓者，不知何人，购古器甚力也。是日，陈介祺致王懿荣，并寄古玺印拓十三份，属一份自存，其余代销。又寄新得齐地出土汉"千秋万岁"残瓦拓十二纸，属与潘祖荫、吴大澂分存。

三月三日，陈介祺复潘祖荫书，三月朔，得手复，知杞伯簋已以重值得之，此器文字与铸法皆非吉金中上品，称潘藏已有足冠海内者，又有精品多种，宜从容蓄资以收字多且佳之品，或小精品未见品，以精拓得古文字造作之心为乐。刻书本不易事，道学经济之书尤不易。《秦前文字之语》字句过多，亦不成文字。又推荐林文忠水利书刻之。

三月初四日，致书陈介祺，印九方，又长印三方乞交西泉子振分刻之。其不可用者停止之可也。盂鼎并图各一纸乞分致两君。润笔若干即祈示知。

三月初五日，致书陈介祺，嬴尊、豚卣每一器如百金外，尚愿得之，尊未有，卣则有十八，取其多耳。簋则姑妄言之，亦以未有之故也。拓本当先寄十二册，装匣及血竭固之之法，只好托廉生矣。且须做匣十二册，后再寄十一册，便以尽矣。

三月初九日，致书陈介祺，金纸乞写小扁及小对，扁约二尺许，字如盂斋、南公鼎斋、八即钟斋、簠榭、攀古楼、簠阁、邴室等等不拘，何时随意挥洒付之。只有书室一间，扁大亦无挂处也。徐市题名如欲观，当即寄鲁。又称见赐各手札已装成册，下次寄呈，乞署其签，瑰宝也，岂必以古器乃可消遣哉。

三月十一日，致书陈介祺，前复三函并交廉生十印想可先此呈鉴。春瘟已愈，耳底未痊，脓血及聋均如故，因病得间日课痛学拓，况味亦殊不意，聋则听之可也。属石查刻一印似尚明秀，不如子振之古厚也，西泉则冠绝时流矣。贡纸及全金纸觅得，容交廉生寄呈求书。又附：得何氏八瓦，皆破碎，一微完，似即吾丈册中所已有者，故不寄呈。得一甚完若八者，青州门人赠，册中未有，当并旧所得三瓦同寄呈也。又询一尊一卣，恳作缘者，便中示知，不敢急也。

三月二十日，致书陈介祺，寄呈琅玡瓦十三纸，拓人既散，纸墨皆劣。又曰"籀经者，侄陈颂南先生之弟子也，侄之知慕郑学自此始，时在道光癸甲间，故以颜其居并以奉，先师集本曰《籀经堂全集》也"。

三月，补授大理寺卿。

三月，致书王懿荣，称莒州、日照、沂水固相近矣，询宋向五何处人也。

夏前，吴云致书陈介祺，吴云在上海对照相术早见，称用洋法缩照彝器及书画各图，此事南中已数见不鲜，惟西洋药水不能耐久，如作游戏消遣则可，倘欲藉以垂远则不可。称"盂鼎居然为伯寅所得，获此瑰宝，洵称奇缘。"约是时，吴云致书潘祖荫，言及阳羡砂器、曼生壶。又称米帖近时所刻惟徐紫珊、英光堂二卷，出胡衣谷手，较为精美，特寄一分，以供清赏。

四月八日，陈介祺致书潘祖荫，贺补授大理寺卿，《攀古楼彝器款识》六册读注毕，所注多妄而不敢隐。刻印必先示印文乃能篆拟，寄定小大与石至再刻。

四月十五日，潘祖荫致书陈介祺，前两奉书并各件于廉生处见，手书知已收到，近状无足述者，附呈各拓乞鉴定。

四月十六日，致书陈介祺，称拓法剔法已写刻，昨廉生交定本，来即令重写刻矣。近见一敦，拓呈，未之得也。王懿荣今日移居，一切事托之殊不便，于用举业功夫则相宜也。杞器陈氏竟未得，潘最喜其邾字，杞字其器亦无奇不有，当时应不止此七八种，不知散落谁手，亦无从访问，殊闷。

四月十九日，潘祖荫致书陈介祺，收到《攀古楼彝器款识》第一函，所注甚碻，但尚宽耳，照此刻之，已不胜其刻矣。所求事连次，有尚未复者，想俱不以为然也。

四月二十二日，致书陈介祺，《传古别录》样本、拓本七纸已交王懿荣，金文续集二厚本当可先达。前各函述及鲁节丸及嬴尊豚卣数事，幸便中复示。近得一卣器，质极精美，字则寻常，拓出以呈鉴。又函，外症渐愈，幸能行动，一切皆须手自检点。洋照及拓法，愈后当如命办理，又询嬴、尊百足之数是否能得。金文尚有十二册，愈后检齐即呈。六朝石欲得一分，当交价，得棉纸者为妙。至洋照复以之画图，则敝肆及石查皆云不能，姑俟照后再说。同日，陈介祺致王懿荣，称"海内如伯寅所藏，几于无二，而拓未能得古人之真。""盂鼎图已装二巨轴，可谓大观，而图甚不如法。"是函谈如何以洋照法摹刻盂鼎图。

四月二十八日，致书陈介祺，称久未得书，近来大臂酸痛，不能作书，半年未收一器。又所见汉器一拓呈，写字极苦，恕其率略。

五月初五日，致书陈介祺，称端午见致王懿荣代达一书，已属廉生代达一切矣。臂病仍未愈也。又言及门人赠一瓦，色泽花纹俱佳，字则可疑，已有五瓦疑者三，未能径断为伪。约此时，王懿荣致书陈介祺，称"洋照具种种不妙，寿老未细思之，潍之洋照乃潍人，此处非洋即广，其药水一玻璃抵千百刻板，能禁其不退而自照乎？从此一照流遍中外矣，且照必广庭大厦得日光处，将移于何处耶？洋人广人又谁与纠缠耶？此事寿老言之易而不知其办之难。"

五月初六日，陈介祺致书潘祖荫，二月望后，以小病与寓中多病者，京居有拂意事，身心未安，故复未详。鲁丸未检得，尊未妥，卣无从问讯。续款识二册已校，疑者乞王懿荣勘之。又谈器之真伪。海东锦山摩崖刻拓，乞假读并各家释。盂鼎图已装二轴，真是巨观，秦汉以来未见，望以照相刻盂鼎。又谈标题用字及用印。

五月十一日，致书陈介祺，端节后于肾囊上生下一疽，呻吟痛楚，越五日而溃，现在乞假调治，来示均不及复，当由廉生详细言之。

五月十五日，致书陈介祺，朝鲜锦山摩崖、徐市题名已交王懿荣寄呈。

约五月后，致书吴大澂，乞描兰图，篆隶书款。

六月十四日，致书陈介祺，拓法、剔法寄二十册，尚须若干，其漏刻者附《秦前文字之语》后刻之。《秦前文字之语》样本已有第一册。近新刻《全生集》。附称有人求拓北砖竟唐宋石，乞示知道里费。又附称以一金一枚得镈化十六枚。又附：又木刻全图遵命寄呈，一日未得手书，先此封函。又启。又附谈拓不惬意而委弃之纸已不少，外行之难也，闷闷而已。

六月既望，陈介祺致书潘祖荫，五月二十九日、月七日奉四月二十八日、五日、二十二日、又十一日、十五日复札四，称"读注金文册，不敢宽，亦不敢有成见，昨退楼有所示，亦以可使斥妄，不敢心口相违答之，草野何为而世情耶。"杞伯簋昂其直，止可从缓。鼎图照宽四寸，再拓全鼎，分纸记明寄下，即当代刻。六朝石杭连纸拓全分六十五种，秘以此拓赀即为照鼎之用，再月余，棉纸者即拓齐应属。

六月二十二日，潘祖荫致书陈介祺，外症渐愈，尚复时时作痛，于车马皆不便，传古别录先呈二十册，余者校刊一事，均俟廉生场后，四十余日廉生仅与一，再通书恐妨其文思也。

六月二十四日，左宗棠寄赠吴大澂《裴岑纪功碑》，之前潘祖荫、陈介祺皆以此请吴大澂觅精拓，吴大澂遂乞之左宗棠。

六月二十七日，召见于养心殿。

七月初二日，致书陈介祺，前函封就，久无人来，适得二十九日谕拓石六十五纸，楮墨精好，自来所无，其直即交。洋照已得二人，明日言定，其直不多，不必抵也。杞敦事大为周折，亦太匆促之过。又称日住城内，屋小于蜗，蝇蚋皆满。别录日来静阅，乃知廉生未细校，好在《秦前文字之语》后另刻，当工于此也。又附称一钟为延煦堂得，字可见，甚精好，字中铜锈坚结不可剔，剔出细如毛发，失字之神矣。

七月初四日，住黄酒馆，与翁同龢书籍往来，借观《十一家注孙子》，并撰观跋。

七月初十日，致书陈介祺，初四一函计可达左右，初六出城，称自月朔至今，雨止而热作，居京师四十六年所无，日有喝死者，以二三十计，就所知真异事也。满头面遍生毒痱，痛甚，不可以冠。洋照已来，热稍退即为之，当以一二十纸呈上也。附呈三种，卣尚好，其二鼎似伪，似皆不佳。天气凉后，道路无雨，金文各册恐可寄，能俟廉生场后为妙。还称永定河又决口。

七月十四日，致书陈介祺，得二十六日谕具悉，自七月初五后头脑面部生疖大肿，不能入直者月余，洋照定十八日招之，来钱化共五十枚，下次有人便拓两面。呈《秦前文字之语》将全书尽行写错，兹饬改正与重写无异。金文过十六交廉生寄,《全生集》约十月中刻成。月来不能告假,而署缺适当大礼之时,卸事后又将匬踔,病躯实不了耳。大布范背字乃伪刻。又言尊、隽叔簋、汉石等。

七月二十四日,致书陈介祺,称家中无一拓人,本未得一器,即有亦无人拓,家叔有一家人能拓,请之为吴云拓各种全文及盂鼎。请教陈氏白摺纸拓器、太师虘豆之真伪。谈盂鼎李若农、张之洞、王懿荣、张穆释或跋一事。又询介山马氏藏器。

七月二十六日,陈介祺致书潘祖荫,月二十五日奉六月十六日、二十二日、月二日三手书,新出汉石,甫得一纸奉上。附笺谈新得钱化拓、洋照图、《传古别录》、大布大泉五铢等。

七月三十日,褒城拓工送到西狭、耿勋、郙阁颂,吴大澂分赠师友。

七月,重刻《别雅订》、《吴郡金石目》,并撰跋。

八月初一日,致书陈介祺,额上疖渐愈,面肿未消,发内又偏生疖,奇痛,不能冠,久未入直矣。闻廉生见煦堂四十余器,极为心醉。

八月初七日,署礼部右侍郎。是月,派驯象所工程,派复核朝审大臣。观杨继振辑《空首布拓本》。

八月初九日,陈介祺致书潘祖荫,金笺已书南鼎斋三字,寄新得秦汉瓦三十三种,伪瓦日多,胶合者重,新陶者燥。称昨寄汉拓乃真者,其石出尚完,为人断而为三,所拓已为人购去。又称昨言之尊,竟为荡子富者以三百余金收去,可谓失所。又商谈潘氏欲购之尊出价代定。

八月初十日,致书陈介祺,称有人携古兵十二来,有如黑炭。又属西泉刻"郑盦藏鼎"四字,必须如"论语春秋在此罍"者,务须白多红少。又称有印必须刻曰"伯寅所宝第一",此六字彝器中皆有之,恳西泉、子振先刻此也。言及刻石不必过费,止是青田无裂无沙丁者即可。

八月十四日，致书陈介祺，自七月初五后头脑面部生疖大肿，不能入直者月余，洋照定十八日招之，来钱化共五十枚，下次有人便拓两面。呈《秦前文字之语》将全书尽行写错，兹饬改正与重写无异。《全生集》约十月中刻成。尊事二百尚可，不必忙也。然意在隽叔簠耳，虽字不精，实不伪。

八月十五日，鲍康致书潘祖荫，称铲币由潘拓寄较为省事，簠斋属拓，意在拓背。簠斋视铲币最重，似惟此方是钱。

八月二十五日，致书陈介祺，得方鼎一不伪拓本。

八月，署礼部右侍郎，派驯象所工程，派复核朝审大臣。同月，吴大澂得史颂敦、仲阜敦并得叔男父匜于长安。潘祖荫与吴大澂札中言：史颂敦、仲阜敦是南中物，叔男匜此前未见著录，尤妙。

九月二日，陈介祺复潘祖荫书，九月朔得七月十日，八月朔日、十四日书一函，谈照相摹刻及各家器，恳乞《秦前文字之语》录存勿刊。附子振以画法拓曹望喜画像石四纸。

九月初五日后，吴云致书潘祖荫，前月初间两奉手翰一，昨又奉本月初五日续示，并鼎敦各器拓本共八纸，从来敦诸多在腹底，此敦止一字形而在錾内，实为仅见，难得之至。又称往年簠斋来书，谓海内金石之交止有我辈数人，不可不勉。盖指执事与竹朋、子年、清卿诸君也。又属年来承赐手札无论片纸只字，必谨收存，惟书尾每每不署年月，将来装裱易致舛错，此后务乞随署月日，珍为家宝。夫文字之交，虽潦草数行，必自有真性情寓乎其中，不仅关旧学，商量奇闻，互证始为重耳。附东海庙碑残字墨拓。

九月初十日，陈介祺致书潘祖荫，徐、傅二足八九月书，想鉴入。以长生瓦二纸书上。新得一瓦，外轮有字，虽似东汉之初，而实从来未有，虽非三代，亦是异品，拓二并同出砖拓二，赏之。

九月初十日，致书陈介祺，前函知已鉴及，一月以来非疮节痛苦之时即案牍纷繁之会，《秦前文字之语》样本已有三册，讹字未改，《全生集》已刻成。

九月十二日，致书陈介祺，样本一册先呈，所校甚是草率，其一册在梓人处，一册仍在廉生处。又称"洋照之弊，一经照出，街市徧传，设要人洋人见而求之，悔将何及。毛鼎深秘，当亦此意，廉生原函不为无见"。

九月十六日，致书陈介祺，得九月二日书，铲归延煦堂，一经洗剔，精美之至，惜不得拓。

九月十八日，送穆宗毅皇帝、孝哲毅皇后梓宫奉移山陵。二十二日，回京。有诗纪云：丁年侍宴玉皇帝，亲见真龙驭绛霞，自运枢机平祸乱，更通琛赆达幽遐，重华云断苍梧野，九月霜凄白柰花，廿载再逢真不幸，侍臣和泪入风沙。

九月十九日，致书陈介祺，十六日甫发一缄，十九日得八月九日手谕，瓦三十三种收到，层出不穷，可叹羡。称汉石细案不伪，但字微嫌剔坏失神。武城官瓦上一字定是"东"字，所出疑不少。廉生出场即病，尚未见。长笴臣金文四十余器有至佳者，属廉生详述。

九月二十一日，陈介祺将所校《秦前文字之语》第一册及校删副本，寄交王懿荣，属审阅并代交潘祖荫。

十月初三日，致书陈介祺，得九月二十日书，兹交毕足带去金石六册，望即批示掷还。发还尚有十一册六开呈燕庭丈物，五册则山麓、小麓及沪上顾氏物也，颇有异品。廉生至今未见，亦不常通信，不知其故。又言及锦山摩崖。

十月三日，致书陈介祺，称子振为精拓曹望喜造像未即酬，兹交廉生矣。廉生又荐而不售，零涕不已，望与之通书开导。《全生集》已刻成，寄上五册。又附论肥城卤提梁上字。

十月初七日，致书陈介祺，初五交毕芬带去金文六册，想可先此收到。书中论及时事。属前寄《秦前文字之语》第一册如已阅过即发还，其余或校未毕或在廉生处。

十月十六日，致书陈介祺，交毕芬金文六册、《全生集》五册、初六日复长生笺交廉生，计当先后已到。又询嬴季尊，金文六册阅后即乞掷还，病中惟阅此以自遣而已。镈化五十二纸奉呈。廉生久未见，清卿久不通书，今年三致书未报，其忙可知矣。又商及簠事若往返道路之费应若干当即缴。

十月二十四日，陈介祺致书潘祖荫，二十一日寄所校《秦前文字之语》卷一，并校删副本一，由廉生代上，想已至，其余仍欲校删。二十四日毕力来，奉月三日、七日书、又各纸，及金拓，又金文六册。海东锦山摩崖古字拓钩必缴，非如金文，不欲乞留。称廉生究是好奇太过，举业不过敲门砖，何足短长。论近期新出金器，如汉壶、尹氏簠、盘、丁举卣、父甲爵、方鼎等。又述照法，西泉刻宝藏第一印。

十一月初八日，致书陈介祺，十一月初七日得二十四日手书，其二十一日所寄书未到。连日作痛甚剧，日日奔波，心神不安。金文六册，五册者皆在延煦堂处，据云准十日后还，则下次可寄，当仍是毕足来取也，石价刻润笔皆一并下次交廉生处，佸日来殊觉扰扰不安耳，《秦前文字之语》二册送上校毕发下。

十一月十一日，致书陈介祺，遣人向煦堂处去取十一册未果。贱恙转剧，委顿之至，京察以前请开缺。

十一月十五日，致书陈介祺，月之初八日、十一日交傅足化拓本全分，《秦前文字之语》第二册、第三册又交廉生处，王西泉润笔八两，子振丈润笔二两，计先后可达左右。前云《秦前文字之语》第一册于九月二十一寄来，至今未收到。清卿昨有书来，所拓郙阁、耿勋、西峡尤工而多字，他则云无所得也。平翁近以《叔未诗集》交上海用活字板印之，尚未见。闻竹丈近刻《吾庐笔谈》，亦未见也。岁暮古器当有可见者，再寄拓本。

十一月既望，陈介祺致书潘祖荫，王西泉所刻"伯寅宝藏第一"大印毕，印后寄。前寄二册，今寄一册，其一册月末有便即寄矣，此外未有录成册者。凡四册所无而尊册所有者，乞目释。攟古录金文，久思录一册而未得。他家所集，有在此外者，勿遗。

十一月二十四日，陈介祺致书潘祖荫，西泉乞棉纸精拓鼎图四五纸，金文册读毕已记于目，尚未及详注于册。隽未簠尚未访得存处。冬来唯拓藏瓦，多已寄者。新获一簠，字尚真而有损，制作则精而古，直亦甚廉，亦近来不易得之事，拓赠二纸。

十二月初二日，致书陈介祺，金文六册未蒙发还，今日自子年丈交到己酉日手书五行并西泉刻印、铭拓本二纸。

十二月初四日，陈介祺致书潘祖荫，十一月二十八日得十月二十六日、八日、十一日三书，闻清恙竟尚未愈，极为念切。尊即指赢季，且有二爵，簠则终不知在谁手。金文册正月有行者必缴。秦前文字语正月校删录副再寄。近所得唯残瓦二三十片，中有一秦诏残瓦至佳，拓上二纸，惜非三代，可入真赏。今年止拓石瓦毕，明年拓砖竟，装金文册毕当附装，装就，当以一分至都，与同志共赏订之。前瓦拓如欲补，或付目或付拓补足。终岁无不拓之日，且继以夜，劳与迂甚矣。仍思拓尊藏与山农仲饴所藏，不知能遂否。

十二月十一日，致书陈介祺，大印润笔当交王懿荣，近得二器，拓以呈赏，甌已缺一耳矣。笭臣已校，未能佳，见之实是闷极过大。京察拟请开缺矣，静养半年或可望愈也。竹朋丈病甚虑之。又询前奉寄各件前函。《秦前文字之语》第一册并写正本一册，当即照改照刊，以后所寄各函，想俱已收到，计不日有书来矣。又附，已闻张孝达于汉州得上庸长司马孟喜神道，此石自洪娄以后未箸录，闻仅存上庸长司四字，俟索得拓本再寄。

十二月祀灶日，致书陈介祺，得十二月四日书，所患自五月至今未愈，坐卧不安，似为内症。《全生集》印书无多，大可校改此书，以不误为主，秦瓦可谓愈出愈奇，真地不爱宝矣。所得各器，如遣人来往拓图，无不可，舍间无位处，携出则不敢，或每日午间来拓，则不能速矣，至快亦须一二月方毕功也。

十二月二十九日，张之洞致函潘祖荫，谈及雅州访碑：晚到雅州，亲至高颐阙下，其上方雕造人物甚多，从未有拓者，已属人致之，其碑则摩灭，令不可辨，所可见之"字贯方"二字，乃后人妄开，恶劣不复成字。何道州在蜀日，饬官吏移碑于村市中，造屋一区，覆之。劳人费财，不知何取。然□阙却依然露植立荒野水田中，真叶公之好也。道州在此终日盱衡厉色，究其设施，大率如此。检故牍知之。又在灌县青神山见一段碑，此事亦道州所为，百夫运致省署中，今读其文，仅存十条字，隶体恶俗，审其词意，乃宋明人诗耳。缪筱珊孝廉前度在京曾侍谈宴，今秋回省城数相过从，其人警敏非常，淹博好古，目前江东之秀，殆罕其匹，充其所造，殊未可量。

是年末，致王懿荣数书，询周孟伯盂鼎考释，询张之洞病情，并言残年得一钟，岁事虽忙，殊有快意。

　　　是年，丁立诚（修甫）成举人。
　　　朱学勤（修伯）（1823 – ）卒。

光绪二年丙子（1876）四十七岁

正月元旦，季父潘曾玮赠诗，有诗和之。

正月初八日，致书陈介祺，收到拓本八种，所患仍未愈，奉上拓瓦器三种。称舍弟上学，将会客处改为学舍，并无会客处，更无拓器处。拓人来，恐徒劳远涉。先此奉闻，恐将来不能如命，不得不陈陈于前，俟移居已定，得有闲房，再布，闻现在古器移在内室外此无一间屋，势不能令拓人进内室也。又朝鲜锦山摩崖乞寄还。

正月十五日后，吴云致书潘祖荫，岁杪奉腊月朔日手翰，承示搜辑黄荛圃题宋椠书跋，已得四巨册。所询胡心耘藏书，辛酉壬戌之间在沪时已多散佚，留剩七八十种，尽为候补县孙令购去，后又售与许缘仲亲家。今缘仲已归道山，遂将所藏复翁心赏数种皆有长跋者，照录奉上，内如中兴馆阁录与吴郡图经续记、新定续志，此三书关系东南文献，复翁倍加珍秘，藏年通载，虽仅四册，然内阁藏书目录与绛云楼书目所载均止二册，此四册固可与凤毛麟角同观矣。又附呈焦山志一部求鉴。

正月间，致王懿荣数书，称欲即刻翁北朝石□□目录，即兄所著，恳为拟一叙，先引阮文达言晋帖之伪，语气平便不似弟之口气，须痛诋，引申之，从兰亭、乐毅骂起，后言石刻之有裨史学而不赞其书□□，书本不尽其可取也，中言包慎伯辈知北碑矣，而仍牵涉阁帖、兰亭，此犹桐城派之言古文宗由，溺于八股。又借王氏拓本观览，赠吴云所得吴中砖拓，并请王氏游厂便中寻《野获编》等，又言穷极非常。

正月，署刑部右侍郎。

二月初五日，观杨继振藏《唐周文遂墓志》，撰跋，以为胜似晋人小楷。

二月十日，跋朱熹撰并书《宋故朝议大夫致仕赠光禄大夫黄公神道碑铭》。

二月十二日，致书陈介祺，久无人便又两月有余未得书，所患未愈，近又摄篆秋曹，金文六册即祈掷还，又附拓本九种皆近所拓，又铲币之乃新拓者。

二月二十九日，李文田寄来《澄怀录》抄本，为撰识语。

二月，派各省乡试复试阅卷大臣。二十四日，派补复试阅卷大臣。二十六日，赐《剿除粤捻方略》各一部。

三月初七日，陈介祺致书潘祖荫，年前后至今，五奉手书，未曾一复。称潘藏罍卣至佳，款识册未读毕写毕，《秦前文字之语》冗未及删，前钞本仍乞还，以便照删，万勿即刊。上庸长司马孟石拓如有拓副，乞一纸。又言"以精拓传世方是己物，不然何以信今传后，岂可虚此一藏"。附古瓦器拓五，刀化拓二。

三月十六日，致书陈介祺，得三月七日谕并金文六册、锦山摩崖一副。久病未瘳，秋曹事烦。近因家弟入塾，无可延师处，因将书籍三间屋移入马厩，无可拓器处之非饰说。又一函内册三件，乃前月七八所封也，一并附瓦拓，有已装者，有未装者，容检齐再呈。清卿获古数百，却未见。廉生年翁久未见，近得拓本附呈，望为鉴定。又，连年所寄手简今已装成三册，乞题检并册首，永为世宝。

三月中后，吴云致书潘祖荫，考论金石文字，称潘氏罍卣、公姑卤及新得之鬲，字文为至精。清卿久不得其音信，比得子年兄书亦云清卿新得甚伙，不知其何故秘而不宣。关中玮宝久推盂鼎，今已归清秘，其余皆属自郐以下。又询簠斋、竹朋近况。

三月二十九日，以黄丕烈旧藏宋本示翁同龢于酒肆。

三月，赵之谦客南昌，继续编《江西通志》。三月二日，借周炳章赴都之际，托带土产并书与潘祖荫，称浙中有商彝一器，前年已设法觅之，今年忽得来书，居奇万状，容再俟之，此间竟不见此类也。

三月，派复勘试卷大臣，补礼部右侍郎，仍兼署刑部右侍郎。

三月，吴大澂获愙鼎于长安，以百金购之。因铭文有愙字，考其为微子之鼎，遂以愙字名其斋。四月四日，在凤翔试院作书告陈介祺、王懿荣，并述所考。作窭斋长歌。四月，吴大澂拓墨赠潘祖荫，潘祖荫函曰：惠拓仓颉庙碑较旧拓为精，元兴竟绝佳，胜于建安竟，合之两美，为天下汉竟冠。吾门之士，亦冠绝天下之人才，可喜也。

春，吴云致书潘祖荫，惠寄两甂拓本文字均佳，所藏清仪阁金石拓本十册，皆其自藏之器，内金器二册，自三代鼎彝以至泉刀古镜，半有题识，后附砖文、瓦当及唐宋以来残碑断碣，甚至象牙、竹木雕刻精工者，亦皆椎拓，当日藉此为消遣自娱之计，非传世之本也。言及顾、蔡二君皆少年，广收古玩，顾君所收金器为多，蔡则专收书画。附吴壶虢壶拓本，又拓本三件。

四月初一日，陈介祺致书潘祖荫，三月二十九日奉十六日手书，知款识册、海东古篆石拓已至，称无隙地可容拓者，而多宝不传，精拓不布，亦深为古人怅怅。精拓而多存之，以俟其人，尤为大雅。爱今爱古同此一诚，不可不作。附瓦器鈌字拓四纸。

四月初十日，致书陈介祺，称古鈌瓦器字极浑古，其时，欲派人到潘祖荫处，帮助拓器，而潘氏实不愿意，称马厩中葺屋六间，四间储书，二间尚空，可以拓器，但恐遗失，可日出为拓，日入收起，未免烦碎。若命人来拓，或住仲饴或廉生处为妙。近为秋曹事困，苦苦至不敢惮劳，不敢邀福，但求免造孽而恐不可得。

四月十二日，时潘祖荫将陈介祺所致其书札装为三册，寄陈氏属题。是日，陈氏作题。

四月中旬，序赵绍祖《金石文钞》，以为"金有裨于经，石有裨于史，固实学也"。

四月二十五日，陈介祺致书潘祖荫，二十二日奉十日二手书，于子年书中知已光复，而未言何部，书中亦未及，唯遥贺而已。煦堂借阅金文五册，允交寄读。并寄还所题之潘氏所装簠斋书札三册。中惠父□疑之，□□□尊、虢未簠、父辛觯亦疑之，此等皆可搏节。而拓用薄扇料。照图则仍望扩充。至于来拓，则不敢冒昧。地既隘则上品次品可分存。并赠新得古印四拓。

四月，派补复试阅卷大臣，会试复试阅卷大臣，殿试读卷大臣。

五月初七日，致书陈介祺，三册亦谨领到，示四器之可疑，极确极当，拓纸业已觅得，洋照容当扩充，金文传徐到后即寄。又吴大澂得一周客鼎，以为何如，侄无拓本，从袁小午处见之。又爵一敦一并拓呈。

五月初九日后，吴云致书潘祖荫，五月初九连奉前月下旬发来手札三通，新得尹叔敦，洵是至宝，其妙处不在諆字之多，而在篆文之美。八囍斋中半年以来所得古器甚富，难得皆是精品，物必聚于所好，然亦惟有缘者能遇之耳。清卿昨有信到，并寄来先后所收彝器目录，分别已刻、未刻，有八十余种之多，此外古镜、造象、隋唐碑碣搜罗亦复不少。砖拓及汤氏墓志寄上三分，望分赠贵及门廉生、石查。清卿有释汤志一篇，特录上。

五月十八日，致书陈介祺，久不得书，亢旱已成，实为焦闷。借得一方尊拓，以呈鉴文字，实精美。又所得二敦，再拓以呈。廉生久不见。鲍丈今年颇衰，近亦久不晤矣。平斋时通信，究是快活人，颐养得法。

五月二十三日，陈介祺复潘祖荫书，二十日得月七日手书，并示新得中师父鼎、周业生□、子负□爵拓，俱佳。又言及鼎、爵、龙姑簠。称"刻书如有廉生畏人知之见，则不可不言为谁识，而并它藏同传之。传则必不可失真，字与拓、图与照者校，皆不失毫发，则必传。祺之所以未成书，固无学力，尤未得人能知此意助成之耳。"并寄新得汉器拓及古钵文。

约是时，吴云致书潘祖荫，称中师父敦与守敦二器字多且精，至为难得。平安馆金石甚富，所集古印尤多。荷屋中丞所藏不及平安馆之富，而筠清金石录一书颇为艺苑所珍，中间三代法物亦藉是而传，金石之寿不如竹简，于此益信。又称鲍康书谓簠斋收藏豪富，乃谆劝他人刻书，而自己转无著作，且编纂之书亦所未见，深以为异。吴云认为簠斋心眼过高，做事每每精益求精，不肯稍稍迁就，务欲人人叹为空前绝后，无毫发之憾而后已，然过于求精，遂至心高手硬，因噎废食。

五月，派考试差阅卷大臣。闰五月，召见于养心殿。

闰五月初五日，致书陈介祺，久未得书，旱既太甚，近见一匜一盘一卣，拓呈鉴定。

闰五月初八日，致书陈介祺，鈇拓仪器拓，袁器去年已尽拓以呈，凡无俀印者皆是也。方尊此次借得拓呈，在前函内，数日即索归。旱既太甚，忧心如焚，秋曹事事棘手，幸同人水乳。年旧疾未愈，背又生外症。

闰五月十八日，张之洞致书潘祖荫，访得卢丰碑，设法将原石辇致，置之省城学署，拓本寄呈鉴定。

闰五月，召见于养心殿。六月，进《穆宗毅皇帝全集》。

六月十四日，陈介祺复潘祖荫书，闰五二十二日雨后，得后五五及十八日两手书，并金文拓。论古器物等。言潍地大旱，不得透雨已将十三月。又言既收三代文字，则秦汉即可从缓，更无论六朝。藏范甫拓，止齐刀二范、宝四六化一范、六化一石范为三代，拓各一寄鉴。

六月中，致书陈介祺，竹朋丈闻已仙逝，可胜叹惋，金石家又少一人矣。平斋精神兴致俱佳，且近少有园亭之乐，神仙中人。吾丈园亭之乐，计有几处，当有过之。拓本三纸附呈。

六月二十三日，致书陈介祺，呈近得一爵，袁尊再寄，又考金石文字。又称时事可虑，甚为焦闷。病甫愈，近恭进先帝御集，留一分欲敬赠，未知可否，不敢冒昧。

六月，吴大澂以王中复《复斋录》四册赠潘祖荫、翁同龢。潘祖荫函曰：当世理学而兼金石学者，唯执事与寿卿。

六月下旬后，吴云致书潘祖荫，称此间讲书画之友颇不乏人，独至金石考证之学，落落少可与言。询夏氏所藏大蒐鼎、瞿氏所藏周敦，乱后不知下落，顾姓收买吉金并非真好，现请人往拓全分，而其人又因讼事赴天津，将来必欲拓取奉寄，所藏亦止有三四十种，精者不及半耳，比之八囍斋中犹胜薛之于齐楚，不可同日语也。蔡则专买字画，近以二千余金得曾笙巢家藏宋元以来卷册立轴十余件，闻多俊品。丁松生专收旧版书籍，并不讲求金石。此三君都非熟习，然其耆好如此，则知之甚稔。夏、瞿两家所藏二器，必不在此三人处。日内当为函询老友吴康甫二尹，或知踪迹。

七月初六日，跋旧藏《鹿角山纪圣碑阴》拓本。

七月二十日，陈介祺复潘祖荫书，十六日奉六月中及二十三日手书。论古器物。称旱灾在民穷财尽人心不靖之时。既不敢设想，而时事则徒传少荃节相至烟台，隐忧更深。

七月二十五日，致书陈介祺，附呈刀拓七十余纸，煦堂藏器拓本一册，近见一壶拓本一分，得一钱拓，呈鉴。

八月初一日，致书陈介祺，得七月二十日书，碌碌无可述，幸交卸秋曹事，闻内城有一小铲，字甚少，尚未见之。即拓呈，时事粗定，此时非自强之策，实救死之道。

八月初二日，兼署工部左侍郎。八月十一日，派查勘泰陵碑楼等处工程。八月十六日，具折请训。八月十八日，出都。八月二十一日，祗谒山陵，查勘正红门及泰陵碑楼，又至慕东陵、慕陵、昌西陵和裕皇贵妃园寝、昌陵、泰东陵、皇贵妃园寝、泰陵，查勘各圈办供库房情形。八月二十四日，回京复命。

八月二十四日后，致书陈介祺，东西两陵奔走，到鲍子年处，得悉一切拓本，可羡。附呈近扦刀、币。仲饴每行辄偕之，在工部甚得力。又得一残破瓠，手自剔之，得二字，甚为奇古，奉鉴，惜已损其器之半耳。又附古币十七纸，共六十八纸。

秋，致书吴大澂，称前连奉三函，并烦为代购王子刺公鼎敦事，想已先此达，或竟未达。兹乘陈学使之便，再以奉恳。如昂则各购其一，廉则多购数件。其款即由柳门、蕴苓飞速寄南会缴不误也。虽近状一言难尽，然此好则到底不移，盖藉此以自养其生，庶不至为富贵利禄之移其心耳。若讲宋学，则无此病矣。廉生今年未知能中否？香涛今年尚未能来，因续弦也。都事近来无见无闻，鲍老衰病，寿老为饥民所困，又所生一女二子皆死。竹朋最享福，亦死矣。古欢日稀，如何如何。

秋，吴云致书潘祖荫，南亩数月以来为邪教惑人，妖异四起，传布甚远，小民无知，锣声彻夜，举国若狂，农费工作，市停交易。寄去古布拓本二分，另寄二分乞转交石查兄一考为恳。又言子年频有书来，爱孙时常生病，自己亦常有不适，含饴之乐，甘苦参半云云，并述竹朋兄作古，录示挽诗，读之不胜怆感。簠斋有三月不得只字，幼子之殇，心绪已在不佳，兼以东省大荒，潍县筹办赈饥，闻簠斋捐金甚巨，又为众望所属，不能不出。

九月，充玉牒馆总裁。九月十九日，派磨勘试卷大臣乡试复阅卷大臣。

九月，刻《洗冤录详义》，并撰序。

九月，吴云致书潘祖荫，称吉金册已交胡、王二兄题识，前蒙论及凡八囍斋藏器皆有收藏图记，无则系他人之物，此书到时，册子已经裱就，致有龃错，今得王胡二兄题注，当再将尊翰附装于后，并加一跋语，叙明流传，后世考古者不难一望而知，转觉趣味之隽永也。又称簠斋八月中下旬俱有书来，云人皆以为不知如何享受，而不知身心焦劳有人所不能堪者。言及恒轩十月内可以动身，多年不见，此次到家有数月之留，可与纵观收藏，上下议论，亦一大快事也。又函称廉生有鉴古之识，故笔墨雅驯，断制精确。石查册尾题跋文亦峭絜，所释空首币文为郑氏二字，子年兄所释亦同，尤有意义。

九月二十七日，潘祖荫致书陈介祺，又拓本八纸奉呈，计三函，适得百纸矣。鱼雁杳然，实深系念。

十月初四日，致书陈介祺，近得之件，尚无拓手，当与小午方尊一并拓寄。与陈氏商吴大澂藏器，并其所释盂鼎甚好。

十月初十日，致书陈介祺，久不得书，再呈拓本十九纸，久病不痊，勉强支持，心绪大不如前，亦不自解。拓纸之吝，当即改过，无好拓手，耗佳纸亦是罪过。年翁近况亦觉衰矣。

十月十五日，陈介祺致书潘祖荫，八月杪奉朔日及七月二十五日手复，并□壶拓。谈刀拓上墨裁纸之法，称凡小物两面者皆可如此拓也。附上自作自书一联。

十月，充武乡试主考官。十月十七日，出闱。十月二十五日，前往东陵请训，翌日出都。十月二十八日，过隆福寺，叩谒穆宗毅皇帝梓宫。十月二十九日，至孝东陵神厨库后土行礼及景陵懿惠皇贵妃园寝裕陵朝房等处收工。十一月初四日，复命。

十一月初四日，致书陈介祺，称楹联语极确当，书尤精古，自钟鼎中来，真希世之珍也。近自西陵又至东陵，风雪奇寒，归来大病。古金器颇得数种，但拓人又散，下次可寄。又附近刻先祖字三种、《洗冤录详义》一部。

十一月十四日，复派查勘西陵岁修工程。十一月十八日，请训。十一月十九日，出都。十一月二十二日，遍至昌西陵、昌陵、泰东陵、慕东陵、慕陵，查勘岁修。十一月二十八日，复命。十二月初一日，出都。初五日，至隆福寺，穆宗毅皇帝几筵前行二周年礼。初七日，回京复命。

十二月初五日，吴大澂舟抵汉阳，致书王懿荣，自冬月朔启程南下，途中阻雪阻风，节节延滞，今日始抵汉口，计望前后可达金阊。舟中无事，手拓精品，分贻同好。寄呈秦诏版二，神策军鱼符一、龙武军龟符一、鹰扬卫龟符铅印范一。诏版尽萃于簠斋，关中无复出土者，此系旧家所藏，以重值购得之。遍历秦土而不获一秦器，未免憾事，得此亦足称快矣。因拓十纸寄簠斋丈，乞于便中转寄为感。所收古印得百二十余编，作《印存》二册，俟明春入都时奉赠。

十二月十二日，致书陈介祺，年内四度陵差，久未得书，甚念。近所见器各拓以呈，似俱不甚佳，皆未之得也。又有释器文与陈氏商讨。又吴大澂得鄠县新出土盘。

十二月二十日，出示新得宋拓《滑台新驿记》，请翁同龢题观款。

十二月，致书吴重憙，称李氏一觚一觯，如命办理，过年六日后或可见客，幸勿枉过，必致失迟耳。李氏之直当面缴，二十七八九或便车惠临笔缴也，其簠若为谋之，必不食者。又，前云彼有一鼎，字颇多，可得见欤?《捃古录》既不肯出门即亦无须相强。

是年，撰《释字百韵序》。

是年，致缪荃孙数书，乞隋大业置县石刻、高颐石阙、上庸长司马孟喜神道、王稚子阙等精拓，询宋元椠秘本等，赠缪氏《宝刻丛编》等。

是年，赐曹鸿勋（仲铭）中进士。

黄国瑾（再同）中进士。

吴树梅（燮臣）中进士。

缪荃孙（小山）中进士。

李佐贤（竹朋）（1807 - ）卒。

董文灿（芸垞）（1839 – ）卒。

光绪三年丁丑（1877）四十八岁

正月初一日后，致缪荃孙数书，论蜀中拓手不如刘燕庭当日，若弟及陈寿卿、吴清卿所拓尚胜于刘。《篛斋别录》即泄拓法之秘，石墨得佳拓，虽宋拓弗如也。言及黄荛圃题跋稿本不能南寄之由。又询蜀中新刻书与出土金石、砖瓦等。赠缪氏自藏砖瓦石刻二十四纸、拓本三十余种。又言"尚有蜀中石刻可分惠者否，未免不廉，可媿耳。"

正月，吴云致书潘祖荫，去冬十一月杪曾寄寸笺，坿致贵及门王胡二兄金器拓本各一分，未知于何日澂览。嗣于岁底奉至手书二通并泉币拓本三十三纸，新正八日复奉续示并古泉拓本十八纸，又新得李方赤先生藏器拓本，一一领悉。兹因伟如姻兄入觐之便，托带上彝器图释二部，乞分致石查、廉生，以践夙诺。

三月初四日前后，致吴重憙数书：

奉赠拓本四十五纸，即祈鉴定，惜其物不尽真，亦非兄所藏也。上有小印者，皆是兄物，潍县信杳然，甚念甚念。不知其故。世伯所藏兄物拓本者，一簠一簋二壶其他则爵也，余则吴冠英已见惠矣。许印林《别雅订》已刻成三卷，皆廉生一手校定也。又印林刊正某君说文十六条亦刻成，某君当是隶友先生，其十六条真不失为净友，曾见之乎？兄所少之古器唯簠及□，若有人肯惠之，当以千金为报，幸留意及之。

前送阅印林遗箸数页，如已阅毕即乞发还，过今日后拨允或惠临有面交之件。

昨谈畅矣，忘却将李氏价直交去，望阁下于初三四五来取去可也。印林全稿既不在此，只好先刻此耳。晋公安印林所释乞录示，如费事亦不必矣，簠斋释文兄已有之也。今日寄簠斋拓本六百纸交传足，久无书来，可想见其忙矣。今日兰荪来，必谈一切矣。

世伯箸作既已重大，难骤付刊，翰墨之美并此无俦，何不择墨宝字画之小幅者刊一二，以为艺林珍赏乎？以为何如？昨日一书见否，李氏一瓿一斛既已如原议于今日交来，或吾弟初二三带来，即取原直与均可。

设有人以名世之数刻《捃古录》，全书字数若何？此愿能了否？能为酌之否？

今日销假，外拓本三纸奉赠，当知兄意之所在也。

日前一纸见否？近得器十余器甚精，若欲得之便当送去。

昨又寄寿老拓本，五日十三纸，计共今年已寄拓本一千一百十三纸，彝器绝少，皆刀币也。前托购隋氏石，未知前次把头车来时已为函商否？大者固难，带小者或尚可带否酌之。一石大约卅金以内必可如命。如大者亦可带则大衍一石亦可，酌之，重属重属。

拓尚非难，兄处人人能拓，拓此非比拓全角古器也。既已无多亦可无须耳。缘兄已有装本也。今之拓手似胜阮黄一辈人，即刘燕庭得时拓手亦未必较陈寿卿吴清卿为胜也。

三月十七日，翁同龢邀潘伟如、盛荇生饮，荇生以疾辞，伯寅、子腾在座，绍彭请伟如诊脉，遂同饮，午正集，申正散，剧谈甚适。

三月二十日，前往东陵，遍至孝东陵、景陵、懿惠皇贵妃园寝、端慧皇太子园寝、昭西陵、孝陵、裕陵等处开工，时潘伟如与潘祖荫遇于通州，作诗留别。三月二十八日，回京复命。

三月二十四日，致书陈介祺，知赈局事忙，利物为怀，造福无量。附呈拓本六百余纸，久不通书，积之遂多，惜无甚佳者耳。吴大澂春杪可来。

三月，吴云致书潘祖荫，叠奉前月抄本月初手札二通，坿来古器拓本共二十六纸。恒轩时相过从，纵谈甚乐，秦凉三载，搜罗吉金既富且精，地不爱宝，关中时有新出古器，亦惟有缘者遇之耳，拓本想必随时寄鉴，故不复及。昨见兕觥一器，其制如爵，上有盖，作兕形，极精，篆文数字亦佳，此器恒轩借到，现拟仿制，以公同好，可为兕觥之证。一俟竣工，必当首先驰寄。兹先奉去古镜诺拓一百二十种，伏乞鉴纳。廉生宏通博雅，洵是隽才，海内朴学之士尽在公门，曷胜艳羡，有复书一通，敬求饬送。

三月，李鸿章主持纂修《顺天府志》，张之洞、吴大澂、潘祖荫初均被邀参修，吴、潘均无意于此，后由缪荃孙接办。

四月初五日，致书陈介祺，得二月二十八日书，病数月，又力疾行陵归来，益感冒，鲍丈断信，前日往视之，竟不能言，几乎失声。春瘟甚重，寓中亦多病人，唯今年雨水极多，或可望丰收，山东何如？丰年似不可迟矣。拓本各种奉呈。又附拓二十八纸。又拓本六十五纸，以报去年工布拓本四十奉之赐。又拓本七纸。

四月，派会试复试阅卷大臣、散馆阅卷大臣、查看标识大臣、朝考阅卷大臣，派抖晾实录。

四月，以吴大澂所贻手札，装潢成册。吴大澂入京销假后，仍为潘祖荫办绘图事，一日数事，吴应接不暇，致书王懿荣：司农既命绘爵，又属写盂鼎释文，又欲招往剔卣，一日数差，实无此健腕，不比撝叔有求于司农，终日奔走而不辞，兄则自吃自饭，何苦乃尔，只得贪懒。

四月后，吴云致书潘祖荫，月初奉前月二十四日手书，昨二十一日又奉二十五日续示，并刀币拓本五十余纸。恒轩到京想已畅晤，南中近状定必务悉。近得张从申书延陵季子庙碑，特寄鉴赏。

五月初六日，复往西陵复勘工程。五月十六日，复命。行陵途中，有诗纪云：避夜何妨夜半行，长桥过尽见天明，轿窗偶有清风至，静听千林百鸟声。赤日行空路正赊，黄云翠陇烂如霞，偶投村店心闲甚，自启茶囊细品茶。朔雪严霜考阅遍，朝陵此度值炎天，好访忽忆裴中今，风送水声来了边。

五月间，致吴重憙数书：

《捃古录》定欲刻之，款式应如原书式，以偿夙愿，若庚生不见信请先刻石文可也。金文与同志名流再酌若廉生之类是也。寿卿讲究太精，不可商也。

底本未知若干，先以两数办，此后再续办，若不敷四数刻石文敷否？兄将来不过欲得印本十部，若庚生不许事，必无成也。

金文万无摹文之理，摹文者，自为一书，与捃古录无与也。

印林《别雅订》归来即有言其文集，望勉为收拾之，呜呼，以此道路之资，刻此等书有余，天为之也。石文成胜于《寰宇访碑录》远甚，金文亦合祷，古筠佳簠斋、燕庭为一总目录也，酌之伪者似亦不必汰，但据某人曰疑何也。

东府出一鼎一盘一甗，张其骧未得，不知何人得之也。李肇钧云有一鼎何时可有李伟卿行否？闻黄县丁姓有收古器，以六百金收王西泉刻字之鼎，以三百金收陈子振刻字之器，知其人多，黄县丁姓何人也，此皆廉生说。

石文有目故曰胜《寰宇访碑录》也，金文不摹文则尽此书之如似石世已足否？但须与庚生一商之耳。

见平斋古竟拓，不堪与寿老比于万一也。

吾弟家拓不能得也，但欲得一观之可乎。古器已见，杂器未见也。

写书字宜雅，月底送去可也，但原书系元人刻本耳。非比殿试朝考字可厌可恶，吾兄最恶之。

六月，吴云致书潘祖荫，奉六月初六日手书，知前函并张司直碑已尘台鉴。焦山瘗鹤铭自陈沧州移置山寺之后，建亭覆护，石亦坚致，故字较百年前尚无甚损，遵谕拓寄。又有摩崖数行，并后人临本两种一并坿赠，统乞鉴收。恒轩到京后，想极忙碌。簠斋为赈济灾黎，劳倦之极，然捐赀出力实事求是，亦真难得可敬。

六月，派优贡朝考阅卷大臣。从翁同龢处借《稽瑞楼书目》，刻之，并撰序。

七月，派考试教习阅卷大臣，复核朝审大臣、考试汉御史阅卷大臣。命杨文莹写、汪鸣銮校，重刊《百宋一廛赋》。

七月，撰《天马山房诗别录序》，撰程祖庆《吴郡金石目跋》。

八月，陈介祺陆续检出陶文拓片寄京吴大澂，潘祖荫亦好藏陶，曾向吴大澂函询求取簠斋藏陶一事。

九月，充武会试正总裁。

约十月，吴云致书潘祖荫，旬日来连接前月十七日暨二十九、三十两日所发手札，称惠示各拓本，中间阳识一卣最为精美，钤有珍藏小印，知为八囍斋新得，先秦彝器中阳识极少，此卣字虽不多却甚难得，可宝也。古玉册拓本二分，敬呈考赏。三月间连得簠斋来书，古兴甚浓，搜掘至二千六百余种之多。其念四十年老友，以全分见寄。又言按分类整理，以一字二字三字者各为一类，四字以上者为一类，阳识为一类，其模糊莫辨似字非字不忍汰去者统归一类，其中精者约有一半，洵古文字中一巨观也。

十二月初五日，派考试学正誊录阅卷大臣。

是年，潘祖荫刻冯已《苍怀旧集》、江郑堂《炳烛室杂文》、吴玉搢《别雅订》、《钮匪石日记》、《许印林遗著》、程稯蘅《吴郡金石目》、程子准《稽瑞楼书目》、吕世宜《爱吾庐文钞》及娄东汪子超《元和沈诗华诗集》。

是年，盛昱（伯分）成进士。

王仁堪（可庄）成进士。

王国维（静安）（－1927）生。

尹耕云（杏农）（18_4－）卒。

董文涣（研秋）（1833－）卒。

光绪四年戊寅（1878）四十九岁

二月十七日，陈介祺致书吴云，谢承寄《二百兰亭斋古铜印存》全帙，并"序中述及贱名"。记"弟于旱荒后，心气益衰。竹朋没后，子年不言尚作书，今久不来书矣。伯寅处以泉刀拓寄，向未兼及，故亦久未作答"。

二月，派阅考孝廉方正卷。

三月十八日，前往东陵请训。二十日，出都。二十四日，回京。

四月，派盘查三库。刻师矢锡绶著《幽梦续影》，并撰序。

五月初八日，召见于养心殿。十九日，调补户部右侍郎，仍兼署工部左侍郎。二十五日，派管理三库事务。二十六日，派考试汉御史阅卷大臣。

七月，派稽查十七仓大臣。十一日，派查勘慕陵隆恩殿等处工程。二十三日，请训。二十四日，出都。二十七日，至泰陵、慕陵、慕东陵收工并查勘隆恩殿工程。九月初一日，回京，充实录馆副总裁。

是秋前，致书汪鸣銮，《宝铁斋题跋》已写样本，写来仍乞校正，此书与江南金石有关。自此以后，江南金石湮没不可闻。惜《江南金石志》已失，未知韩家有否？惜其全文也。

秋，刻吕佺孙《百砖考》、韩崇《宝铁斋金石跋尾》、陈介祺《簠斋传古别录》、鲍康《鲍臆园丈手札》。

九月，吴云致书潘祖荫，九月初间奉到惠书，知所寄各书籍并拙作、楹帖均未达鉴。称南中浮慕风雅者多，前所云两钟，其一周公华已为吴江沈姓者以五百缗购去，一郯公轻编钟价廉，己以书画博易留存，倘法家鉴赏，尽可移赠。俟明春潞儿入都，散氏盘諆当一并呈上。恒轩抱丧明之痛又殇爱女。弟八月间丧一孙女。昨日高妪送来彝器拓本十数种，云系松江乡下金姓者倩拓，拓竟携之而去，中间赝鼎居多，特检四种奉上。又称最服尊论古器铭有至精极坏，大开大合者不必看器可决其真伪，若此种铭文必得一见原器，方可定其是非也。

十一月，派东四牌楼工程。二十六日，前往西陵复勘途中遇雪，有"三度行陵三遇雪，惜无妙手写关荆"之句。十二月初二日，回京。十四日，仍兼署工部左侍郎，充经筵讲官。

是年，袁保恒（小午）（1826－）卒。

谢维藩（麟伯）（1834－）卒。

光绪五年己卯（1879）五十岁

正月十一日，吴大澂致书陈介祺，去腊得西清续鉴抄本，图极精而文则呆板，然胜于西清古鉴，又无刻本，殊可贵也。伯寅师所得一盉一觯文甚精，吴氏自己得一瓿，厚重似商器，拓奉审定。伯寅师属拓古币，奉赠一册，欲索尊藏匋拓，如有重分者，求寄一二百种，径致伯寅师处。

正月二十一日，召对于养心殿。二十三日，转补户部左侍郎，仍兼署工部左侍郎。二十七日，升左都御史。二十八日，奉旨仍兼署工部左侍郎。

正月，刻伯父潘曾沂著《船庵集》。

二月十五日，吴大澂致书王懿荣，昨得潘祖荫书，知已还京，去冬陈介祺云王氏新得开皇十八年沙门明判造像小铜碑，乞精拓本。又问蜀中古刻事宜，并称《说文古籀补》编至第十一卷，去夏至今未续一字，不知何日成书。新得龟符一、鹿瓦二。王懿荣自川回京应试，途中访吴大澂于道署，以随身携带的清抄本《孙子注》二卷出示，吴大澂为之作跋。

二月三十日，派阅考孝廉方正卷。

三月初八日，前往东陵。三月初十日，至惠陵。十一日，补授工部尚书。十八日，回京复命谢恩。二十日，充管理沟渠河道大臣，扈跸出都。二十六日，穆宗毅皇帝、孝哲毅皇后奉安礼成，加太子少保衔。二十九日，随扈回京。

三月二十二日，致书汪鸣銮，转交左宗植《左景乔集》与钱笤仙、陈培之、王荶卿、叶鞠常。

春，得古埙。

四月，致书汪鸣銮，商榷为谢麐伯、吴子儁刻其遗集，以速办为主。

四月十六日，派考试差阅卷大臣。四月二十一日，派盘查三库。四月二十九日，调补刑部尚书。四月三十日，召对于养心殿。

五月初六日，父潘曾绶七旬寿辰，以祈雨未称觞。

六月，派查邓庆麟奏参安兴阿受贿。

七月二十三日，奏安兴阿一案先行拟结一折，召对于养心殿，派管理户部三库事务。七月二十七日，派宗室乡试复试阅卷大臣。

七月，翁同龢跋万梅岩藏《礼器碑》：余在厂肆见小蓬莱阁汉石经残字，以告伯寅、韵初。既而韵初购得之，又以鹿台画易王稚子双阙，持以傲伯寅。伯寅谈笑欲夺，酒翻淋漓，染帖眉。盖两君之好古如此。此韩敕碑在郑斋石墨中，沈非最上乘。然余所见各本，无出其右。元人拓碑往往湿墨著纸，不事毡蜡，一刷即过，为之刷拓。此本墨浓掩字，而古光油然，神采腴活，定是三四百年前物。不知伯寅见之，又当何如也。

九月十八日，陈介祺复吴大澂书，言潘祖荫"由历收古陶，想已富，见拓本否？弟近几不收矣。今日作伪日多，金难于陶且然，况瓦砾乎？"

九月二十四日，派顺天乡试复试阅卷大臣。

十月初六日，五十寿，与孔醉棠、眉伯、弟祖畴饮，并留影。

十月十六日，派磨勘弓刀石之大臣。

十月，刻《秋审比较条款》。

十一月，进《穆宗毅皇帝实录圣训》。

十二月初十日，召对于养心殿。

是年之前，刻《贯垣纪事诗》并撰序文，刻《提牢琐记》、《救荒活民书》、《农桑实际》、《伐蛟说》、《答问担粥厂章程书》。

是年，王颂蔚（芾卿）成进士。

光绪六年庚辰（1880）五十一岁

正月，派查崇文门勒索廓尔喀贡使及蒙古一案。

正月，属梁经伯书刻《东古文存》，并撰序。

三月，兼署工部尚书。

四月初五日，办理慕陵隆恩殿工程。十一日，回京。

四月十九日，派散馆阅卷大臣。

六月，属徐琪刻钱杜《松壶画赘》，并撰序。潘祖荫不好收藏书画，而独嗜钱杜画。

约六月，吴云致书潘祖荫，前月杪奉望日手翰，谢寄古金拓墨十六页。言及十布拓、方尊等，惜不能各出所藏互资平赏。称近日伪作者愈出愈奇，沪上已专有此一种人，广收无字旧器，合数人之力，伪造成文，盖器本原旧，文又工致，目前已不易识，数十百年后恐巨眼者亦不能辨。现在同好有沈仲复、李香严与子山乔梓皆好之而又有力者，见惬心之品便不惜重值购之。近得一师田父卣为三儿购获之，諸文极精，器尤奇古，拓本奉鉴。另缩一图绘于另纸，统乞考示。

七月二十日，陈介祺复五月以来所接吴云各书。谢其所赐书册之富、印石之精。称《封泥考略》始编不久，尚未写毕。云师田父尊真吉金文佳品，当名传卣，并附考释请正。又论及封泥、吴仲饴家藏、潘祖荫藏师遽方尊，附寄瓦器拓三十种、残瓦器拓七十七纸、瓦登拓本十三纸，及汉镜拓、小半两石范拓、砖拓各一纸，附有清目。

八月初一日，致书陈介祺，只言时事。

八月十二日，吴大澂致书陈介祺，求古埍拓本。

八月十八日，以伊犁定界事召对于养心殿。

九月初一日，与惇亲王、恭亲王、醇贤亲王、翁同龢专办中俄交涉事件。

秋间，以新得虢叔钟拓墨寄吴大澂。文与阮、伊二器皆同。

九月初六日，召对于养心殿。

十一月十八日，购顾文彬所藏泥钟，七百金，金提梁卣，六百金。

十二月十九日，致书陈介祺，俄事现尚不至易生枝节，呈寄伐蛟治蝗书，又闻去年所出土埍尽归陈氏，乞赐拓本。

是年，刻《治蝗书》。

是年，李慈铭（莼客）成进士。

王咏霓（子裳）成进士。

王懿荣（廉生）成进士。

沈曾植（子培）成进士。

黄绍箕（仲弢）成进士。

光绪七年辛巳（1881）五十二岁

正月，充国史馆正总裁。十六日，与廷臣宴。二十六日，以俄国就款中外大局，粗定与惇亲王、醇贤亲王、翁尚书，条陈善后五策：一曰练兵，一曰简器，一曰开矿，一曰造船，一曰筹饷。

正月初九日，与翁叔平尚书奏进陈奂《毛诗传疏》。

二月，派阅考孝廉方正卷。

二月间，王懿荣赴山东，返回时，过潍县，住陈介祺家。春间录《南北朝存石目》成，题曰：始自壬戌，迄今辛巳，前后十九年中，探索借读往返商榷者，为胶州匡鹤泉师、吴县潘郑盦师、江阴缪炎之师、潍县陈簠斋太史、诸城尹慈经秀才、会稽赵撝叔大令、吴县吴清卿太仆、光山胡石查户部，考订违合则抉幽隐则大兴孙问羹兵部、铜梁王孝禹工部、永明周罃季编修、会稽章硕卿大令之力为多。利津李竹朋丈、大兴刘子重刑部、绩溪胡甘伯户部、诸城家戟门刑部亦尝有事于此。

二月，吴云致书潘祖荫，奉正月二十二、二十八两次手书，并金器拓本三纸、太和造象石刻一纸。承询南中有无新出金石，近来绝少俊品，好事者多偶出中驷，即不惜重值购去，然此中亦各有金石之缘。去年师田一器，簠斋与公均叹为希世之珍，此器初出已入市贾之手，流转于苏沪二处，无人顾问，幸为寒斋所得。当日若有力者见赏，鄙人安能与争？此犹小品也。盂鼎久镇关中，为宇宙大宝，非左相之力不能得，亦非公之力不可致，可见数千年法物合归何人，固有一定也。现在敝乡新出古砖，颇多类。砖多出于古冢，似亦不宜多积。

三月初三日后，吴云致书潘祖荫，前月二十四日奉到手札二通，附有吉金拓本十四纸。顷又奉续示，悉都中甘霖叠霈，人心大定。言及所惠古剑墨拓、郘公华钟拓本、焦山志彝器图释、张未未桂馨堂诗集、近京出土古币等。称海内金石同志本如天上晨星，落落可数，今子年又弃世，言之慨然。

三月二十一日，致书陈介祺，称收到匋拓四千二百六十三种，希世之奇。俄事幸已就绪，然后患不止一端。吴大澂在吉林与边帅已不洽，亦半年不通书，唯吴云时有书来。附所得古匋八百九纸，古埴三纸，彝器三纸，又一纸。又，附近刻《叶氏诗选》，刻沈西雍《说文古文考》尚未假手。又询有人欲求陈氏拓本全份，闻须三百八十金，是否交东甫处。又从王懿荣处得悉，陈氏得古匋完器七十余，其大如瓮，乞拓本。

四月十一日，寄陆增祥自刻书及拓本，交其子陆蔚庭带去。

四月后，吴云致书潘祖荫，连奉三四两月所发手谕，附有金石各墨本，惠示古匋拓多种，中间埴器字最明显，而阳识一种尤为精绝，作"命司乐作太室埴"七字释文。古砖出土每多残损，兹择其完善而字文较为精整者，敬奉四种，先将拓本附呈。称师田父器，簠老定名传卣，恒轩亦有释文寄来，此器两耳高耸形制甚奇，为从来彝器图中所未见，拟照摹全角专刻单本，簠斋、恒轩释文附录于后。

七月初二日后，吴云致书潘祖荫，六月间接奉手谕，并埴拓五种。称簠斋、恒轩均有书来，极羡尊藏土埴之精，簠斋谓王廉生得其一，执事获其三，称道不置，可见前书所云簠斋虽藏古匋至五千种之多，视此亦当逊席。建议埴本土器中不坚之物，难得遇此流传，亟应摹其形制，专刻一图，前人所称八孔、五孔与雁卵、鸡卵诸说，有此图说，足为经史考据之证。

七月二十三日，为高庆龄撰《齐鲁古印攈序》。

七月，撰《关帝庙碑》文。

闰七月初六日，派考试汉御史阅卷大臣。闰七月初九日，孝贞显皇后梓宫奉移普祥峪，定东陵。闰七月十七日，永远奉安。

八月二十六日后，吴云致书潘祖荫，奉八月二十六日手谕，并币、匋拓本。附呈藏拓八页，得自石门蔡氏，已藏十纽悉数摹刻竣事，并呈考定。太室埙拓转赠赵惠甫一分，赵氏作长跋，录奉鉴正。

十月初六日，派考试汉御史阅卷大臣。

十月二十四日后，吴云致书潘祖荫，称前月杪奉是月二十日手书，顷又奉到二十四日续示。汉光和铜斛拓本，潘氏认为字多而未能精，吴云以为此器久霾于污泥之中，文字致遭剥蚀，然一种朴茂之气，自不可掩，且字数多至二百，尤为汉器中所仅见，此斛与太室埙可为八喜斋中金石双璧。附呈莽新十布拓本全分。

是年，吴云复陈介祺书，辩论洋照之法，称无论放大缩小，原可一丝不走，然用以刻版则可，若留藏则西洋照法皆用药水，数年之后，渐澹渐灭，久之便成没字碑矣。

> 是年，鲍康（子年）（1810 – ）卒。
>
> 魏锡曾（稼孙）（？ – ）卒。
>
> 杨沂孙（咏春）（1812 – ）卒。
>
> 刘熙载（融斋）（1813 – ）卒。
>
> 王必达（霞轩）（1821 – ）卒。
>
> 陈倬（培之）（1825 – ）卒。

光绪八年壬午（1882）五十三岁

二月二十五日，吴大澂致书王懿荣，得郑盦师书，知旌旆还京，亟欲通一缄，以伸积悰。古文字辄置高阁，或数月不触手，《说文古籀补》编至第十一卷，去夏至今未续一字，不知何日成书。新得龟符一、鹿瓦二、拓以奉鉴，余无可呈。

三月，派考试汉荫生阅卷大臣。

四月，派阅考差卷。二十九日，皇太后赏御笔画兰四幅。

四月初九日，致书潘祖谦、吴云，附寄赵烈文拓本百六十纸、寄李鸿裔盂鼎拓片一纸。

六月二十五日，闻师陆增祥卒于十三日，唁其子陆蔚廷。

六月，缪荃孙为潘祖荫跋所藏古埙。

七月二十三日，与宗室麟书查周瑞清云南报销案。

八月，署礼部尚书，派阅考孝廉方正卷。

八月二十四日，潘霨为潘祖荫题古埙拓本。

八月，李慈铭为潘祖荫古埙拓本作跋。

九月，派乡试复试阅卷大臣。

十月初八日，皇太后赏御笔画兰四幅。一年内第二次得慈禧画兰。

十月十七日，吴大澂复陈介祺书，称金文用洋照法，使大者缩小，小者放大，可不失真，惟钩摹人册，须有尊致之心力。又称去夏所编《说文古籀补》，皆以拓本对摹，每书一字，必翻阅原拓，心领神舍，然后下笔，既不能丝毫不爽，而字体尚不致舛误。今已书至十卷，时有间断，再竭一月之力，此书当可告成。

十一月初六日，召对于养心殿，授为军机大臣。

十二月十五日，赐藏香。十八日，皇太后赐御书"松竹并茂"四字。二十七日，召见赐御书"庆蔼迎祥"四字，"岁岁平安"一幅，"延年益寿"二幅。

十二月，刻《士礼居藏书题跋记》，并撰序。

是年，刻沈西庸先生《说文古本考》。

是年，赵之谦为潘祖荫刻"赐兰堂"三字朱文印，潘祖荫两次得慈禧画兰，属刻此印，赵之谦款云不刻印已十年。

> 是年，端方（午桥）成举人。
> 陆增祥（星农）（1816 -　）卒。
> 毛昶熙（煦初）（1817 -　）卒。
> 丁日昌（雨生）（1823 -　）卒。
> 高庆龄（南郑）（?　-　）卒。

光绪九年癸未（1883）五十四岁

正月初二日，吴大澂为潘祖荫题古埙拓本，作韶字说一篇。

正月初七日，汪鸣銮交来《潘绂庭自定义年谱》校订。

正月初十日，与翁同龢、宝钧、李鸿藻、景廉等小集于翁寓。

正月十九日，与翁同龢、李鸿藻赴景廉邸中。

正月二十二日，父曾绶去世。二十四日，上谕追赠三品卿衔，赏银二千两治丧。二月十八日，送棺椁回乡，暂停法源寺。

二月二十五日，郝近垣来求《兰皋先生全集》序，请王颂蔚代笔。

二月二十六日，托吴大衡为弟潘祖年聘叶昌炽为师。三月初八日，叶昌炽收到聘书和聘金二十两。

三月初四日，父曾绶《潘绂庭自定义年谱》付刻，《说文古文考》刻成。本日，丁立诚送来《西泠五布衣诗》、《杭郡诗集》、《西湖丛编》等家刻百余册。

三月十六日，将书箱、书架、书匮件寄法源寺。以金石器物交付王懿荣保管。

四月初四日，收陆心源书及《皕宋楼藏书志》、《十万卷楼丛书》。

四月二十日，扶榇南旋。二十九日，抵苏州。五月初三日，赁屋金太史场。

五月初六日，请叶昌炽到馆。

五月初十日，寄李慈铭《潘绂庭自定义年谱》及二百润金，请撰墓志铭。

五月十一日，三十年未归牧里，巷陌不识，兴隔世之叹。

五月十二日，致书潘霨，托交赵之谦书及父年谱，请撰墓志铭。

五月二十日，叶昌炽到馆课弟祖年，赠之《滂喜斋丛书》。

五月，访李鸿裔，李有诗赠答。

五月，俞樾为潘祖荫题古埍拓本。

六月初一日，陆心源寄子虁兕觥。十九日，赠潘祖荫，以《攀古楼彝器款识》答赠。

六月初七日，致书陈介祺，称四月二十日负枢还乡，二十九日抵里。三十年未归，旧屋人满，赁金太史场，平斋间壁。又言欲以所藏金文目编出，长夏无问，或可成之，此时尚有官闲，若不了此一事，恐将来又复无期，惟此地刻手仅尹姓者尚好，其年已老，校刊之人若不查，廉生皆无坐性，去年装池，托两君经手者，其中部类已轇轕不清，装好再拆，徒费重资。

六月初十日，致书潘霨，托交赵之谦二百润金。

七月初二日，见吴昌硕刻"井西书屋"印，称好。初五日，吴氏来访，赠拓本二十五纸。初六日，称吴昌硕刻印、行草、诗文俱好。八月二十二日、九月二十八日吴昌硕分别又来访。

七月初四日，请王懿荣书墓志铭。

七月初七日，以《说文考异》、《西夏本末》、《墨妙亭碑考》、《乌台诗案》付梓。

夏，沈景成跋潘祖荫古埍拓本。

八月，题舀鼎拓片，该拓片为严惕安同治甲戌十月所得，有甲辰十二月二十二日刘世珩题跋，启功藏。

八月，以直隶山东涝饥捐赈银一千五百两。

八月初十日，得赵之谦书墓志铭，即付刻。

八月十二日起，为俞樾校《茶香室丛抄》。

八月二十一日，陆心源赠宋版巾箱本《九经》。

八月二十六日，陆心源携格伯敦来，赠之毛公鼎拓本。

九月十四日，托李鸿裔请黎庶昌觅日本石刻。

九月下旬，跋明刻欧阳玄撰《圭斋集》，求之三十年始得见。

九月，属族兄潘钟瑞刻朱条生《万卷书屋集》、叶调生《楙花盦诗》、石蔼士《听雨楼诗》、石梅生《葵青居诗》。同月，为族兄潘钟瑞《庚申噩梦记》《姑苏麋鹿记》撰序。

十月，刻徐元叹《徐元叹先生诗残稿》，又属族侄潘志万写刻《百宋一廛赋注》及杨雪渔太史所书《藏书纪要》。二十八日，助直赈千金，为先妣汪太夫人资冥福。

十一月初九日，为周密辑《澄怀录》作跋。

十一月十五日，奉父曾绥灵柩安葬于界石浜。

十一月二十三日，交李鸿裔转交黎庶昌、杨守敬《滂喜斋丛书》一部、《攀古楼彝器款识》一本，答所赠日本碑三及《古逸丛书》。

十一月，序吴大澂《说文古籀补》，称："余八岁，即见阮文达于兵马司后街之邸，以齐侯罍拓本为赐。后为陈颂南师弟子，始为钟鼎文字之学。洎通籍，交海内名流，如刘丈燕庭、陈丈寿卿、吴丈子苾，皆好金石者也，稍稍得闻绪余。同治辛未、壬申年间，官农曹，以所得俸入，尽以购彝器及书。彼时日相商榷者，则清卿姻丈、廉生太史、香涛中丞、周孟伯丈、胡石查大令，无日不以考订为事，得一器必相传观，致足乐也。""余与清卿交最久最深，余弟祖年又清卿之侄婿也。余谓清卿振荒如富彦国，治军如戚元敬，而其于金石彝器文字之好，又不止如吕大临、瞿耆年、赵明诚、薛尚功、王俅也，不亦盛哉。"

十二月初八日，父墓志铭刻成，寄玉壶碧弘盖、五彩壶彩盖赠赵之谦，以谢其作铭并书及篆盖。

十二月初十日，赠叶昌炽新刻《韵补》、叶调生《梅花庵诗集》，十四日，赠绩溪胡氏著书三种。

是年，所刻尚有《刘贵阳经说》、《日本金石年表》。《日本金石年表序》称："余尝撰《海东贞石志》，计二百余种，凡新罗、百济、高丽石刻略备。其锦山摩崖，先秦以上物也。此年表乃日本金石从来无人著录，计五百余种，亦云多矣。黎莼斋以赠眉生，眉生以示余，爰取而刻之，以广异闻。"

> 是年，张预（子虞）咸进士。
> 吴云（平斋）（1811－）卒。
> 潘曾绶（绂庭）（1810－）卒。
> 高心夔（伯足）（1835－）卒。
> 邵亨豫（汀生）（1817－）卒。
> 载龄（鹤峰）（？－）卒。

光绪十年甲申（1884）五十五岁

正月十一日，得吴郁生所赠艺芸宋本。

正月十二日，撰《说文古本考序》。曰："西雍先生与余家有盛意。余于道光咸丰间曾屡见之。其所著甚富，经史小学，诗古文词，不减小长芦也。刊本行世者，有《论语孔注辨伪》、《常山贞石志》、《十经斋文集》、《柴辟亭诗集》、《交翠轩笔记》、《瑟榭丛谈》、《铜熨斗斋随笔》、《匏庐诗话》。又与翁叔均广平合辑《天下古今金石家目录》，余尝见其稿本，今不知所在矣。"

正月三十日，将书版交族兄潘钟瑞保存。

二月，刻《小草诗钞》。

二月初一日，得黎庶昌赠《古逸丛书》。

二月初一日，吴昌硕为潘祖荫题古埙拓本。

二月十八日，寄吴大澂拓本，寄潘霨、赵之谦《小浮山人闭门集》。

二月二十八日，赠叶昌炽《杨秋室集》、《东瀛诗选》、《卫生家宝产科备要》。

三月初一日，属叶昌炽撰《王孝子祠堂碑记》及其诗集序。

三月初八日，《百宋一廛赋注》、《藏书纪要》二书印成二十部。

三月初九日，属叶昌炽删定《无事为福斋笔记》，将以付刊。

三月十一日，还李鸿裔日本金石十九轴、《中论》。叶昌炽为潘祖荫校《李南涧集》，称"南涧古文非所长，而精于金石目录之学，集中《琉璃厂书肆记》及金石诸篇皆卓然可存也"。

三月十二日，属叶昌炽代撰《会稽王孝子庙碑记》。

三月，序吴云《两罍轩尺牍》，称："荫自少好金石之学，平生所与商榷者，沈文忠师、陆星农师、鲍子年丈、李竹朋丈、陈寿卿丈、吴平斋丈数公而已。吴丈以姻亚，故与吾家为密。荫弟祖颐，丈女婿也。十余年来，月必三四通问，即少亦一二往返也，金石外无一语他。及荫长秋曹，案牍事冗，日不暇给，始少疏，然一年间亦音问四五。癸未春，荫奉父潘曾绶讳南归，而丈于正月十一日下世矣。荫僦居之屋与丈邻，翰墨如新，人已不可见矣。悲夫！二十年来，沈、陆两师，鲍、李两丈，先后下世，今惟寿卿丈在耳。"

三月，潘钟瑞为潘祖荫题古埙拓本。

四月，患目疾，屡治愈剧，至冬始渐瘳。

四月初六日，示叶昌炽抄本《唐子畏题画诗》、周玄暐《泾林续记》，属其校刊《平定罗刹方略》。

四月十二日，《南涧集》、《半毡题跋》、《平定罗刹方略》、《无事为福斋随笔》刻竣。

四月十五日，陈介祺致书王懿荣，称"郑盫尚书处，昔以有所言未留意，不再渎。今家居，若续文字旧好，由苏寄烟台裕隆德行，交潍栈信足，甚便"。

五月十五日，属叶昌炽校刻王绍兰著《南陔经说》、《周人经说》各三册。

闰五月初十日，撰《马贞烈女碑》。六月初六日，刻成。

闰五月十六日，属叶昌炽刻《广阳杂记》，刘献廷继庄撰，刊本两巨册十四万字有奇，赵之谦传录本。

闰五月二十三日，托费念慈购仿宋刻《楚辞集注》、《程子易传》、蜀本《尔雅》到。

闰五月二十六日，属叶昌炽刻《西清日记》两卷。

闰五月二十七日，叶昌炽费念慈取归仿宋台州本《荀子》、《寰宇记补阙》，属购。

六月初六日，属叶昌炽刻沈文恪《西清笔记》，万余字，刻赀约十五千文，张秋水《冬青馆古宫词》，四万六千余字，刻赀约七十千文。

六月十一日，属叶昌炽刻《泾林续记》，并代撰跋。

六月十三日，致书王懿荣，目疾不愈，近刻寄去，来书务作大字。

六月十五日，赠叶昌炽《晋汤君神道题字石刻》。

六月二十三日，赠叶昌炽《孔仙残碑》拓本，有阴，是碑新出曲阜，藏海丰吴氏，近人无著录者，唯其目见于《天下碑录》及《宝刻丛编》，文无考。

六月二十四日，赠叶昌炽《刘平国石刻》，是碑施均甫得之赛里木，前无著录者。

七月十八日，致书王懿荣、吴重憙，书一箱，包括《墨妙亭碑目考》、《眉山诗案》、《咫进斋丛书》、《乙巳占》、《伏敔堂诗录》、《说文古本考》、《闭门集》、《滂喜斋丛书》八函。陆心源来，未见，送《滂喜斋丛书》。

七月二十日，示叶昌炽新得《飞龙城古碑》，其文非篆非隶非楷，疑是女真字，即取《萃编》所摹《郎君行记》校之，笔法殊不类。碑在今盛京英额边门外鲜围场海龙城北六里山颠，五行二十余字不等。

七月二十二日，示叶昌炽《高句丽王碑》。

八月十九日，寄赠缪荃孙《滂喜斋丛书》四函、《说文古本考》、《士礼居题跋》、《眉山诗案》、《墨妙亭碑考》。

八月，捐赈直隶山东一千五百两。

八月，吴大澂派尹伯圜专程往潍县，协助陈氏后人料理簠斋藏印。

九月初一日，示叶昌炽《朝鲜锦山摩崖》拓本，尚是秦以前古文。

九月初五日，示叶昌炽宋拓《夏承碑》及小蓬莱馆宋拓汉魏五碑，皆希世之本。

九月初七日，示叶昌炽《梁永阳昭王》及《永阳敬太妃墓志铭》合装一册。《敬妃铭》仅见《古刻丛钞》，而《昭王》一刻则金石家无著录者。两碑书法方流圆折，精劲无匹，观此知南北书派本出一原。

九月十七日，得黎庶昌寄日本史、《一切经音义》。

九月十九日，赠叶昌炽《三老碑》拓本，石在余姚容星山，咸丰二年出土。

九月二十九日，尽出所藏，延叶昌炽编藏书目。

十月初二日，得知赵之谦去世。初九日，寄唁信。

十月二十一日，汪鸣銮寄赠吴大澂云峰山各拓本。

十一月，撰《说文解字校录跋》。

十二月初三日，托王懿荣致信翁同龢，附《马贞女碑》，索诗文。

十二月初九日，属叶昌炽弋撰《焦尾阁□集序》。

十二月十七日，示叶昌炽陶器拓本十册，皆青州新出土者，日照丁艮善有考释一首。陈簠斋收藏至万余，有大如屋者。王廉生亦有千余件。

十二月二十日，潘钟瑞属刻书，辞以力不能及。赠叶昌炽润金百。

十二月二十一日，示叶昌炽宋拓《崔敦礼碑》、《李卫公碑》、《姜遐断碑》，又欧碑四种：《温虞恭碑》、《化度寺》、《皇甫》、《九成》。

十二月二十六日，俞樾赠潘祖荫日本空海墨刻卷及印泥。

十二月二十八日，示叶昌炽所藏古埙拓本，叶氏作跋。同日，文小坡乞书并索题，赠香光山水、煦斋奏草，以向不收字画却之。

是年，以旧日所刻汇为《滂喜斋丛书》四集。刻《功顺堂丛书》。得北宋本《广韵》、南宋本《竹友集》。是年之前撰《蕙西先生遗稿序》。

是年，徐昌绪（琴舫）（1818－）卒。

陈介祺（簠斋）（1813－）卒。

周星誉（叔云）（1826－）卒。

赵之谦（撝叔）（1829－）卒

光绪十一年乙酉（1885）五十六岁

正月十四日，叶昌炽编《滂喜斋藏书志》初成，一百三十五种，京邸书待续编。又，见俞樾，托寄丁丙《滂喜斋丛书》、《功顺堂丛书》各一部。

正月间，赠叶昌炽《管子纂诂》，赠李鸿裔《皕宋楼藏书志》、《咫进斋丛书》、《藤荫杂记》、《蜀輶日记》、《武林掌故》、《国朝文征》、《蛾术编》等书。

正月二十七日，赠曹元弼《金石萃编》。

二月间，赠叶昌炽《尔雅义疏》、《山海经笺注》、《一切经音义》、《癸巳类稿》等书。又赠李鸿裔《尊闻居士集》、《支遁集》及《琴操》。

二月二十三日，费念慈来叶昌炽处，属求潘祖荫题跋所藏赵孟頫《胆巴碑》，许文格旧藏。

二月二十四日，为费念慈藏《胆巴碑》拓本撰跋。

二月二十五日，《春秋左氏传补注》刻成，赠李鸿裔红印本。

二月二十八日，托叶昌炽向费念慈借《校礼堂集》。俞樾来借《丹泉海岛录》。

三月初一日，赠叶昌炽戴子高著《谪麟堂集》。

三月初二日，属叶昌炽刻《说文古籀疏证》。

三月初，晤姚觐元，见其藏金石，为其著《涪州石鱼文字所见录》撰序。

三月初七日，示叶昌炽《石鱼题名考释序》，石鱼在涪州江中，涸方得拓。姚彦士为川东道时拓得宋元人题名百许种，为之考释，而潘祖荫为之序。

三月十一日，钮树玉《说文解字校录》刻成，分赠李鸿裔、叶昌

炽。属叶氏代题《乔梓京兆图》

三月十三日，《论语孔注辨伪》刻成。陆心源来访，不值。陆赠新刻《秋室集》、《仪礼古今文异同》、《三续疑年录》，以后两者转赠叶昌炽。次日，以《功顺堂丛书》等答赠陆心源。

三月十六日，为俞樾写《茶香室续钞》书面。

三月二十一日，叶昌炽赠铁华馆刻《文子》、《列子》、《群经音辨》、《新序》。

三月二十四日，在姚觐元处见宋刻《通鉴》大字残本、《纪事本末》小字残本、《江湖小集》，元刻《玉山草堂集》，又藏伏波铜鼓，有阳文八字。

三月，吴大澂购得福无疆钟、子璋钟。

四月初一日，得陆心源信及师望鼎拓本。赠叶昌炽梨馆石刻一本、朱文公上时宰二札。

四月初八日，属唐仁斋送到《石湖田家杂兴诗石刻》，石在楞伽文穆祠。

四月十八日，以书架六座、藏书数百卷、铁花丛书板寄存叶昌炽处。

四月二十四日，挈眷北上。"舟行无事，以李紫璈所赠《高丽广开土境王碑》阅一过，以眉生札粘上。此碑去冬为眉生跋，此本较余本多二百余字"。

四月二十八日，抵大沽口，丁汝昌、方伯谦来见。与李鸿章、吴大澂等见于局。

四月二十九日，与吴大澂、李鸿章长谈。

五月初四日，到京。初十日，递折请安。召见于养心殿，署理兵部尚书，仍在南书房行走。

五月十九日，见王懿荣，以南旋所刻书分赠友朋，以郝懿行书赠叶昌炽。

六月初二日，寄赠吴大澂、李鸿章《功顺堂丛书》。

六月初三日，叶昌炽在潘祖荫处见榷场本《醴泉铭》，文渊阁库装。

六月十四日，叶昌炽得荔裳讣，拟南归。潘祖荫以长途酷暑，只身不妥，属与潘霨同行。

八月初五日，属叶昌炽校刻《范石湖诗集注》。

八月初六日，充顺天乡试正考官。

八月，撰《玄天观碑》文。

十月初九日，购袁氏旧藏元板书，朱泽民《存复斋集》、《中吴纪闻》、《颜山杂记》、《陈伯玉集》、元板《瀛奎律髓》。

十月，吴大澂出《恒轩所见所藏吉金录》，即贻同好。青铜器一百三十六种，其中商周青铜器九十五种，兵器两种，秦汉以后三十九种，分所藏、所见、所集三类，器图出自吴氏本人手绘，颇为精妙，惟编次不分朝代，无大小尺寸，有释文者仅盂鼎一器。所见器凡九家：潘祖荫、三原刘氏、蒲城杨氏、岐山宋氏、李慎、王懿荣、袁保恒、方元仲、蒋凤藻、吴大澂共十家。自序曰："余弱冠喜习绘事，不能工。洎观翰林，好古吉金文字，有所见辄手摹之，或图其形，存于箧，积久得百数十器，遂付剞劂氏，拟分二集，以所见所藏，标其目，略仿《长安获古编》例，而不为一家言，其不注某氏器者，皆潘伯寅师所藏，此同治壬申、癸酉间所刻也。"

十一月十五日，撰《福荫紫竹院碑》。

十一月，撰《说文古籀疏证跋》。

十一月二日，叶昌炽得潘祖荫书、房山涿州经幢六种，积古李峻所拓。

十一月二十九日，补授工部尚书。

十二月初四日，派管理火药局事务。

十二月十四日，赠王懿荣十行本《尚书注疏》。

十二月二十五日，吴大澂赠点石斋制盂鼎拓本。

是年，吴大澂乞潘祖荫题端芝堂额。

　　是年，左宗棠（季高）（1812－）卒。

　　李鸿裔（眉生）（1831－）卒。

光绪十二年丙戌（1886）五十七岁

正月初一日，江标为叶昌炽贺岁，赠以《盂鼎拓本》一通，此器藏滂喜斋尚书秘之物，非至契不能得。

正月十六日，叶昌炽访培卿，托寄潘祖荫书。培卿以《说文古籀补》、《恒轩吉金录》、盂鼎拓本见赠。

二月初五日，吴大澂至铁岭县，县令陈鹤舟士芸来见，鹤舟曾任怀仁县，询以怀仁有《高丽王碑》，距城百数十里，在深峡中，碑高不能精拓。鹤舟赠拓本一分，字多清朗，文理不甚贯，盖以墨水廓添之本，与潘伯寅师所藏拓册，纸墨皆同。十三日，见宋拓《郭有道碑》剪贴本。

二月十五日，与翁同龢等会奏请祀顾炎武、黄宗羲于孔庙，上驳。

二月二十六日，扈跸东陵。

二月二十日，叶昌炽访江标，见其所得齐《天保口年麦伏奴造像》，高五六寸。又出其新得吉金拓本，皆退楼、恒轩物也，间有滂喜斋者。又假归隋《淳于俭墓志铭》一纸。

二月下旬，为王石经《甄古斋印谱》撰序。称："簠斋丈曾属西泉为余刻印。今年始遇于都门，复为刻数枚。西泉之印，近今无第二人。"

三月十二日，吴大澂考释邵钟。

三月十八日，派查估河道大臣，偕敬子斋侍郎。李文田来借四欧碑。

四月初四日，派查估天坛等处工程。初十日，派盘查银库。十七日，派查会试复试阅卷大臣。十九日，派散馆阅卷大臣。二十日，派殿试读卷大臣。二十九日，派朝考阅卷大臣。

四月初五日，吴大澂释毛公鼎，此间，多题钟鼎等。

四月十二日，属叶昌炽刻钱大昕校本《安南志略》。

五月初三日，赠沈曾植、沈曾桐庄证、范注两书。

五月十二日，陆心源寄赠《石林奏议》，即以庄、沈、《东古文存》答之。

五月，派查估沟渠，仍同敬子斋侍郎。

六月初六日，派阅各省拔贡卷。十三日，出闱。

七月中旬至八月初，吴大澂大量释鼎敦等，并多书写释文。

七月，方浚益为潘祖荫跋古埙第二埙。

九月初六日，与王懿荣长谈。

九月二十三日，李文田借《安南志略》、《辍耕录》。

十月，充会典馆副总裁。

十一月十二日，偕敬子斋侍郎前赴东陵。十八日，回京。

十二月十六日，吴大澂登泰山，暮色苍茫中手拓秦石。

十二月，派承修宝泉局工程、内仓工程。十二月二十二日，派管理沟渠河道大臣。

是年，沈曾桐（子封）成进士。

冯煦（梦华）成进士。

光绪十三年丁亥（1887）五十八岁

正月十五日，德宗亲政。

二月初五日，吴大澂抵达香港。以新得八字真钵告王懿荣，乞告郑盦师勿为刘估所绐。初九，接印，任广东巡抚。

二月，派西陵随扈大臣。二十五日，派考试汉御史阅卷大臣。

三月初六日，扈跸西陵，出都。十五日，回京。十七日，派查估雍和宫工程。

三月十九日，派先农坛演耕。沈曾桐来，赠沈氏兄弟《功顺堂丛书》各一部。

三月二十日，吴大澂与侄本善书，将箧中所携碑刻，陆续检送叶昌炽处，属其续编金石记。时，吴大澂任广东巡抚，师门继格为将军，亲家张之洞为总督，表弟汪鸣銮为学政，汪幕中有叶昌炽、江标，吴大澂门人王同愈亦相随左右，者公者皆博览群籍，笃好金石文字。（《吴愙斋先生年谱》）

四月二十日，派查估公用库工程。二十五日，派管理八旗官学大臣。

闰四月二十四日，属骏生抄《经籍访古志》目录。

闰四月，吴大澂与侄本善书。徐熙新得鼎敦，先寄拓本一阅，问一实价。

五月二十六日，属骏生校吉肯所刻《左氏读本》，以付官学。

六月初四日，书商持来宋板《诸臣奏议》，与之讨价。

六月二十三日，寄吴大澂河间辽经幢、《金石学录补》、《温虞集联》、《月季花谱》。

七月十四日，吴大澂以《集古图》卷请王懿荣、盛昱为之题识。王懿荣题曰："清卿前辈性好金石，垂三十年，集其所得彝器，拓为长卷，而以小像冠于首，左右箴铭，俨若数十圣人列于前后，令人肃然起敬。"盛昱题曰："同治光绪以来，士大夫收蓄古器之富，以吴县潘文勤师为最，所刻攀古楼款识，特百分之一耳。文勤购集甚力，间有轶出，乃为清卿前辈所得。"

八月初三日，潘祖年得一子，名树薹，字字甫，号孟多。

八月二十五日至二十九日，与翁同龢联衔拟封奏，其间走漏，伯寅疑翁走漏，使改写之。二十九日，递封奏。

九月初四日，奉旨兼管顺天府尹事务。

九月初十日，属刘佛青代撰王南陔《说文段注补》序，赠之《功顺堂丛书》。

十一月二十三日，小宇送来钱杜刻梅印、梅花喜神馆木印。

十二月二十二日，赏南书房太监一百二十两，近于挥霍。

十二月，致族兄潘钟瑞，属拓虎阜古石刻。

是年，撰《宏恩观碑》文。

是年，延煦（树南）（1828－）卒。

周家楣（云生）（1835－）卒。

光绪十四年戊子（1888）五十九岁

二月二十日，邀沈曾植、盛昱、王颂蔚、冯煦、黄绍箕共饮。

三月初十日，撰《虎阜石刻仅存录序》。序曰："金石虽坚，不如楮墨之寿于世也，则此录岂可少哉？"

四月十七日，派阅考差卷。二十一日，派督修銮驾库工程。

八月初七日，兼署户部尚书。初八日，派管理沟渠河道大臣。二十八日，派宗室乡试复试阅卷大臣。

八月，撰《说文段注订补序》。

九月，派顺天乡试复试阅卷大臣，充武乡试监临。

十月初四日，康有为来书求见。初八日，见之。十七日，出闱。再见康有为，教以熟读律例，赠之八金，并允为其伯祖友康国器撰墓志铭。十月十三日，康有为欲见翁同龢，遭拒。

十月初六日，潘祖年得一女，名慎淑，字曼寿。

十一月初五日，王颂蔚至叶昌炽处，携到《好太王碑》及经幢拓本十种。《好大王碑》不如潘祖荫藏本之精。王颂蔚云：郑盦本用墨描画，非庐山真面目也。

十一月十五日，邀叶昌炽、李文田、黄国瑾、盛昱、王仁堪、刘佛青、冯煦、王懿荣、黄绍箕、王颂蔚饮，并观埃及古碑、红崖古字、唐吐蕃会盟碑及日本、高丽各刻。畅谈至末刻，叶昌炽复偕黄国瑾赴厂肆，购经幢五种、曹良甫《昰云阁集》一部。黄国瑾见示《唐故荥阳郑府君夫人博陵崔氏合袝墓志铭并序》。

是年，谭宗浚（叔裕）（1846－）卒。

光绪十五年己丑（1889）六十岁

正月二十日，邀王懿荣、张度、刘岳云、王颂蔚、黄绍箕、黄国瑾、沈曾植、沈曾桐、许玉瑑、李文田、王仁堪、叶昌炽、汪鸣銮、冯煦等共饮，出示盂鼎及新出土大、小克鼎及中师父鼎诸器。

二月十四日，派阅各省乡试复试卷。十八日出闱。二十四日，派补复试阅卷大臣。

二月十八日，赠黄国瑾《好太王碑》。

二月十九日，邀汪鸣銮、许三瑑、江标、徐琪、王懿荣、冯煦、刘岳云、沈曾植、沈曾桐、叶昌炽等，校《通鉴辑览》。次日，再集校书。

二月十九日，张荫桓从美使馆致书潘祖荫，时潘祖荫欲觅埃及石幢拓本，张荫桓知美博物院有埃及石碑，然西人不谙捶拓之法，遂以石膏和灰复制一石相赠，张氏以无款铜卣答谢。又西人缩制埃及石幢，拓寄一纸。又波斯文一纸，波斯使者所赠。又于友人家见一铜器，墨西哥文字，略如镜铭，友人允假一拓。又西班牙画院见一石像，背镌数十字，颇类石鼓，函托驻日参赞与商拓。

二月二十日，赠叶昌炽新得鼎拓本一通，出示古铜造象共数十龛，皆六朝唐时物，精妙不可思议。又见埃及古文，其石在法国巴黎斯城，以影照法缩于片纸，其文有如鸟，有如兽者，有如刀者，有如弓矢者，皆三代以前象形字。又云甘肃某地有山穴，列石碑数千，皆西夏国史，即用其国书，无能识者。叶昌炽藏《西夏国书碑》一通，潘祖荫认为是感通寺安国佑民碑，《张介侯集》及《铁桥漫稿》皆有跋。黄仲弢以京钱五千文得吴子苾家金器拓本百余通。

二月二十二日，皇太后将归政，以前任军机大臣，奉懿旨交部议叙。二十八日，奉懿旨赏加太子太保衔，又以工部堂官，赏加二级。

三月二十四日，张荫桓致书潘祖荫，仍为寻海外拓本。

三月，充会试副总裁。

四月初十日，取中叶昌炽。

四月十九日，派散馆阅卷大臣。二十日，派殿试读卷大臣。二十九日，派朝考阅卷大臣。

五月初四日，陈季同致书潘祖荫，谈埃及石幢。

五月初五日，撰《孝子齐占魁碑》文。

五月，吴大澂新得《金刚经》，款署苏公，纸系北宋。

六月初二日，赠叶昌炽克鼎拓本一纸，属叶氏为释文。六月四日，叶昌炽作《克鼎考》。

六月二十五日，邀汪鸣銮、王懿荣、费念慈、叶昌炽、江标共饮，出示所集克鼎释文。

六月，派优贡朝考阅卷大臣。

七月，充顺天乡试监临。

七月十九日，叶昌炽来辞行。

八月，吴大澂《古玉图考》著成。

九月，派查估太和殿等处工程，承修祈年殿工程。二十五日，派顺天乡试复试阅卷大臣。

十月初四日，潘祖年回京。

十月十四日，顺天府奏江浙水灾，各拨银一万两助赈。潘祖荫自捐银一千两。是日，充武乡试监临。二十日，出闱。

是年，费念慈（屺怀）成进士。

光绪十六年庚寅（1890）六十一岁

正月，派随扈查道大臣，派管理沟渠河道大臣。

闰月十四日，扈跸东陵。二十六日，派阅卷各省乡试复试卷。

三月十四日，观南宋黄善夫刻本《后汉书》，并撰识语。

四月二十二日，访叶昌炽。二十八日，叶来谒谢。

四月二十九日，延叶昌炽为弟祖年课读。

四月，派会试复试阅卷大臣，散馆阅卷大臣，朝考阅卷大臣。

四月，为门生廖平《左氏古经说汉义补证》、《春秋公羊经传补证》两书撰序，有"加十年之功，当必有进于此者"勉之。

五月初三日，邀仲约、可庄、廉生、冠生及屺怀、建霞、木斋、芸阁、蒲孙、刘佛卿、吴硕卿、许少鹤同坐，出示《平百济碑》、《刘仁愿碑》。《平百济碑》笔意极似郑文公碑，字体大小亦仿佛。

五月二十一日，属叶昌炽代撰《说文部目订读序》。

五月二十七日，叶昌炽见潘祖荫，新得埃及残石拓本，美国斐尔士所藏。张祖翼逖先游泰西主其家见之，乃古时石椁，仅存残石二片，文字奇古，尚在希腊以前四千余年物也。张君欲打本，斐尔士恐损石，初拒不允，张君告以中国碑版所以流传甚远者，皆毡蜡之功，始拓约十余通，此本黄仲弢从张君乞得，以转赠潘祖荫。

六月，京师霪雨成灾，与顺天府尹陈彝会奏灾情，请调拨钱粮、开设粥厂。

七月初二日，顺天府奏开厂。是月，以后各属饥民至京师就食者，络绎于门，皆遣弁送广仁、资善各堂，及安平公所插，函请各省官绅募银助赈，前从自捐银，亦无虑，数千两，每遇各属禀报灾状，辄呜咽流涕。

七月十七日，赠叶昌炽陆存斋著《仪顾堂题跋》四册，即命代作一序。又赠阮文达《广陵诗事》二册。

七月二十八日，以家藏石刻拓本数十通赠叶昌炽，内隋刻三种尤精，经幢二通亦向所未收者。

八月初二日，梁杭叔来叶昌炽处，称李云从将赴晋省拓碑，闻潘祖荫有新辑《山右金石志》，属借录一目。

八月初三日，叶昌炽从潘祖荫处借《山右金石志》，灯下疾阅一过。旧者皆采自《水经注》及欧、赵诸录，新者则据府县志。又分碑碣、幢柱、造象各类义例，甚陋，惟著录经幢颇多。

八月十七日，叶昌炽以《藏书纪事诗》呈潘祖荫，谓宜分类以示区别，注繁宜删节，并欲付刻。

七至十月间，忙于赈灾，属叶昌炽阅卷、代撰序文，有孔绣山诗文集序、双桐书屋诗剩序、古文孝经荟解序等。

八月初五日，续奏顺属灾区太广，饥民众多，转瞬严寒，再赏给粳籼米十万石，由京仓拨给。

八月十六日，为树荦聘嘉定徐颂阁侍郎郙之女。

九月二十六日，顺天府奏大兴县境内灾民较多，添设青云店、岳家务两处粥厂，户部再拨经费，银二千两并拨京仓米八千石，潘祖荫等饬属妥为散放，以恤灾黎。

十月十五日，再疏请拨银米，再赏给京仓漕米五万石，以备冬抚之用。二十三日，忽感寒身，热汗出不止。是夜，犹强起入直。二十五日，查验火药局，归即作喘。二十六日，喘益甚，始具折请假，延医诊治，服疏散之剂。二十七日，热解而喘如故，汗下如雨，隐几假寐，梦中喃喃所言，皆赈事。三十日，自知病不起，陈六舟京兆来视疾，谆谆以公事相托，且曰：吾其为周小棠乎？盖周公亦以任京兆时，办赈尽瘁而殁者也。申刻痰声骤涌，酉刻遂薨。

十一月初二日，遗折上。德宗谕："工部尚书潘祖荫，学问渊通，才猷练达。于咸丰年间由翰林入直南书房，垂四十年，勤劳最著。历受先朝知遇，叠掌文衡，洊升卿贰。朕御极后优加倚畀，擢任正卿，加太子少保衔，在军机大臣上行走。丁忧服阕，补授工部尚书，并兼管顺天府府尹，加太子太保衔。本年近畿水灾，尽心筹画，劳瘁不辞。前以偶染微疴，赏假调理，遽闻溘逝，轸惜殊深。赏给陀罗经被，派贝勒载滢带领侍卫十员，即日前往奠酹。赏银二千两治丧，由广储司给发，加恩晋赠太子太傅，照尚书例赐恤。任内一切处分，悉予开复。应得恤典，该衙门察例具奏。伊弟潘祖年著赏给郎中，分部学习行走。伊子潘树荦著赏给举人，准其一体会试。其灵柩回籍时，著地方官妥为照料，用示朕笃念荩臣至意。钦此。"内阁奏谥法，朱笔圈出文勤。

十一月十九日，翁同龢撰挽联：金石录十卷人家，叹君精博；松陵集两宗诗派，剩我孤吟。

十二月初六日，发引出殡。都中上自王公百执事，下至舆吏小民，咸叹息出涕。时饥民流转京师者数万人，闻之痛哭，声震郊野，盖近百年来公卿薨逝未有能得人心如此者。

光绪十八年三月十九日，归葬于吴县茭白荡。

是年，仓景愉（少坪）（1816 – ）卒。

孙诒经（子授）（1826 – ）卒。

倪文蔚（豹岑）（1823 – ）卒。

参考文献

一

鲍康:《鲍臆园丈手札》(刻本),《滂喜斋丛书》,吴县潘氏京师刊本(同治光绪间)。

鲍康:《观古阁泉说》(刻本),国家图书馆藏(同治光绪间)。

陈介祺:《致潘祖荫手札》(稿本),国家图书馆藏(同治光绪间)。

缪荃孙:《艺风堂金石文字目》(刻本),国家图书馆藏(光绪三十二年)。

潘世恩:《思补斋诗集》(刻本),国家图书馆(道光三十年)。

潘祖荫:《东陵日记》(刻本),国家图书馆(光绪间)。

潘祖荫:《芬陀利室词》(刻本),国家图书馆藏(光绪二十四年)。

潘祖荫:《功顺堂丛书》(刻本),国家图书馆(光绪间)。

潘祖荫:《潘伯寅致陈簠斋书札》(稿本),国家图书馆藏。

潘祖荫:《潘刻五种》(刻本),国家图书馆(光绪九年)。

潘祖荫:《潘文勤公书札》(致王懿荣、汪鸣銮、缪荃孙)(稿本),国家图书馆藏。

潘祖荫:《潘文勤公书札》(致吴重憙)(稿本),国家图书馆藏。

潘祖荫:《潘文勤公奏疏》(刻本),国家图书馆藏(光绪间)。

潘祖荫：《攀古楼金文目》（稿本），国家图书馆藏。

潘祖荫：《攀古楼彝器款识》（刻本），国家图书馆藏（同治十一年）。

潘祖荫：《滂喜斋丛书》（刻本），国家图书馆藏（同治至光绪间）。

潘祖荫：《滂喜斋试帖》（刻本），北京大学图书馆藏。

潘祖荫：《秦輶日记》（刻本），国家图书馆藏（光绪间）。

潘祖荫：《沙南侯获刻石释文》（刻本），国家图书馆藏。

潘祖荫：《沈阳纪程》（刻本），国家图书馆藏（光绪间）。

潘祖荫：《西陵日记》（刻本），国家图书馆（光绪间）。

潘祖荫：《郑庵所藏泥封》（石印本），国家图书馆藏（光绪二十九年）。

潘祖荫：《郑盦书札》（致胡澍）（稿本），国家图书馆藏。

潘祖荫：《郑盦遗书》（刻本），北京大学图书馆藏。

潘祖荫等：《四家书札》（稿本），国家图书馆藏。

潘遵祁：《大阜潘氏支谱》（刻本），国家图书馆藏（同治九年）。

《清代名人书札》（稿本），北京师范大学图书馆藏。

王仁俊：《壶公师考释金文稿》（稿本），国家图书馆藏。

王懿荣：《王廉生书札》（稿本），国家图书馆藏。

王懿荣：《王廉生致陈簠斋书札》（稿本），国家图书馆藏。

王懿荣：《王文敏公书札》（稿本），国家图书馆藏。

王懿荣等：《八家诗翰书札》（稿本），国家图书馆藏。

王懿荣等：《诸家致潘伯寅、潘绂庭书札》（稿本），国家图书馆藏。

吴大澂：《攀古楼藏器目》（稿本），重庆图书馆藏。

吴大澂：《吴大澂书札》（稿本），国家图书馆藏。

吴云：《吴云、胡澍、吴大澂等书札》（稿本），国家图书馆藏。

叶昌炽：《滂喜斋藏书志残稿》（稿本），国家图书馆藏。

张德容:《二铭草堂金石聚》（刻本），国家图书馆藏（同治间）。

二

蔡洛冠:《清代七百名人传》，中国书店，1984。

陈介祺:《秦前文字之语》，齐鲁书社，1991。

董玉灿等:《清季洪洞董氏日记六种》（影印本），北京图书馆出版社，1997。

郭嵩焘:《使西纪程》，辽宁人民出版社，1994。

黄丕烈:《士礼居藏书题跋记》（影印本），国家图书馆藏。

梁启超:《清代学术概论》，上海古籍出版社，1998。

梁启超:《饮冰室合集》，中华书局，1936。

梁启超:《中国近三百年学术史》，商务印书馆，2011。

李鸿章:《李文忠公全集》，商务印书馆，1921。

罗振玉:《罗雪堂先生全集》，文华出版公司，1958。

闵尔昌:《碑传集补》，江苏广陵古籍刻印社，1984。

缪荃孙:《艺风堂友朋书札》，上海书画出版社，1980。

莫友芝:《宋元旧本书经眼录 郘亭书画经眼录》，中华书局，2008。

欧阳修:《欧阳修全集》，中华书局，2001。

潘祖荫:《八囍斋随笔》（铅印本），国家图书馆藏，天津文祐堂书籍铺，1936。

潘祖荫:《己丑恩科乡试监临纪事》（影印本），北京大学图书馆，吴县潘承弼陟冈楼，1944。

潘祖荫:《潘文勤金石手札钞》（与方濬益），燕京大学考古学社社刊，1937。

潘祖荫:《滂喜斋藏书记》（铅印本），北京大学图书馆藏，1924。

潘祖荫:《郑盦书札》（与陈介祺），《中国历史文献研究集刊》

（第三集），岳麓书社，1983。

潘祖荫：《郑盦诗文存》（影印本），国家图书馆藏，1944。

潘祖荫等：《古埍考释》（影印本），国家图书馆，吴县潘承弼《陟冈楼丛刊甲集》（之一），1943。

阮元：《揅经室集》，中华书局，1993。

阮元：《积古斋钟鼎彝器款识》，商务印书馆，1937。

《石刻史料新编》（影印本），新文丰出版公司，1977。

孙殿起：《琉璃厂小志》，上海世纪出版集团，2011。

王伯恭：《蜷庐随笔》，文海出版社，1993。

王崇焕：《清王文敏公懿荣年谱》，台湾商务印书馆，1986。

王国维：《王国维遗书》，上海古籍书店，1983。

王石经：《甄古斋印谱》，西泠印社出版社，2012。

王同愈：《栩缘随笔》，上海古籍出版社，1998。

王懿荣：《王文敏公遗集》，南林刘氏求恕斋刊，1923。

翁同龢：《翁同龢日记》，中华书局，1989。

吴大澂：《吴愙斋尺牍》（影印本），商务印书馆，1938。

吴云：《两罍轩尺牍》（刻本），《近代中国史料丛刊》（第二十七集），文海出版社，1966。

徐珂：《清稗类钞》，中华书局，1986。

许慎：《说文解字》，中华书局，1963。

《续修四库全书史部金石录》，上海古籍出版社，2002。

杨守敬：《杨守敬集》，湖北人民出版社，1988。

叶昌炽、柯昌泗：《语石·语石异同评》，中华书局，1994。

叶昌炽：《藏书纪事诗》，北京燕山出版社，1999。

叶昌炽：《缘督庐日记》，吉林文史出版社，2011。

张鸣珂：《寒松阁谈艺琐录》，上海人民美术出版社，1988。

张荫桓：《张荫桓日记》，任青、马忠文编，上海书店出版社，2004。

张之洞：《张之洞全集》，苑书义编，河北人民出版社，1998。

赵尔巽：《清史稿》，中华书局，1998。

赵明诚：《金石录》，上海书画出版社，1985。

赵之谦：《章安杂说》，上海人民美术出版社，1989。

赵之谦：《赵之谦尺牍》，上海书店，1992。

赵之谦：《赵之谦书画集》，人民美术出版社，1991。

支伟成：《清代朴学大师列传》，岳麓书社，1986。

左宗棠：《左宗棠全集》，岳麓书社，1996。

三

〔美〕艾尔曼：《从理学到朴学》，江苏人民出版社，2012。

北京图书馆出版社影印室：《晚清名儒年谱》，北京图书馆出版社，2006。

陈振濂：《书法学综论》，浙江美术出版社，1990。

程章灿：《古刻新诠》，中华书局，2009。

丛文俊：《揭示古典的真实》，中州古籍出版社，2003。

崔尔平：《历代书法论文选续编》，上海书画出版社，1994。

崔尔平：《明清书法论文选》，上海书店出版社，1994。

丁福保：《古钱大辞典》，中华书局，1982。

杜泽逊：《文献学概要》，中华书局，2008。

范景中：《图像与观念》，岭南美术出版社，1993。

冯尔康：《清代人物传记史料研究》，商务印书馆，2000。

高明：《古陶文汇编》，中华书局，1990。

耿铁华：《好太王碑新考》，吉林人民出版社，1994。

顾廷龙：《顾廷龙文集》，上海科学技术文献出版社，2002。

顾廷龙：《吴愙斋先生年谱》，哈佛燕京学社，1935。

顾廷龙：《吴县潘氏攀古楼吴氏愙斋两家藏器目》，国立北平图书馆馆刊，1933。

侯开嘉：《中国书法史新论》，上海古籍出版社，2003。

华东师大古籍整理研究室：《历代书法论文选》，上海书画出版社，1979。

华人德、白谦慎：《兰亭论集》，苏州大学出版社，2000。

黄惇、吴瓯：《赵之谦印风》，重庆出版社，1999。

季伏昆：《中国书论辑要》，江苏美术出版社，2000。

来新夏：《近三百年人物年谱知见录》，中华书局，2010。

李秉新：《清朝野史大观》，河北人民出版社，1997。

梁颖：《吴湖帆文稿》，中国美术学院出版社，2004。

刘光明：《沙孟海书学研究》，中国人民大学出版社，1997。

刘恒：《中国书法史·清代卷》，江苏教育出版社，1999。

陆明君：《簠斋研究》，荣宝斋出版社，2004。

陆维钊：《书法述要》，浙江古籍出版社，1986。

马衡：《中国金石学概要》，中华书局，1977。

马宗霍：《书林藻鉴·书林记事》，文物出版社，1984。

毛远明：《碑刻文献学通论》，中华书局，2009。

岐山县志编纂委员会：《岐山县志》，陕西人民出版社，1992。

启功：《论书绝句》，三联书店，2002。

启功：《启功丛稿·题跋卷》，中华书局，1999。

启功：《启功书法丛论》，文物出版社，2003。

钱穆：《中国文化史导论》，商务印书馆，1994。

钱锺书：《谈艺录》，三联书店，2001。

裘锡圭：《上古思想、民俗与古文字学史》，上海远东出版社，1996。

任平：《说隶》，杭州大学出版社，1997。

任平：《中国书法》，北京师范大学出版社，2012。

〔美〕芮玛丽：《同治中兴——中国保守主义的最后抵抗》，中国社会科学出版社，2002。

容庚：《商周彝器通考》，中华书局，2012。

桑椹：《历代金石考古要籍序跋集录》，浙江古籍出版社，2010。

桑咸之：《晚清政治与文化》，中国社会科学出版社，1996。

沙孟海：《沙孟海论书文集》，上海书画出版社，1997。

商衍鎏：《清代科举考试述录及有关著作》，百花文艺出版社，2003。

商承祚：《商承祚全集》，中山大学出版社，2004。

尚小明：《学人游幕与清代学术》，社会科学文献出版社，1999。

施安昌：《汉华山碑题跋年表》，文物出版社，1997。

史革新：《晚清学术文化新论》，北京师范大学出版社，2010。

王健群：《好太王碑研究》，吉林人民出版社，1984。

王玉良、程有庆：《赵之谦信札墨迹选》，荣宝斋出版社，2003。

王章涛：《阮元年谱》，黄山书社，2003。

王壮宏：《增补校碑随笔》，上海书店出版社，2008。

徐蜀：《国家图书馆藏金文研究资料丛刊》，北京图书馆出版社，2004。

杨树达：《积微翁回忆录》，北京大学出版社，2007。

杨震方：《碑帖叙录》，上海古籍出版社，1982。

叶德辉：《书林清话·书林余话》，岳麓书社，1999。

殷荪：《中国书法史图录》，上海书画出版社，1989。

张剑：《莫友芝年谱长编》，中华书局，2008。

张沛：《昭陵碑石》，三秦出版社，1993。

张舜徽：《清人笔记条辨》，辽宁教育出版社，2001。

张小庄：《赵之谦研究》，荣宝斋出版社，2008。

张仲礼：《中国绅士的收入》，上海社会科学院出版社，2001。

郑逸梅：《郑逸梅收藏名人手札百通》，学林出版社，1989。

中国古代书画鉴定组：《中国古代书画图目》，文物出版社，2001。

朱剑心：《金石学》，文物出版社，1981。

祝嘉：《书学史》，岳麓书社，2011。

邹涛：《赵之谦年谱》，荣宝斋出版社，2003。

钱松：《何绍基年谱长编及书法研究》，博士学位论文，南京艺术学院，2008。

吴济仲：《晚清金文学研究》，博士学位论文，台湾师范大学，2000。

李军：《吴大澂交游新证》，博士学位论文，复旦大学，2011。

潘佳：《潘祖荫研究》，博士学位论文，复旦大学，2013。

后 记

2010年，我考入中国艺术研究院，2013年如期通过答辩获得博士学位。时光倏忽而过，回首这段难忘的岁月，唯有感激之情。

导师任平教授对我的专业学习经常关注，帮助确定选题、梳理思路、指导写作，师生之情永难相忘。郑工、李一、牛克诚、王镛、梁江等老师在论文开题、中期检查、总结过程中提出了中肯意见和建议。陆明君老师曾相与商讨若干问题，给予了宝贵意见。

论文评阅专家中国艺术研究院牛克诚教授、北京师范大学倪文东教授对论文充分肯定，认为以群体为视角是论文的学术创新之处，在国家提倡文化复兴的当下具有启发作用和现实意义。各位论文答辩专家在百忙之中也付出辛劳。本书即是在博士学位论文基础上扩充完善而成。

在此对各位老师一并表示衷心感谢。

同时，感谢国家图书馆杜海华老师、赵爱学老师的热情帮助，以及北京大学图书馆、北京师范大学图书馆等图书馆的支持。感谢赵际芳、孙学峰、薛帅杰、冯守尊、韩同春、董连忠等同学好友的诚恳建议。感谢艺术研究院的同学在校学习期间给予的关心和支持。感谢我的同事和家人，他们的默默支持与帮助，使我安心完成学业。

感谢社会科学文献出版社高明秀老师、刘学谦老师，感谢中国劳动关系学院学术论丛项目的支持。

2017.10

图书在版编目（CIP）数据

晚清金石文化研究：以潘祖荫为纽带的群体分析/
程仲霖著. —— 北京：社会科学文献出版社，2018.5
（中国劳动关系学院学术论丛）
ISBN 978 - 7 - 5201 - 2634 - 2

Ⅰ.①晚…　Ⅱ.①程…　Ⅲ.①金石学 - 文化研究 - 中
国 - 清后期　Ⅳ.①K877.24

中国版本图书馆 CIP 数据核字（2018）第 084899 号

·中国劳动关系学院学术论丛·

晚清金石文化研究
——以潘祖荫为纽带的群体分析

著　　者／程仲霖

出 版 人／谢寿光
项目统筹／王晓卿　高明秀
责任编辑／刘学谦

出　　版／社会科学文献出版社·当代世界出版分社（010）59367004
　　　　　地址：北京市北三环中路甲29号院华龙大厦　邮编：100029
　　　　　网址：www. ssap. com. cn
发　　行／市场营销中心（010）59367081　59367018
印　　装／三河市龙林印务有限公司

规　　格／开 本：787mm×1092mm　1/16
　　　　　印 张：23.75　字 数：307 千字
版　　次／2018 年 5 月第 1 版　2018 年 5 月第 1 次印刷
书　　号／ISBN 978 - 7 - 5201 - 2634 - 2
定　　价／98.00 元

本书如有印装质量问题，请与读者服务中心（010 - 59367028）联系